FRANCISCO

Las palabras en el tiempo del coronavirus

FUERTES EN LA TRIBULACIÓN

La comunión de la Iglesia,
ayuda en el tiempo de prueba

LIBRERIA
EDITRICE
VATICANA

Imagen de portada:
Exultet iam angelica turba caelorum, Ms Vat. Lat. 3784, f. 1r

Imagen de la página 306

00120 Città del Vaticano
Tel. 06.698.45780 - Fax 06.698.84716
E-mail: commerciale.lev@spc.va

Edición impresa
ISBN 978-88-266-0443-5

Edición digital
ISBN 978-88-266-0423-7

www.vatican.va
www.libreriaeditricevaticana.va

Introducción

La grave situación en la que se encuentran muchos países del mundo a causa de la rapidísima difusión del Covid-19 nos pone a prueba a todos. Sabemos que, lamentablemente, esta crisis no se resolverá en poco tiempo, y que la pandemia se está difundiendo. Estamos ante una situación que hasta hace pocas semanas parecía inimaginable, como el escenario de una película de ciencia ficción.

Todo ha cambiado de repente, y lo que antes dábamos por supuesto parece vacilar: el modo de relacionarnos con los demás en el trabajo, la gestión de los afectos, el estudio, el ocio, la oración y la posibilidad de participar en la Misa...

En cualquier caso, lo más grave es que esta epidemia —como toda epidemia— no supone solamente una amenaza para las costumbres consolidadas, sino que, sobre todo, es causa de miles de muertes, de mucho dolor, de tanto sufrimiento. Millares de personas han enfermado gravemente, han muerto. Numerosas familias lloran a sus seres queridos sin haber podido estar cerca de ellos ni decirles adiós, y que han sido cremados sin que se haya celebrado un funeral.

La muerte en tiempos del Covid-19 se caracteriza precisamente por la soledad, por la imposibilidad de tener al lado a los propios seres queridos, de recibir los sacramentos, de confesarse, de estar acompañados, en el último aliento, por una voz amiga que no sea la de los médicos o las enfermeras que trabajan en los hospitales al límite de sus fuerzas. A estos últimos va el agradecimiento de todos, porque luchan cotidianamente en primera línea por la vida de las personas. Junto a ellos hay que recordar a los agentes de la seguridad pública, las personas que trabajan en actividades estratégicas para la comunidad, los numerosos voluntarios que siguen ayudando a los más necesitados, a los ancianos solos, a los pobres. Es preciso recordar también a los muchos sacerdotes, religiosos y religiosas que comparten los sufrimientos de su gente: tantos han sacrificado su propia vida.

Para muchos creyentes, la imposibilidad de participar en la liturgia y en los sacramentos agrava la situación de pérdida, desánimo y desconcierto, aunque la Iglesia nos invita a renovar nuestra fe en Cristo Resucitado, que ha vencido la muerte y la ha hecho lugar de encuentro seguro con el Rostro bueno del Padre. Las dificultades del momento han estimulado la creatividad y la inventiva de muchos sacerdotes que, utilizando los nuevos medios de comunicación, se hacen presentes en la vida de las comunidades y de las familias encerradas en las casas de las ciudades semidesiertas.

La realidad, en su evidencia, nos pide que vivamos este tiempo —por el bien de todos, especialmente de las personas que corren un mayor riesgo— en la soledad de nuestras casas, de los hospitales, de las casas de reposo. Cierto, las preguntas de fe permanecen, porque como creyentes no hemos sido educados en los últimos decenios para vivir semejantes emergencias, es decir, para vivir la comunión eclesial a pesar de la separación y la lejanía sin arriesgarnos a ceder a la tentación de una devoción puramente solitaria. Sin embargo, es útil recordar que esta no es la primera vez que la humanidad, y los cristianos, se han encontrado ante un evento de este tipo. La fe cristiana, vivida diariamente en sus elementos esenciales, genera una mirada sobre la realidad, la posibilidad de vislumbrar la mano de un Dios que es Padre bueno y que nos ha amado tanto como para sacrificar a su Hijo por nosotros. La Iglesia lleva así en su tradición viviente un tesoro de sabiduría, esperanza, oportunidad para seguir experimentando —en la soledad, y a veces incluso en el aislamiento— que somos verdaderamente "una sola cosa" gracias a la acción del Espíritu Santo.

Este libro quisiera ser una pequeña ayuda ofrecida a todos, para que sepamos ver y experimentar la cercanía y la ternura de Dios en medio del dolor, el sufrimiento, la soledad y el miedo. Cierto, la fe no borra el dolor, la comunión eclesial no quita la angustia; pero iluminan la realidad y la revelan como habitada por el amor y la esperanza fundada no sobre nuestras capacidades, sino precisamente sobre Aquel que es fiel y no nos abandona nunca.

El volumen recoge tres tipos de textos.

En primer lugar, encontramos las palabras que el papa Francisco ha pronunciado a partir del 9 de marzo al 18 de mayo de 2020 para sostener a toda la comunidad eclesial en este tiempo de prueba; la mayor parte son homilías cotidianas de la Misa de Santa Marta, textos de los *Ángelus* y *Regina Coeli* dominicales y algunos mensajes. Escuchar su palabra nos ayuda a reflexionar y a esperar, nos hace sentir en comunión con Pedro y unidos a él.

A continuación, viene el primer apéndice, que recoge las indicaciones de la Iglesia para seguir viviendo y acogiendo la gracia del Señor, el don del perdón y de la Eucaristía, la fuerza de las celebraciones pascuales, cuando no se puede participar físicamente en los sacramentos.

Por último, el segundo apéndice reúne oraciones, ritos, súplicas para los momentos difíciles. Son textos que provienen de distintos contextos eclesiales, pertenecen a diversas épocas históricas, y por eso pueden ser fuente ulterior de compartición en el ámbito de la Iglesia universal. Hay oraciones por los enfermos, para liberarnos del mal, para encomendarnos confiadamente a la acción del Espíritu Santo.

En la portada figura una imagen del arcángel Miguel, que protege la Iglesia contra el mal y nos sostiene en esta difícil prueba, para que este mal no consiga dañar nuestra confianza en el Padre y la solidaridad entre nosotros, sino que se convierta en una ocasión para discernir lo que es verdaderamente esencial en nuestras vidas, y para compartir el amor de Dios entre todos nosotros, especialmente con quien más lo necesita hoy.[1]

Andrea Tornielli

---

[1] Este libro que el Dicasterio para la Comunicación de la Santa Sede quiso preparar, poniéndolo a disposición de todos, fue publicado originalmente en Internet, en el sitio de la Librería Editrice Vaticana, para que las personas interesadas pudieran descargarlo gratuitamente en formato PDF. Desde el día de su publicación digital, fue actualizado constantemente con las nuevas intervenciones del Papa y el "redescubrimiento" de otros tesoros de nuestra tradición eclesial. Al final del periodo de las transmisiones en directo de la Santa Misa cotidiana oficiada por el Papa Francisco, muchos lectores nos sugirieron la idea de publicar el libro en formato papel, para poder guardar este compendio que les ayudó a vivir la fe durante la primera fase de la pandemia de COVID-19.

Las palabras del Papa Francisco*

Homilías, *Ángelus*, *Regina Coeli* y mensajes
del 9 de marzo al 18 de mayo de 2020

*Recogemos seguidamente, en orden cronológico, las homilías, los *Ángelus*, los *Regina Coeli* y los mensajes pronunciados entre el 9 de marzo y el 18 de mayo de 2020. Todas estas intervenciones del Papa Francisco se pueden ver en vídeo en el canal Youtube de Vatican News.

Lunes, 9 de marzo de 2020

Santa Misa[2]

Introducción

En estos días, ofreceré la misa por los enfermos de esta epidemia de coronavirus, por los médicos, enfermeros, voluntarios que ayudan mucho, familiares, personas mayores en casas de retiro, prisioneros que están encerrados. Oremos juntos esta semana esta fuerte oración al Señor: «Sálvame, Señor, y dame misericordia. Mi pie se mantiene en el camino recto. En la asamblea bendeciré al Señor» [de los Salmos].

Homilía - La gracia de la vergüenza

La primera Lectura, Libro del Profeta Daniel (9,4-10), es una confesión de los pecados. El pueblo reconoce que ha pecado. Reconoce que el Señor ha sido fiel con nosotros, pero nosotros «hemos pecado, hemos faltado, hemos hecho el mal, nos hemos rebelado y nos hemos apartado de tus mandamientos y tus preceptos. No hemos escuchado a tus servidores los profetas, que hablaron en tu Nombre a nuestros reyes, a nuestros jefes, a nuestros padres y a todo el pueblo del país» (vv. 5-6). Hay una *confesión* de los pecados, un reconocimiento de que hemos pecado.

Y cuando nos preparamos para recibir el sacramento de la Reconciliación, debemos hacer lo que se llama "examen de conciencia" y ver lo que he hecho ante Dios: he

---

[2] Liturgia de la Palabra: *Dn* 9,4-10; *Sl* 78; *Lc* 6,36-38.

pecado. Reconocer el pecado. Pero reconocer el pecado no puede ser solo una lista intelectual de los pecados, decir "he pecado", luego se lo digo al padre y el padre me perdona. No es necesario, no es justo hacer esto. Esto sería como hacer una lista de lo que tengo que hacer o tengo que tener o que he hecho mal, pero se queda en la cabeza. Una *verdadera* confesión de los pecados debe permanecer en el corazón. Confesarse no es sólo decirle al sacerdote esta lista, "he hecho esto, esto, esto, esto...", y luego me voy, estoy perdonado. No, no es eso. Se requiere un paso, un paso más, que es la confesión de nuestras miserias, pero desde el corazón; es decir, que esa lista de cosas malas que he hecho, llegue hasta el corazón.

Y es lo que hace Daniel, el Profeta. "¡A ti, Señor, la justicia! A nosotros, la vergüenza" (cfr. v. 7). Cuando reconozco que he pecado, que no he rezado bien, y esto lo siento en el corazón, nos acomete este sentimiento de vergüenza: "Me avergüenzo de haber hecho esto. Te pido perdón con vergüenza". Y la vergüenza por nuestros pecados es una gracia, debemos pedirla: "Señor, que yo me avergüence". Una persona que ha perdido la vergüenza pierde la autoridad moral, pierde el respeto de los demás. Es una persona desvergonzada. Lo mismo sucede con Dios: "A nosotros, la vergüenza, a ti la justicia. A nosotros la vergüenza. La vergüenza en la cara, como hoy. «Señor —continúa [Daniel]—, la vergüenza reflejada en el rostro, y también a nuestros reyes, a nuestros jefes y a nuestros padres, porque hemos pecado contra ti!» (v. 8). «Al Señor, nuestro Dios —antes había dicho "la justicia", ahora dice— la misericordia» (v. 9). Cuando tenemos no sólo el recuerdo, la memoria de los pecados que hemos cometido, sino también el sentimiento de vergüenza, esto toca el corazón de Dios y responde con misericordia. La manera de encontrar la misericordia de Dios es avergonzarse de las cosas feas, de las cosas malas que hemos hecho. Así que cuando me confiese diré no sólo la lista de pecados, sino los sentimientos de confusión, de vergüenza por haberle hecho esto a un Dios tan bueno, tan misericordioso, tan justo.

Pidamos hoy la gracia de la vergüenza: avergonzarnos de nuestros pecados. Que el Señor nos conceda a todos esta gracia.

Martes, 10 de marzo de 2020

Santa Misa[3]

Introducción

Seguimos rezando juntos por los enfermos, por los operadores sanitarios, por tanta gente que sufre esta epidemia. Recemos al Señor también por nuestros sacerdotes, para que tengan el valor de salir e ir hacia los enfermos, llevando la fuerza de la palabra de Dios y la Eucaristía, y acompañar a los operadores sanitarios y a los voluntarios en este trabajo que están desempeñando.

Homilía - Pecadores, pero en diálogo con Dios

Ayer la Palabra de Dios nos enseñaba a reconocer nuestros pecados y a confesarlos, pero no sólo con la mente, sino también con el corazón, con un espíritu de vergüenza; la vergüenza como una actitud más noble ante Dios por nuestros pecados. Y hoy el Señor nos llama a todos los pecadores a dialogar con Él (cfr. *Is* 1,10.16-20), porque el pecado nos encierra en nosotros mismos, hace que nos escondamos o esconde nuestra verdad, dentro. Esto es lo que les pasó a Adán y Eva: después del pecado se escondieron, porque se avergonzaron; estaban desnudos (cfr. *Gn* 3,8-10). Y el pecador, cuando siente vergüenza, luego tiene la tentación de esconderse. Y el Señor llama: «Venid y discutamos —dice el Señor— » (*Is* 1,18); "hablemos de tu pecado, hablemos de tu situación. No tengas

[3] Liturgia de la Palabra: *Is* 1,10.16-20; *Sl* 49; *Mt* 23,1-12.

miedo". Y continúa: «Aunque tus pecados sean como la escarlata, se volverán blancos como la nieve; aunque sean rojos como la púrpura, serán como la lana». "Venid, porque soy capaz de cambiarlo todo —nos dice el Señor—, no tengáis miedo de venir a hablar, sed valientes incluso con vuestras miserias".

Me viene a la mente ese santo que era muy penitente, que rezaba mucho. Y trataba siempre de darle al Señor todo lo que el Señor le pedía. Pero el Señor no estaba contento. Y un día se enfadó un poco con el Señor, porque tenía mal carácter el santo. Y le dice al Señor: "Pero, Señor, no te entiendo. Te doy todo, todo, y siempre estás insatisfecho, como si faltara algo. ¿Qué falta?" "Dame tus pecados: eso es lo que falta". Tener el valor de ir con nuestras miserias a hablar con el Señor: "Venid y discutamos. No tengáis miedo". «Aunque tus pecados sean como la escarlata, se volverán blancos como la nieve; aunque sean rojos como la púrpura, serán como la lana» (v.18).

Esta es la invitación del Señor. Pero siempre hay un engaño: en lugar de ir a hablar con el Señor, fingir que no somos pecadores. Eso es lo que el Señor reprocha a los doctores de la ley (cfr. *Mt* 23,1-12). Estas personas «todo lo hacen para que los vean: agrandan las filacterias y alargan los flecos de sus mantos; les gusta ocupar los primeros puestos en los banquetes y los primeros asientos en las sinagogas, ser saludados en las plazas y oírse llamar "mi maestro" por la gente». La apariencia, la vanidad. Cubrir la verdad de nuestro corazón con la vanidad. ¡La vanidad nunca se cura! La vanidad no sana jamás. Además, es venenosa, sigue llevando la enfermedad a tu corazón, llevándote a esa dureza de corazón que te dice: "No, no vayas al Señor, no vayas. Quédate".

La vanidad es precisamente el lugar para cerrarse a la llamada del Señor. En cambio, la invitación del Señor es la de un padre, de un hermano: "¡Ven! Hablemos, hablemos. Al final soy capaz de cambiar tu vida del rojo al blanco".

Que esta palabra del Señor nos anime; que nuestra oración sea una verdadera oración, de nuestra realidad, de nuestros pecados, de nuestras miserias. Hablar con el Señor. Él sabe, Él sabe lo que somos. Lo sabemos, pero la vanidad siempre nos invita a taparlo. Que el Señor nos ayude.

Miércoles, 11 de marzo de 2020

Santa Misa[4]

Introducción

Seguimos rezando por los enfermos de esta epidemia. Y hoy, me gustaría rezar de manera especial por los presos, por nuestros hermanos y hermanas encarcelados. Están sufriendo y debemos estar cerca de ellos con la oración, para que el Señor les ayude, les consuele en este momento difícil.

Homilía - La vanidad nos aleja de la Cruz de Cristo

La primera lectura, un pasaje del profeta Jeremías (18,18-20), es realmente una profecía sobre la Pasión del Señor. ¿Qué dicen los enemigos? "Venid, obstaculicémosle cuando habla; no hagamos caso de todas sus palabras" (v.18). "Pongámosle obstáculos". No dice: "Venzámoslo, acabemos con él", no. Hacerle la vida difícil, atormentarlo. Es el sufrimiento del profeta, pero aquí hay una profecía sobre Jesús. Y el mismo Jesús en el Evangelio (*Mt* 20,17-28) nos habla de esto: «Mirad que subimos a Jerusalén y el Hijo del hombre será entregado a los sumos sacerdotes y a los escribas; lo condenarán a muerte y lo entregarán a los gentiles para que sea escarnecido, azotado y crucificado» (vv. 18-19). No es sólo una sentencia de muerte: hay más. Hay humillación, hay ensañamiento. Y cuando hay ensañamiento en la persecución de un cristiano, de una

---

[4] Liturgia de la Palabra: *Jr* 18,18-20; *Sl* 30; *Mt* 20,17-28.

persona, está el diablo. El demonio tiene dos estilos: la seducción, con las promesas del mundo, como quiso hacer con Jesús en el desierto, seducirlo y con la seducción hacerle cambiar el plan de redención; y si eso no funciona, el ensañamiento. El diablo no usa medios términos. Su soberbia es tan grande que intenta destruir, y destruye disfrutando de la destrucción con saña. Pensemos en las persecuciones de tantos santos, de tantos cristianos: no los matan enseguida, sino que les hacen sufrir y tratan por todos los medios de humillarlos, hasta el final. No hay que confundir una simple persecución social, política, religiosa con el ensañamiento del diablo. El diablo se ensaña para destruir. Pensemos en el Apocalipsis: quiere devorar al hijo de la mujer, que está a punto de nacer (cfr. 12,4).

Los dos ladrones que fueron crucificados con Jesús fueron condenados, crucificados y los dejaron morir en paz. Nadie los insultó: no importaba. El insulto fue sólo para Jesús, contra Jesús. Jesús dice a los apóstoles que será condenado a muerte, pero también que se burlarán de Él y será azotado y crucificado... Se mofan de Él.

Y el camino para librarse del ensañamiento del diablo, de esta destrucción, es el espíritu mundano, lo que la madre pide para sus hijos, los hijos de Zebedeo (cfr. *Mt* 20,20-21)». Jesús habla de la humillación, que es su propio destino, y ellos le piden apariencia, poder. La vanidad, el espíritu mundano es precisamente el camino que el diablo ofrece para alejarse de la Cruz de Cristo. La propia realización, el carrerismo, el éxito mundano: son caminos no cristianos, son caminos para tapar la Cruz de Jesús.

Que el Señor nos dé la gracia de saber discernir cuándo hay un espíritu que quiere destruirnos con ensañamiento, y cuándo el mismo espíritu quiere consolarnos con las apariencias del mundo, con la vanidad. Pero no olvidemos: cuando hay saña, hay odio, la venganza del diablo derrotado. Así es hasta hoy, en la Iglesia. Pensemos en tantos cristianos, en lo cruelmente perseguidos que son. En estos días, los periódicos hablaban de Asia Bibi: nueve años de prisión, sufrimiento. Es el ensañamiento del diablo.

Que el Señor nos dé la gracia de discernir el camino del Señor, que es la Cruz, del camino del mundo, que es la vanidad, la apariencia, el maquillaje.

JUEVES, 12 DE MARZO DE 2020

Santa Misa[5]

Introducción

Seguimos rezando juntos en este momento de pandemia: por los enfermos, por sus familiares, por los padres con hijos en casa... Pero sobre todo quiero pedirles que recen por las autoridades: deben decidir y muchas veces deciden medidas que no agradan a la gente. Pero es por nuestro propio bien. Y muchas veces, la autoridad se siente sola, incomprendida. Recemos por nuestros gobernantes que deben tomar la decisión sobre estas medidas: que se sientan acompañados por la oración del pueblo.

Homilía - Para no caer en la indiferencia

Este relato de Jesús (cfr. *Lc* 16,19-31) es muy claro; incluso puede parecer un cuento para niños: es muy sencillo. Con él, Jesús no quiere referir solo una historia, sino indicar la posibilidad de que toda la humanidad viva así, nosotros también, todos, vivamos así.

Dos hombres, uno satisfecho, que sabía vestir bien, quizás buscaba a los mejores estilistas de su época para vestirse; vestía púrpura y lino fino. Y además vivía bien, todos los días banqueteaba espléndidamente. Era feliz así. No tenía preocupaciones. Tomaba alguna precaución, tal vez una pastilla contra el colesterol por los banquetes y la vida le iba bien. Estaba tranquilo.

---

[5] Liturgia de la Palabra: *Jr* 17,5-10; *Sl* 1; *Lc* 16,19-31.

En su puerta estaba un pobre: Lázaro se llamaba. El rico sabía que el pobre estaba allí, lo sabía, pero le parecía normal: "Yo disfruto y este... Así es la vida, allá se las componga". Como mucho, quizás —el Evangelio no lo dice— a veces le mandaba algo, unas migas... Y así pasaba la vida de estos dos. Ambos pasaron por la ley de todos nosotros: morir. Murió el rico y murió Lázaro. Dice el Evangelio que Lázaro fue llevado al Cielo, con Abraham, en el seno de Abraham. Del rico solo dice: "Fue sepultado". Punto. Y acabó (cfr. v. 22).

Hay dos cosas que llaman la atención: el hecho de que el rico supiera que ese pobre existía y que supiera su nombre. Pero no le importaba, le parecía normal. Tal vez el rico llevaba a cabo sus negocios que al final iban contra los pobres. Conocía muy bien, estaba informado sobre esta realidad. Y la segunda cosa que me impacta mucho es la palabra «grande abismo» (v. 26), que Abraham dice al rico. "Entre nosotros y vosotros se abre un gran abismo, no podemos comunicar; no podemos pasar de aquí hasta allí". Es el mismo abismo que existe entre el rico y Lázaro: el abismo no comenzó allí, el abismo comenzó aquí.

He reflexionado sobre cuál era el drama de este hombre: el drama de estar muy, muy informado, pero con el corazón cerrado. Las informaciones que tenía este hombre rico no llegaban a su corazón, no sabía conmoverse, no se podía conmover ante el drama de los demás. Ni siquiera llamar a uno de los jóvenes que servían a su mesa y decirle: "Llévale esto, o lo otro...". El drama de la información que no baja hasta el corazón. También nos sucede a nosotros. Todos sabemos, porque lo hemos seguido en los noticiarios o lo hemos visto en los periódicos, cuántos niños pasan hambre hoy en el mundo; cuántos niños no tienen las medicinas necesarias; cuántos niños no pueden ir a la escuela. Continentes, con este drama: lo sabemos. "Ay, pobrecillos...". Y continuamos. Esta información no desciende al corazón, y muchos de nosotros, muchos grupos de hombres y mujeres viven en este desapego entre lo que piensan, lo que saben y lo que sienten: el corazón está separado de la mente. Son indiferentes. Como el rico era indiferente al dolor de Lázaro. Es el abismo de la indiferencia.

En Lampedusa, cuando fui la primera vez, se me ocurrió esta expresión: la globalización de la indiferencia. Quizás hoy, aquí en Roma, estemos preocupados porque "parece ser que las tiendas están cerradas y yo tengo que ir a comprar; parece ser que no puedo dar mi paseo de todos los día; parece ser que...". Preocupados por *lo nuestro*. Y nos olvidamos de los niños hambrientos, nos olvidamos de esa pobre gente que está en las fronteras de los países, buscando la libertad; estos migrantes forzosos que huyen del hambre y de la guerra y encuentran solamente una muralla, una muralla de hierro, una muralla de alambradas, una muralla que no los deja pasar. Sabemos que todo esto existe, pero no llega al corazón, no baja. Vivimos en la indiferencia: la indiferencia es este drama de estar bien informados, pero no *sentir* la realidad de los demás. Este es el abismo: el abismo de la indiferencia

Hay también otra cosa que llama la atención. Aquí sabemos el nombre del pobre, lo sabemos: Lázaro. También el rico lo sabía, porque cuando estaba en los infiernos le pide a Abraham que le mande a Lázaro, lo reconoció, allí: "Manda a él" (cfr. v. 24). Pero no sabemos el nombre del rico. El Evangelio no nos dice cómo se llamaba este señor. No tenía nombre. Había perdido el nombre. Tenía solamente los adjetivos de su vida: rico, poderoso... muchos adjetivos. Esto es lo que hace en nosotros el egoísmo: nos hace perder nuestra identidad real, nuestro nombre, y nos lleva a considerar solo los adjetivos. La mundanidad nos ayuda en esto. Hemos caído en la cultura de los adjetivos, donde tu valor es lo que tú posees, lo que tú puedes, pero no "cómo te llamas": has perdido el nombre. La indiferencia conduce a esto: a perder el nombre. Somos solo "los ricos", somos esto, somos lo otro. Somos los adjetivos.

Pidamos al Señor la gracia de no caer en la indiferencia, la gracia de que toda la información de los dolores humanos que tenemos baje a nuestros corazones y nos mueva a hacer algo por los demás.

VIERNES, 13 DE MARZO DE 2020

Santa Misa[6]

Introducción

En estos días nos unimos a los enfermos, a las familias, que sufren esta pandemia. Y también me gustaría rezar hoy por los pastores que deben acompañar al pueblo de Dios en esta crisis: que el Señor les dé la fuerza y también la capacidad de elegir los mejores medios para ayudar. Las medidas drásticas no siempre son buenas, por eso rezamos: que el Espíritu Santo dé a los pastores la capacidad y el discernimiento pastoral para que proporcionen medidas que no dejen solo al santo y fiel pueblo de Dios. Que el pueblo de Dios se sienta acompañado por los pastores y el consuelo de la Palabra de Dios, los sacramentos y la oración.

Homilía - No olvidemos la gratuidad de la revelación

Ambas lecturas son una profecía de la Pasión del Señor. José vendido como esclavo por 20 siclos de plata, entregado a los paganos (cfr. *Gn* 37,3-4.12-13.17-28). Y la parábola de Jesús, que claramente habla simbólicamente del asesinato del Hijo (cfr. *Mt* 21,33-43.45). Esta historia de un hombre que poseía un pedazo de tierra, «plantó una viña allí —el cuidado con que lo hizo—, la cercó con un vallado, cavó un lagar en ella, construyó una torre —lo había hecho bien—, luego la arrendó a unos viñadores y se fue

---

[6] Liturgia de la Palabra: *Gn* 37,3-4.12-13.17-28; *Sl* 104; *Mt* 21,33-43.45.

lejos» (v. 33). Este es el pueblo de Dios. El Señor eligió ese pueblo, hay una elección de esa gente. Es el pueblo de la elección. También hay una promesa: "Sigue adelante. Tú eres mi pueblo", una promesa hecha a Abraham. Y también hay una alianza con el pueblo en el Sinaí. El pueblo debe conservar siempre en su memoria la elección, que es un pueblo elegido, la promesa para mirar hacia adelante con esperanza y la alianza para vivir la fidelidad cada día.

Pero en esta parábola sucede que cuando llegó el momento de cosechar los frutos, esta gente había olvidado que no eran los dueños: «Los viñadores se apoderaron de los siervos, y a uno lo golpearon, a otro lo mataron, a otro lo apedrearon. De nuevo envió otros siervos, más numerosos que los primeros, pero los trataron de la misma manera» (v. 35-36). Ciertamente Jesús muestra aquí —está hablando con los doctores de la ley— cómo trataron los doctores de la ley a los profetas. «Finalmente les envió a su propio hijo, pensando: "Respetarán a mi hijo". Pero, al verlo, los viñadores se dijeron: "Este es el heredero: vamos a matarlo para quedarnos con su herencia"» (v. 37-38). Robaron la herencia, que era otra. Una historia de infidelidad, de infidelidad a la elección, de infidelidad a la promesa, de infidelidad a la alianza, que es un don. La elección, la promesa y la alianza son un don de Dios. Infidelidad al don de Dios. No comprender que era un don y tomarlo como propiedad. Esta gente se apropió del don y ha desvirtuado su naturaleza de don para convertirlo en su propiedad. Y el don que es riqueza, es apertura, es bendición, fue encerrado, enjaulado en una doctrina de leyes, muchas. Fue ideologizado. Y así el don ha perdido su naturaleza de don, ha terminado en una ideología. Sobre todo en una ideología moralista llena de preceptos, incluso ridícula porque se reduce a la casuística para todo. Se apropiaron del don.

Este es el gran pecado. Es el pecado de olvidar que Dios se ha hecho don Él mismo para nosotros, que Dios nos ha dado esto como un regalo y, olvidando esto, nos convertimos en dueños. Y la promesa ya no es promesa, la elección ya no es elección, la alianza se interpreta según "mi" opinión, ideologizada.

Aquí, en esta actitud, veo quizás el comienzo, en el Evangelio, del clericalismo, que es una perversión, que siempre reniega la elección gratuita de Dios, la alianza gratuita de Dios, la promesa gratuita de Dios. Se olvida la gratuidad de la revelación, se olvida que Dios se ha manifestado como don, se hizo don por nosotros y nosotros debemos darlo, hacerlo ver a los demás como don, no como una posesión nuestra. El clericalismo no es solo algo de nuestros días, la rigidez no es algo de nuestros días, ya existía en tiempos de Jesús. Luego Jesús continuará con la explicación de las parábolas —este es el capítulo 21—, seguirá adelante hasta llegar al capítulo 23 con la condena, donde se ve la ira de Dios contra los que toman el don como propiedad y reducen su riqueza a los caprichos ideológicos de su pensamiento.

Pidamos hoy al Señor la gracia de recibir el don como un regalo y de transmitir el don como un regalo, no como una propiedad, no de una manera sectaria, de una manera rígida, de una manera clericalista.

Sábado, 14 de marzo de 2020

Santa Misa[7]

Introducción

Seguimos rezando por los enfermos de esta pandemia. Hoy quisiera pedir una oración especial por las familias, familias que de un día a otro se encuentran con los niños en casa porque las escuelas están cerradas por seguridad y tienen que manejar una situación difícil y hacerlo bien, con paz y también con alegría. De manera especial pienso en las familias con algunas personas con discapacidad. Los centros de atención diurna para personas con discapacidad están cerrados y la persona permanece en la familia. Recemos por las familias, para que no pierdan la paz en este momento y puedan seguir adelante con fortaleza y alegría.

Homilía - Vivir en casa, pero no sentirse en casa

Hemos escuchado muchas veces este pasaje del Evangelio (cfr. *Lc* 15,1-3.11-32). Jesús narra esta parábola en un contexto especial: « Acercábanse a él todos los publicanos y los pecadores para oírle. Y murmuraban los fariseos y los escribas, diciendo: "Este acoge a los pecadores y come con ellos" (vv. 1-2). Y Jesús les responde con esta parábola.

¿Qué es lo que dicen? La gente, los pecadores se acercan en silencio, no saben qué decir, pero su presencia

---

[7] Liturgia de la Palabra: *Mi* 7,14-15.18-20; *Sl* 102; *Lc* 15,1-3.11-32.

dice muchas cosas, querían oír. ¿Qué dicen los doctores de la ley? Critican. "Murmuraban", dice el Evangelio, tratando de anular la autoridad que Jesús tenía ante la gente. Esta es la gran acusación: "Come con los pecadores, es un impuro". La parábola es, pues, un poco la explicación de este drama, de este problema. ¿Qué sienten estas personas? La gente siente la necesidad de salvación. La gente no sabe distinguir bien, intelectualmente: "Necesito encontrar a mi Señor, para que me llene", necesita un guía, un pastor. Y la gente se acerca a Jesús porque ve en Él a un pastor, necesita ser ayudada para caminar en la vida. Siente esta necesidad. Los otros, los doctores tienen un sentimiento de suficiencia: "Nosotros hemos ido a la universidad, he hecho un doctorado, no, dos doctorados. Sé bien, muy bien, lo que dice la ley; de hecho conozco todas, todas, todas las explicaciones, todos los casos, todas las actitudes casuísticas". Y tienen una actitud de suficiencia y desprecian a la gente, desprecian a los pecadores: el desprecio hacia los pecadores.

En la parábola, lo mismo, ¿qué dicen? El hijo le dice al padre: "Dame el dinero y me iré" (cfr. v. 12). El padre da, pero no dice nada, porque es un padre, tal vez habría tenido el recuerdo de alguna travesura que hizo cuando era joven, pero no dice nada. Un padre sabe sufrir en silencio, un padre espera. Deja pasar los malos momentos. A veces, la actitud de un padre es "hacerse el tonto" ante los fracasos de sus hijos. El otro hijo le reprocha al padre: "Has sido injusto".

¿Qué sienten las personas de la parábola? El muchacho siente el deseo de "comerse el mundo", de ir más allá, de salir de casa, y quizás la vive como una prisión, y también tiene la suficiencia de decirle a su padre: "Dame lo que me corresponde". Siente ánimo, fuerza. ¿Qué siente el padre? El padre siente dolor, ternura y mucho amor. Entonces cuando el hijo dice esa otra palabra: «Me levantaré —cuando vuelve en sí—, me levantaré y me iré a mi padre» (v.18), encuentra al padre que lo espera, lo ve de lejos (cfr. v. 20). Un padre que sabe esperar los tiempos de sus hijos. ¿Qué siente el hijo mayor? Dice el Evangelio: «Se indignó» (v. 28), siente desprecio. Y a veces indignarse es la única manera de sentirse digno de esas personas.

Estas son las cosas que *se dicen* en este pasaje del Evangelio, y las cosas que *se sienten*.

¿Pero cuál es el problema? El problema —empecemos por el hijo mayor—, el problema es que estaba en casa, pero nunca se dio cuenta de lo que significaba vivir en casa: cumplía con sus deberes, hacía su trabajo, pero no entendía lo que era una relación de amor con el padre. Este hijo «se indignó y no quiso entrar» (v.28). "¿No es esta acaso mi casa?" — había pensado. Lo mismo que los doctores de la ley. "No hay orden. Vino este pecador y le hicieron una fiesta, ¿y yo qué?". El padre dice la palabra clara: «Hijo, tú siempre estás conmigo y todas mis cosas son tuyas» (v. 31). Y de esto, el hijo no se había dado cuenta, vivía en casa como en un hotel, sin sentir esa paternidad... ¡Muchos "huéspedes" en la casa de la Iglesia que se creen los amos! Es interesante: el padre no dice una palabra al hijo que vuelve del pecado, solo lo besa, lo abraza y le hace una fiesta (cfr. v. 20); a este [al mayor] en cambio tiene que explicárselo, para entrar en su corazón: su corazón estaba "blindado" por sus concepciones de la paternidad, de la filiación, del modo de vivir

Recuerdo que una vez un viejo y sabio sacerdote —un gran confesor, había sido misionero, un hombre que amaba mucho la Iglesia—, hablando de un joven sacerdote que estaba muy seguro de sí mismo, muy creyente, que pensaba que valía, que tenía derechos en la Iglesia, decía: "Ruego que el Señor le ponga una cáscara de plátano y lo haga resbalar, eso le hará bien". Como si dijera, suena como una blasfemia: "Le hará bien pecar porque necesitará pedir perdón y encontrará al Padre".

Muchas cosas nos dice esta parábola del Señor que es la respuesta a los que le criticaban porque iba con los pecadores. Pero también muchos hoy en día critican, gente de la Iglesia, critican a los que se acercan a la gente necesitada, a la gente humilde, a la gente que trabaja, incluso a los que trabajan para nosotros. Que el Señor nos dé la gracia de entender cuál es el problema. El problema es vivir en casa pero no sentirse en casa, porque no hay relación de paternidad, de hermandad, sólo existe la relación de compañeros de trabajo.

15 de marzo de 2020

III Domingo de cuaresma (A)

Santa Misa[8]

Introducción

Este domingo de Cuaresma rezamos todos juntos por los enfermos, por los que sufren. Y hoy quiero rezar con todos ustedes una oración especial por las personas que con su trabajo garantizan el funcionamiento de la sociedad: trabajadores de farmacias, supermercados, transportes, policías... Rezamos por todos los que trabajan para que, en este momento, la vida social, la vida de la ciudad, pueda continuar.

Homilía - Dirigirse al Señor con nuestra verdad

El Evangelio (cfr. *Jn* 4,5-42) nos hace conocer un diálogo, un diálogo histórico —no es una parábola, esto ha sucedido— de un encuentro de Jesús con una mujer, con una pecadora.

Es la primera vez en el Evangelio que Jesús declara su identidad. Y se la declara a una pecadora que tuvo el coraje de decirle la verdad: "Los que he tenido no han sido maridos míos" (cfr. vv. 16-18). Y luego con el mismo argumento fue a anunciar a Jesús: "Venid, tal vez es el Mesías porque me dijo todo lo que he hecho" (cfr. v. 29). No fue con argumentos teológicos —como quería quizás en el diálogo con Jesús: "En este monte, en el otro monte..." (cfr. v. 20)— fue con su verdad. Y su verdad es lo que la

---

[8] Liturgia de la Palabra: *Ex* 17,3-7; *Sl* 94; *Ro* 5,1-2.5-8; *Jn* 4,5-42.

santifica, la justifica, es lo que el Señor usa, su verdad, para proclamar el Evangelio: no se puede ser discípulo de Jesús sin nuestra propia verdad, lo que somos. No se puede ser discípulo de Jesús sólo con los argumentos: "En este monte, en el otro...". Esta mujer tuvo el coraje de dialogar con Jesús —porque estos dos pueblos no dialogaban entre sí (cfr. v. 9)—; tuvo el coraje de interesarse en la propuesta de Jesús, en esa agua, porque sabía que tenía sed. Tuvo el coraje de confesar sus debilidades, sus pecados; es más, tuvo el coraje de usar su propia historia como garantía de que él era un profeta. «Me dijo todo lo que hice» (v. 29).

El Señor siempre quiere un diálogo con transparencia, sin ocultar las cosas, sin dobles intenciones: "Yo soy así". Y así le hablo al Señor, como soy, con mi verdad. Y así, desde mi verdad, por el poder del Espíritu Santo, encuentro la verdad: que el Señor es el Salvador, el que vino a salvarme y a salvarnos.

Este diálogo tan transparente entre Jesús y la mujer termina con esa confesión de la realidad mesiánica de Jesús y con la conversión de esa gente [de Samaria], con ese "campo" que el Señor vio "amarillear", que vino a él porque era el tiempo de la siega (cfr. v. 35).

Que el Señor nos dé la gracia de rezar siempre con la verdad, de acudir al Señor con mi verdad, no con la verdad de los demás, no con verdades destiladas en argumentos: Es verdad, he tenido cinco maridos, esta es mi verdad (cfr. vv. 17-18).

Ángelus

Queridos hermanos y hermanas, ¡buenos días!

En este momento está finalizando en Milán la misa que el Señor Arzobispo está celebrando para los enfermos, médicos, enfermeros y voluntarios. El Señor Arzobispo está cerca de su pueblo y también cerca de Dios en la oración. Me viene a la mente la fotografía de la semana pasada: él solo sobre el tejado del Duomo rezando a Nuestra Señora. Querría dar las gracias a todos los sacerdotes, la creatividad de los sacerdotes. Me llegan muchas noticias desde Lombardía sobre su creatividad... Es cierto, Lombardía está muy afectada. Hay sacerdotes que piensan en mil maneras de estar cerca del pueblo, para que el pueblo no se sienta abandonado; sacerdotes con el celo apostólico que han entendido bien que en este tiempo de pandemia no se puede ser como el don Abundio (el sacerdote miedoso y pusilánime de *Los Novios* de Alejandro Manzoni, n. de r.). Muchas gracias a vosotros, sacerdotes.

El pasaje evangélico de este domingo, el tercero de la Cuaresma, presenta el encuentro de Jesús con una mujer samaritana (cfr. *Jn* 4, 5-42). Está en camino con sus discípulos y se detienen ante un pozo en Samaria. Los samaritanos eran considerados herejes por los judíos y eran muy despreciados y tratados como ciudadanos de segunda clase. Jesús está cansado, sediento. Una mujer viene a buscar agua y Él le pide: «Dame de beber» (v. 7). De este modo, rompiendo toda barrera, comienza un diálogo en el que revela a aquella mujer *el misterio del agua viva*, esto es, del Espíritu Santo, don de Dios. En efecto, a la reacción de sorpresa de la mujer Jesús responde: «Si conocieras el don de Dios, y quién es el que te dice: "Dame de beber", tú le habrías pedido a él, y él te habría dado agua viva» (v. 10).

En el centro de este diálogo está *el agua*. Por un lado, el agua como elemento esencial para la vida, que sacia la sed del cuerpo y sostiene la vida. Por el otro, el agua como símbolo de la gracia divina, que da la vida eterna. En la tradición bíblica Dios es la fuente de agua viva —como se dice en los Salmos, en los profetas—: alejarse de Dios, la fuente de agua viva, y de su Ley, conduce a la peor sequía. Esta es la experiencia del pueblo de Israel en el desierto. En el largo camino hacia la libertad, ellos, ardiendo de sed, protestan contra Moisés y Dios porque no hay agua. Entonces, por voluntad de Dios, Moisés hace brotar agua de una roca, como signo de la providencia de Dios que acompaña a su pueblo y le da vida (cfr. *Éx* 17, 1-7).

Y el apóstol Pablo interpreta esa roca como un símbolo de Cristo. Dice: "Y la roca es Cristo" (cfr. *1Cor* 10,4). Es la misteriosa figura de su presencia en medio del pueblo de Dios que camina. Porque Cristo es el Templo del que, según la visión de los profetas, brota el Espíritu Santo, es decir, el agua viva que purifica y da vida. Aquellos que tienen sed de salvación pueden saciarla gratuitamente en Jesús, y el Espíritu Santo se convertirá en él o ella en una fuente de vida plena y eterna. La promesa de agua viva que Jesús hizo a la mujer samaritana se hizo realidad en su Pascua: "sangre y agua" brotaron de su costado atravesado (cfr. *Jn* 19, 34). Cristo, Cordero inmolado y resucitado, es la fuente de la que mana el Espíritu Santo, que perdona los pecados y regenera la nueva vida.

Este don es también la fuente del testimonio. Como la samaritana, quien encuentra a Jesús vivo siente la necesidad de decírselo a los demás, para que todos lleguen a confesar que Jesús «es verdaderamente el salvador del mundo» (*Jn* 4, 42), como dijeron más tarde los paisanos de esa mujer. También nosotros, engendrados a una nueva vida a través del Bautismo, estamos llamados a dar testimonio de la vida y la esperanza que hay en nosotros. Si nuestra búsqueda y nuestra sed encuentran en Cristo la satisfacción plena, manifestaremos que la salvación no está en las "cosas" de este mundo, que al final llevan a la sequía, sino en Aquél que nos ha amado y nos ama siempre: Jesús nuestro Salvador, en el agua viva que Él nos ofrece.

Que María Santísima nos ayude a cultivar el deseo de Cristo, la fuente de agua viva, la única que puede saciar la sed de vida y de amor que llevamos en nuestros corazones.

Después del Ángelus

Queridos hermanos y hermanas:

En estos días, la Plaza de San Pedro está cerrada, por eso mi saludo se dirige directamente a vosotros, que estáis conectados mediante los medios de comunicación.

En esta situación de pandemia, en la que nos toca vivir más o menos aislados, estamos invitados a redescubrir y profundizar el valor de la comunión que une a todos los miembros de la Iglesia. Unidos a Cristo nunca estamos solos, sino que formamos un solo Cuerpo, del cual Él es la Cabeza. Es una unión que se alimenta de la oración, y también de la comunión espiritual en la Eucaristía, una práctica muy recomendada cuando no es posible recibir el Sacramento. Digo esto para todos, especialmente para las personas que viven solas.

Renuevo mi cercanía a todos los enfermos y a los que los curan, así como los numerosos trabajadores y voluntarios que ayudan a las personas que no pueden salir de su casa, y a los que van al encuentro de las necesidades de los más pobres y los sin techo.

Muchas gracias por todo el esfuerzo que cada uno de vosotros está haciendo para ayudar en este momento tan difícil. Que el Señor os bendiga, que Nuestra Señora os guarde; y por favor no os olvidéis de rezar por mí. ¡Feliz domingo y que tengáis un buen almuerzo! Gracias.

Lunes, 16 de marzo de 2020

Santa Misa[9]

Introducción

Seguimos rezando por los enfermos. Pienso en las familias, encerradas [en casa], los niños no van a la escuela, tal vez los padres no pueden salir; algunos estarán en cuarentena. Que el Señor les ayude a descubrir nuevos modos, nuevas expresiones de amor, de convivencia en esta nueva situación. Es una hermosa oportunidad para redescubrir los verdaderos afectos con creatividad en la familia. Oremos por la familia, para que las relaciones en la familia en este momento florezcan siempre para el bien.

Homilía - Dios actúa siempre en la simplicidad

En los dos textos que la Liturgia nos hace meditar hoy (cfr. *2Re* 5,1-15; *Lc* 4,24-30), hay una actitud que atrae la atención, una actitud humana, pero no de buen espíritu: la indignación. La gente de Nazaret comenzó a escuchar a Jesús, les gustaba como hablaba, pero entonces alguien dijo: "Pero, ¿este, en qué universidad ha estudiado? ¡Este es el hijo de María y José, este era carpintero! ¿Qué viene a decirnos?" Y el pueblo se indignó. Entraron en esta indignación (cfr. *Lc* 4,28). Y esta indignación los lleva a la violencia. Y a ese Jesús que admiraban al principio de la predicación lo arrojaron de la ciudad, y lo llevaron a la cima del monte para despeñarlo (cfr. v. 29).

---

[9] Liturgia de la Palabra: *2Re* 5,1-15; *Sl* 41-42; *Lc* 4,24-30.

También Naamán —era un buen hombre este Naamán, abierto a la fe—, pero cuando el profeta le mandó uno a decirle que se bañara siete veces en el Jordán se indignó. Pero ¿por qué? «Yo me imaginaba que saldría en persona a verme y que, puesto en pie, invocaría al Señor, su Dios, y pasaría la mano sobre la parte enferma y me libraría de mi enfermedad. ¿Acaso los ríos de Damasco, el Abana y el Farfar, no valen más que todo el agua de Israel? ¿No podía yo bañarme en ellos y quedar limpio? Y dando media vuelta, se fue muy enojado» (*2Re* 5,11-12). Con indignación.

También en Nazaret había gente buena; pero ¿qué hay detrás de esta gente buena que los lleva a esta actitud de indignación? Y en Nazaret peor: la violencia. Tanto la gente de la sinagoga de Nazaret como Naamán pensaban que Dios sólo se manifestaba en lo extraordinario, en las cosas fuera de lo común; que Dios no podía actuar en las cosas ordinarias de la vida, en la simplicidad. Despreciaban lo simple. Se indignaban, despreciaban las cosas simples. Y nuestro Dios nos hace entender que Él actúa siempre en la sencillez: en la sencillez de la casa de Nazaret, en la sencillez del trabajo cotidiano, en la sencillez de la oración... Las cosas sencillas. En cambio, el espíritu mundano nos lleva hacia la vanidad, hacia las apariencias...

Y ambos terminan en la violencia: Naamán era muy educado, pero le cierra la puerta en la cara al profeta y se va. La violencia, un gesto de violencia. La gente de la sinagoga comenzó a calentarse, a enfurecerse, y tomó la decisión de matar a Jesús, pero inconscientemente, y lo echaron afuera para despeñarlo. La indignación es una fea tentación que lleva a la violencia.

Hace unos días me mostraron en un teléfono móvil imágenes de la puerta de un edificio que estaba en cuarentena. Había una persona, un joven, que quería salir. Y el guardia le dijo que no podía. Y él le dio un puñetazo, con indignación, con desprecio: "¿Quién eres tú, 'negro', para impedirme que me vaya?". La indignación es la actitud de los soberbios, pero de los soberbios con una fea pobreza de espíritu, los soberbios que viven sólo con la ilusión de ser más de lo que son. Es una "clase" espiritual, la gente que se indigna: de hecho, muchas veces estas personas necesitan estar indignadas, estar indignadas para sentirse persona.

También a nosotros nos puede suceder esto: "el escándalo farisaico", lo llaman los teólogos, escandalizarme de cosas que son la sencillez de Dios, la sencillez de los pobres, la sencillez de los cristianos, como diciendo: "Pero este no es Dios. No, no. Nuestro Dios es más culto, es más sabio, es más importante. Dios no puede actuar con esta sencillez". Y siempre la indignación te lleva a la violencia; tanto la violencia física como la violencia de las habladurías, que mata como la violencia física.

Pensemos en estos dos pasajes: la indignación de la gente en la sinagoga de Nazaret y la indignación de Naamán, porque no entendían la simplicidad de nuestro Dios.

Martes, 17 de marzo de 2020

Santa Misa[10]

Introducción

Querría que hoy rezáramos por los ancianos que sufren este momento de manera especial, con una soledad interior muy grande y a veces con mucho miedo. Roguemos al Señor para que esté cerca de nuestros abuelos, de nuestras abuelas, de todos los ancianos y les dé fuerza. Ellos nos dieron la sabiduría, la vida, la historia. También nosotros estamos cerca de ellos con la oración.

Homilía - Pedir perdón implica perdonar

Jesús acaba de hacer una catequesis sobre la unidad de los hermanos y la termina con una hermosa palabra: "Les aseguro que si dos de ustedes, dos o tres, se ponen de acuerdo y piden una gracia, les será concedida" (cfr. *Mt* 18,19). La unidad, la amistad, la paz entre los hermanos atrae la benevolencia de Dios. Y Pedro hace la pregunta: "Sí, pero con las personas que nos ofenden, ¿qué debemos hacer?". «Si mi hermano comete culpas contra mí, me ofende, ¿cuántas veces tendré que perdonarlo? ¿Hasta siete veces?» (v. 21). Y Jesús respondió con aquella palabra que significa, en su idioma, "siempre": «Setenta veces siete» (v. 22). Siempre se debe perdonar.

Y perdonar no es fácil. Porque nuestro corazón egoísta siempre está apegado al odio, a las venganzas, a

---

[10] Liturgia de la Palabra: *Dn* 3,25.34-43; *Sl* 24; *Mt* 18,21-35.

los rencores. Todos hemos visto familias destruidas por odios familiares que pasan de una generación a otra. Hermanos que, frente al ataúd de uno de sus padres, no se saludan porque guardan viejos rencores. Parece que es más fuerte aferrarse al odio que al amor y éste es precisamente —digámoslo así— el "tesoro" del diablo. Él se agazapa siempre entre nuestros rencores, entre nuestros odios y los hace crecer, los mantiene ahí para destruir. Destruir todo. Y muchas veces, por cosas pequeñas, destruye.

Y también se destruye a este Dios que no vino a condenar, sino a perdonar. Este Dios que es capaz de hacer fiesta por un pecador que se acerca y olvida todo. Cuando Dios nos perdona, olvida todo el mal que hemos hecho. Alguien dijo: "Es la enfermedad de Dios". No tiene memoria, es capaz de perder la memoria en estos casos. Dios pierde la memoria de las historias malas de tantos pecadores, de nuestros pecados. Nos perdona y sigue adelante. Sólo nos pide: "Haz lo mismo: aprende a perdonar", no sigas con esta cruz infecunda del odio, del rencor, del "me la pagarás". Esta palabra no es cristiana ni humana. La generosidad de Jesús nos enseña que para entrar en el cielo debemos perdonar. Es más, nos dice: "¿Vas a Misa?" —"Sí"— "Pero si cuando vas a Misa te acuerdas de que tu hermano tiene algo contra ti, reconcíliate primero; no vengas a mí con el amor hacia mí en una mano y el odio para con tu hermano en la otra". Coherencia del amor. Perdonar. Perdonar de corazón.

Hay gente que vive condenando a la gente, hablando mal de la gente, mancillando constantemente a sus compañeros de trabajo, enfangando a sus vecinos, a sus parientes, porque no perdonan algo que les han hecho, o no perdonan algo que no les gustó. Parece que la riqueza propia del diablo es ésta: sembrar el amor al no-perdonar, vivir apegados al no-perdonar. Y el perdón es condición para entrar en el cielo.

La parábola que nos cuenta Jesús (cfr. *Mt* 18,23-35) es muy clara: perdonar. Que el Señor nos enseñe esta sabiduría del perdón, que no es fácil. Y hagamos una cosa: cuando vayamos a confesarnos, a recibir el sacramento de la reconciliación, primero preguntémonos: "¿Yo perdono?". Si siento que no perdono, no tengo que aparentar que pido perdón, porque no seré perdonado. Pedir perdón significa perdonar. Van juntos. No pueden separarse. Y aquellos que piden perdón para sí mismos como este señor, al que el patrón le perdona todo pero él no perdona a los demás, terminarán como este señor (cfr. vv. 32-34). «Esto mismo hará con vosotros mi Padre celestial, si no perdonáis de corazón cada uno a vuestro hermano» (v. 35).

Que el Señor nos ayude a comprender esto y a bajar la cabeza, a no ser soberbios, a ser magnánimos en el perdón. Al menos a perdonar "por interés". ¿Cómo es eso? Sí, perdonar, porque si no perdono, no seré perdonado. Al menos eso. Pero siempre el perdón.

Miércoles, 18 de marzo de 2020

Santa Misa[11]

Introducción a la Misa

Recemos hoy por los difuntos, los que a causa del virus han perdido la vida; de manera especial, me gustaría que rezáramos por los trabajadores de la salud que han muerto en estos días. Han donado sus vidas al servicio de los enfermos.

Homilía - Nuestro Dios está cerca y nos pide que estemos cerca unos de otros

El tema de las dos Lecturas de hoy es la Ley (cfr. *Dt* 4,1.5-9; *Mt* 5,17-19). La Ley que Dios da a su pueblo. La Ley que el Señor quiso darnos y que Jesús quiso llevar a la más alta perfección. Pero hay una cosa que llama la atención: la forma en que Dios da la Ley. Moisés dice: «En efecto, ¿hay alguna nación tan grande que tenga los dioses tan cerca como lo está el Señor nuestro Dios siempre que lo invocamos?» (*Dt* 4,7). El Señor da la Ley a su pueblo con una actitud de *cercanía*. No se trata de prescripciones de un gobernante, que puede estar lejos, o de un dictador... No. Es la cercanía. Y nosotros sabemos por revelación que es una cercanía paternal, de un padre, que acompaña a su pueblo dándole el don de la Ley. El Dios cercano. «En efecto, ¿hay alguna nación tan grande que tenga los dioses

[11] Liturgia de la Palabra: *Dt* 4,1.5-9; *Sl* 147; *Mt* 5,17-19.

tan cerca como lo está el Señor nuestro Dios siempre que lo invocamos? ».

Nuestro Dios es el Dios de la cercanía, es un Dios cercano, que camina con su pueblo. Esa imagen en el desierto, en el Éxodo: la nube, la columna de fuego para proteger al pueblo; Él camina con su pueblo. No es un Dios que deja las prescripciones escritas y dice: "Sigue adelante". Hace las prescripciones, las escribe con sus propias manos en la piedra, se las da a Moisés, las entrega a Moisés, pero no deja las prescripciones y se va: camina, está cerca. "¿Qué nación tiene un Dios tan cercano?". Es la cercanía. El nuestro es un Dios de la cercanía.

Y la primera respuesta del hombre, en las primeras páginas de la Biblia, son dos actitudes de no proximidad. Nuestra respuesta siempre es alejarnos, nos alejamos de Dios. Él se acerca y nosotros nos distanciamos. En esas dos primeras páginas, la primera actitud de Adán con su esposa, es esconderse: se esconden de la cercanía de Dios, se avergüenzan, porque han pecado, y el pecado nos lleva a escondernos, a no querer la cercanía (cfr. *Gn* 3,8-10). Y muchas veces, [lleva] a hacer una teología basada solo en un Dios juez, y por eso me escondo: tengo miedo. La segunda actitud, humana, a la propuesta de esta cercanía de Dios es matar. Matar al hermano. "No soy el guardián de mi hermano" (cfr. *Gn* 4,9).

Dos actitudes que borran toda proximidad. El hombre rechaza la cercanía de Dios, él quiere ser amo de las relaciones y la cercanía siempre trae consigo alguna debilidad. El "Dios cercano" se vuelve débil, y cuanto más cercano se hace, más débil parece. Cuando viene a nosotros, a habitar con nosotros, se hace hombre, uno de nosotros: se hace débil y lleva la debilidad hasta la muerte y la muerte más cruel, la muerte de los asesinos, la muerte de los más grandes pecadores. La proximidad humilla a Dios. Se humilla para estar con nosotros, para caminar con nosotros, para ayudarnos.

El "Dios cercano" nos habla de humildad. No es un "gran Dios", no. Está cerca. Está en casa. Y esto lo vemos en Jesús, Dios hecho hombre, cercano hasta la muerte. Con sus discípulos: los acompaña, les enseña, los corrige con amor... Pensemos, por ejemplo, en la cercanía de Jesús a los angustiados discípulos de Emaús: estaban angustiados, estaban derrotados y Él se acerca a ellos lentamente, para hacerles comprender el mensaje de vida, de resurrección (cfr. *Lc* 24,13-32).

Nuestro Dios está cerca y nos pide que estemos cerca unos de otros, que no nos alejemos unos de otros. Y en este momento de crisis por la pandemia que estamos viviendo, nos pide que manifestemos más esta cercanía, que la mostremos más. No podemos, quizás, acercarnos físicamente por miedo al contagio, pero sí podemos despertar en nosotros una actitud de cercanía entre nosotros: con la oración, con la ayuda, muchas formas de cercanía. ¿Y por qué deberíamos estar cerca el uno del otro? Porque nuestro Dios está cerca, quiso acompañarnos en la vida. Es el Dios de la cercanía. Por eso no somos personas aisladas: estamos cerca, porque la herencia que hemos recibido del Señor es la cercanía, es decir, el gesto de cercanía.

Pidamos al Señor la gracia de estar cerca unos de otros; no nos escondamos unos de otros; no nos lavemos las manos de los problemas de los demás, como hizo Caín: no. Juntos. Proximidad. Cercanía. «En efecto, ¿hay alguna nación tan grande que tenga los dioses tan cerca como lo está el Señor nuestro Dios siempre que lo invocamos?».

Jueves, 19 de marzo de 2020

Solemnidad de San José

Santa Misa[12]

Introducción

Recemos hoy por los hermanos y hermanas que están en las cárceles: ellos sufren mucho, por la incertidumbre de lo que sucederá dentro de la cárcel, y también pensando en sus familias, cómo están, si alguien está enfermo, si falta algo... Estamos cerca de los detenidos, hoy, que sufren tanto en este momento de incertidumbre y dolor.

Homilía - Vivir en lo concreto de lo cotidiano y del misterio

El Evangelio (*Mt* 1,16.18-21.24) nos dice que José era "justo", es decir, un hombre de fe, que vivía la fe. Un hombre que puede ser enumerado en la lista de todas esas personas de fe que hemos recordado hoy en el oficio de las lecturas (cfr. *Heb* 11); esas personas que vivieron la fe como fundamento de lo que se espera, como garantía de lo que no se ve, y la prueba no se ve. José es un hombre de fe: por eso era "justo". No sólo porque creía, sino también porque vivía esta fe. Un hombre "justo". Fue elegido para educar a un hombre que era un verdadero hombre pero que también era Dios: se necesitaba un hombre-Dios para educar a un hombre así, pero no había. El Señor eligió a un hombre "justo", un hombre de fe. Un hombre capaz de

---

[12] Liturgia de la Palabra: *2Sam* 7,4-5.12-14.16; *Sl* 88; *Ro* 4,13.16-18.22; *Mt* 1,16.18-21.24.

ser hombre y también capaz de hablar con Dios, de entrar en el misterio de Dios. Y esta fue la vida de José. Vivir su profesión, su vida de hombre y entrar en el misterio. Un hombre capaz de hablar con el misterio, de dialogar con el misterio de Dios. No era un soñador. Entró en el misterio. Con la misma naturalidad con la que llevó a cabo su oficio, con esta precisión de su oficio: era capaz de ajustar un ángulo milimétrico en la madera, sabía cómo hacerlo; era capaz de rebajar, de reducir un milímetro de la madera, de la superficie de una madera. Cierto, era preciso. Pero también era capaz de entrar en el misterio que él no podía controlar.

Esta es la santidad de José: llevar adelante su vida, su oficio con rectitud, con profesionalidad; y al momento, entrar en el misterio. Cuando el Evangelio nos habla de los sueños de José, nos hace entender esto: entra en el misterio.

Pienso en la Iglesia hoy, en esta Solemnidad de San José. Nuestros fieles, nuestros obispos, nuestros sacerdotes, nuestros consagrados y consagradas, los papas: ¿son capaces de entrar en el misterio? ¿O necesitan regularse de acuerdo con las prescripciones que los defienden de lo que no pueden controlar? Cuando la Iglesia pierde la posibilidad de entrar en el misterio, pierde la capacidad de adorar. La oración de adoración sólo puede darse cuando uno entra en el misterio de Dios.

Pidamos al Señor la gracia de que la Iglesia pueda vivir en lo concreto de la vida cotidiana y también en lo "concreto" —entre comillas— del misterio. Si no puede hacerlo, será una Iglesia a medias, será una asociación piadosa, sacada adelante por prescripciones pero sin el sentido de la adoración. Entrar en el misterio no es soñar; entrar en el misterio es precisamente esto: adorar. Entrar en el misterio es hacer hoy lo que haremos en el futuro, cuando lleguemos a la presencia de Dios: adorar.

Que el Señor dé a la Iglesia esta gracia.

Videomensaje con motivo del momento de oración organizado para toda Italia por la Conferencia Episcopal Italiana

Queridos hermanos y hermanas:

Me sumo a la oración que la Conferencia Episcopal ha promovido, como signo de unidad para todo el país.

En esta situación sin precedentes, en la que todo parece tambalearse, ayudémonos a mantenernos firmes en lo que realmente importa. Es una señal del camino a seguir que encuentro en tantas cartas de vuestros pastores que, compartiendo un momento tan dramático, quieren sostener con su palabra vuestra esperanza y vuestra fe.

El rezo del Rosario es la oración de los humildes y de los santos que, en sus misterios, con María contemplan la vida de Jesús, rostro misericordioso del Padre. ¡Y cuánto necesitamos todos ser verdaderamente consolados, sentirnos envueltos por su presencia de amor!

La verdad de esta experiencia se mide en nuestra relación con los demás, que en este momento coinciden con nuestros parientes más cercanos: estemos cerca unos de otros, ejerciendo, nosotros los primeros, la caridad, la comprensión, la paciencia y el perdón.

Por necesidad nuestros espacios pueden haberse reducido a las paredes de casa, pero tened un corazón más grande, donde el otro siempre pueda encontrar disponibilidad y acogida.

Esta noche recemos unidos, confiando en la intercesión de San José, Custodio de la Sagrada Familia, Custodio de todas nuestras familias. El carpintero de Nazaret conoció también la precariedad y la amargura, la preocupación por el mañana; pero supo caminar en la oscuridad de ciertos momentos, dejándose guiar siempre sin reservas por la voluntad de Dios.

Protege, Santo Guardián, a nuestro país.

Ilumina a los responsables del bien común, para que sepan, como tú, cómo cuidar de las personas que les han sido confiadas.

Concede la inteligencia de la ciencia a aquellos que buscan medios adecuados para la salud y el bienestar físico de los hermanos .

Sostiene a los que atienden a los necesitados: voluntarios, enfermeros, médicos, que están en primera línea curando los enfermos, incluso a costa de su propia incolumidad.

Bendice, San José, a la Iglesia: empezando por sus ministros, hazla signo e instrumento de tu luz y de tu bondad.

Acompaña, San José, a las familias: con tu silencio orante, construye la armonía entre padres e hijos, especialmente los más pequeños.

Defiende a los ancianos de la soledad: haz que ninguno sea dejado a la desesperación del abandono y del desánimo.

Consuela a los más frágiles, anima a los que flaquean, intercede por los pobres.

Con la Virgen Madre, suplica al Señor que libere al mundo de toda forma de pandemia.

Amén.

Viernes, 20 de marzo de 2020

Santa Misa[13]

Introducción

Ayer recibí un mensaje de un sacerdote de la zona del bergamasco pidiendo rezar por los médicos de Bérgamo, Treviglio, Brescia, Cremona, que están al límite; están dando su propia vida para ayudar a los enfermos, para salvar la vida de los demás. Y también oramos por las autoridades; para ellos no es fácil manejar este momento y muchas veces sufren las incomprensiones. Ya sean médicos, personal de hospitales, voluntarios de la salud o las autoridades, en este momento son pilares que nos ayudan a ir adelante y nos defienden en esta crisis. Oremos por ellos.

Homilía - Volver a Dios es volver al abrazo del Padre

Cuando leo o escucho este pasaje del profeta Oseas que hemos oído en la primera lectura (cfr. 14,2-10), que dice: «Vuelve Israel, al Señor, tu Dios» (v. 2), "vuelve"... Cuando lo oigo, recuerdo una canción que cantaba Carlo Buti hace 75 años y que se escuchaba con tanto placer en las familias italianas de Buenos Aires: "Vuelve con tu papá. La canción de cuna todavía te cantará". "Vuelve": es tu Padre quien te dice que vuelvas. Dios es tu papá, no es el juez, es tu papá: "Vuelve a casa, escucha, ven". Y ese recuerdo —yo era un niño pequeño— me lleva inmedia-

---

[13] Liturgia de la Palabra: *Os* 14,2-10; *Sl* 80; *Mc* 12,28-34.

tamente al padre del capítulo 15 de Lucas, ese padre que "vio desde lejos venir a su hijo" (cfr. v. 20), ese hijo que se había ido con todo el dinero y lo malgastó (cfr. vv. 13-14). Pero, si lo vio de lejos, fue porque lo estaba esperando. Subía a la terraza —¡cuántas veces al día!— durante días y días, meses, años tal vez, esperando a su hijo. Lo vio de lejos (cfr. v. 20). Vuelve con tu Papá, vuelve con tu Padre. Él te espera. Es la ternura de Dios la que nos habla, especialmente durante la Cuaresma. Es el tiempo de entrar en nosotros mismos y recordar al Padre, volver con el Papá.

"No, padre, me avergüenzo de volver porque... Ya sabe padre, he hecho cosas feas, he hecho muchas cosas feas...". ¿Qué dice el Señor? "Vuelve, yo te curaré de tu infidelidad, te amaré profundamente, porque mi ira se ha alejado. Seré como el rocío; tú florecerás como un lirio y echarás raíces como un árbol del Líbano" (cfr. *Os* 14,5-6). Vuelve con tu padre que te está esperando. El Dios de la ternura nos curará; nos curará de muchas, muchas heridas de la vida y de muchas cosas feas que hemos hecho. ¡Cada uno tiene las suyas!

Pensemos en esto: volver a Dios es volver al abrazo, al abrazo de nuestro Padre. Y pensemos en esa otra promesa que hace Isaías: "Si tus pecados son tan feos como la escarlata, te haré blanco como la nieve" (cfr. 1,18). Él es capaz de transformarnos, Él es capaz de cambiar nuestros corazones, pero quiere que demos el primer paso: volver. No es ir a Dios, no: es volver a casa.

Y la Cuaresma siempre se centra en esta conversión del corazón que, en el hábito cristiano, toma forma en el sacramento de la Confesión. Es el momento para —no sé si decir "ajustar las cuentas", no me gusta— dejar que Dios nos "blanquee", que Dios nos purifique, que Dios nos abrace.

Sé que muchos de ustedes, por Pascua, van a confesarse para encontrarse con Dios. Pero muchos me dirán hoy: "Pero Padre, ¿dónde puedo encontrar un sacerdote, un confesor, dado que no puedo salir de casa? Y yo quiero hacer las paces con el Señor, quiero que me abrace, quiero que mi Papá me abrace... ¿Qué puedo hacer si no encuentro sacerdotes?". Haz lo que dice el Catecismo. Es muy claro: si no encuentras un sacerdote para confesarte, habla con Dios, es tu Padre, y dile la verdad: "Señor, he hecho esto, esto, esto... Perdóname", y pídele perdón de todo corazón, con el Acto de dolor y prométele: "Me confesaré después, pero perdóname ahora". E inmediatamente volverás a la gracia de Dios. Tú mismo puedes acercarte, como nos enseña el Catecismo, al perdón de Dios sin tener un sacerdote a la mano. Piensa en ello: ¡es el momento! Y este es el momento adecuado, el momento oportuno. Un Acto de dolor bien hecho, y así nuestra alma se volverá blanca como la nieve.

Sería bueno que hoy en nuestros oídos resonara este "vuelve", "vuelve con tu Papá, vuelve con tu Padre". Te espera y hará fiesta.

Sábado, 21 de marzo de 2020

Santa Misa[14]

Introducción

Hoy me gustaría recordar a las familias que no pueden salir de la casa. Tal vez el único horizonte que tienen es el balcón. Y ahí dentro, la familia, con los niños, los chicos, los padres... Para que puedan encontrar una forma de comunicarse bien entre ellos, para construir relaciones de amor en la familia, y para superar la angustia de este tiempo juntos, en familia. Rezamos por la paz de las familias hoy, en esta crisis, y por la creatividad.

Homilía - Con el "corazón desnudo"

Esa Palabra del Señor que escuchamos ayer: "Vuelve, vuelve a casa" (cfr. *Os* 14,2); en el mismo libro del profeta Oseas encontramos también la respuesta: «Vengan, volvamos al Señor» (*Os* 6, 1). Es la respuesta cuando ese "vuelve a casa" toca el corazón: «Volvamos al Señor: Él nos ha desgarrado y nos curará. Nos ha golpeado y nos vendará. [...] Apresurémonos a conocer al Señor, su venida es tan segura como el amanecer» (*Os* 6,1.3). La confianza en el Señor es segura: «Vendrá a nosotros como la lluvia del otoño, como la lluvia de la primavera que fecunda la tierra» (v. 3). Y con esta esperanza el pueblo comienza el viaje de regreso al Señor. Y una de las maneras, de las formas de encontrar al Señor es la oración. Oremos al Señor, volvamos a Él.

---

[14] Liturgia de la Palabra: *Os* 6,1-6; *Sl* 50; *Lc* 18,9-14.

En el Evangelio (cfr. *Lc* 18,9-14) Jesús nos enseña *cómo orar*. Hay dos hombres, uno presuntuoso que va a rezar, pero para decir que es bueno, como si le dijera a Dios: "Mira, soy muy bueno: si necesitas algo, dímelo, yo resolveré tu problema". Así se dirige a Dios. Presunción. Tal vez hacía todo lo que decía la Ley, lo dice: «Ayuno dos veces a la semana, pago los diezmos por todo lo que tengo» (v. 12)... "Soy bueno". Esto nos recuerda a otros dos hombres. Nos recuerda al hijo mayor de la parábola del hijo pródigo, cuando le dice a su padre: "Yo, que soy tan bueno, no tengo fiesta, y a éste, que es un desgraciado, le haces una fiesta...". Presuntuoso (cfr. *Lc* 15,29-30). El otro, cuya historia hemos escuchado en estos días, es aquel hombre rico, un hombre sin nombre, pero rico, incapaz de tener un nombre, pero era rico, no le importaba la miseria de los demás (cfr. *Lc* 16,19-21). Son estos los que tienen seguridad en sí mismos o en el dinero o el poder...

Luego está el otro, el publicano, que no se pone delante del altar, no, se queda lejos. «Deteniéndose a distancia, ni siquiera se atrevió a levantar los ojos al cielo, pero se golpeó el pecho diciendo: "Oh Dios, ten piedad de este pecador"» (*Lc* 18,13). También esto nos lleva al recuerdo del hijo pródigo: se dio cuenta de los pecados que había cometido, de las cosas malas que había hecho; él también se golpeó el pecho: "Volveré a mi padre y [le diré]: padre, he pecado". Humillación (cfr. *Lc* 15,17-19). Nos recuerda a ese otro hombre, el mendigo Lázaro, a la puerta del rico, que vivió su miseria ante la presunción de ese señor (cfr. *Lc* 16,20-21). Siempre esta combinación de personas en el Evangelio.

En este caso, el Señor nos enseña cómo rezar, cómo acercarnos, cómo debemos acercarnos al Señor: con humildad. Hay una hermosa imagen en el himno litúrgico de la fiesta de san Juan Bautista. Dice que el pueblo iba al Jordán para recibir el bautismo, "alma y pies desnudos": rezar con el alma desnuda, sin maquillaje, sin disfrazarse con sus propias virtudes. Él, lo leemos al principio de la misa, perdona todos los pecados, pero necesita que le muestre mis pecados, con mi desnudez. Rezar así, desnudos, con el corazón desnudo, sin tapujos, sin siquiera tener confianza en lo que he aprendido sobre la manera de rezar... Rezar, tú y yo, cara a cara, el alma desnuda. Esto es lo que el Señor nos enseña. En cambio, cuando vamos al Señor un poco demasiado seguros de nosotros mismos, caemos en la presunción de este [fariseo] o del hijo mayor o de ese hombre rico a quien no le faltaba nada. Tendremos nuestra confianza en otra parte. "Yo voy al encuentro del Señor..., quiero ir allí, para ser educado... y le hablo de tú, prácticamente...". Este no es el camino. El camino es rebajarse. Rebajarse. El camino es la realidad. Y el único hombre aquí, en esta parábola, que entendió la realidad, fue el publicano: "Tú eres Dios y yo soy un pecador". Esa es la realidad. Pero digo que soy un pecador no con la boca: con el corazón. Sentirse pecador.

No olvidemos lo que el Señor nos enseña: justificarse es soberbia, es un orgullo, es exaltarse a sí mismo. Es disfrazarse de lo que no soy. Y las miserias permanecen dentro. El fariseo se justificaba a sí mismo. Es necesario confesar los pecados directamente, sin justificarlos, sin decir: "Pero, no, yo hice esto, pero no fue culpa mía...". El alma desnuda. El alma desnuda.

Que el Señor nos enseñe a entender esto, esta actitud para comenzar la oración. Cuando empecemos a rezar con nuestras justificaciones, con nuestras certezas, no será una oración: será hablar con el espejo. En cambio, cuando empezamos la oración con la verdadera realidad –"soy un pecador, soy una pecadora"– es un buen paso adelante para dejarnos mirar por el Señor. Que Jesús nos enseñe esto.

22 de marzo de 2020

IV Domingo de Cuaresma (A)

Santa Misa[15]

Introducción

En estos días, escuchamos las noticias de muchos difuntos: hombres, mujeres que mueren solos, sin poder despedirse de sus seres queridos. Pensamos en ellos y rezamos por ellos. Pero también por las familias, que no pueden acompañar a sus seres queridos en su muerte. Nuestra oración especial es para los difuntos y sus familias.

Homilía - Qué sucede cuando pasa Jesús

Este pasaje del Evangelio de Juan (cfr. 9,1-41) habla por sí mismo. Es un anuncio de Jesucristo y también una catequesis. Me gustaría mencionar una cosa. San Agustín tiene una frase que siempre me llama la atención: "Temo a Cristo cuando pasa". "*Timeo Dominum transeuntem*". "Temo que Cristo pase" —"¿Pero por qué temes al Señor?"— "Temo que no me daré cuenta de que es el Cristo y dejaré que pase de largo". Una cosa está clara: en presencia de Jesús los verdaderos sentimientos del corazón, las verdaderas actitudes florecen: salen. Es una gracia, y por eso Agustín tenía miedo de dejarlo pasar sin darse cuenta de que estaba pasando.

---

[15] Liturgia de la Palabra: *1Sam* 16,1.4.6-7.10-13; *Sl* 22; *Ef* 5,8-14; *Jn* 9,1-41.

Aquí está claro: pasa, cura a un ciego y estalla el escándalo. Y entonces sale lo mejor y lo peor de la gente. El ciego... asombra la sabiduría del ciego, cómo responde. Estaba acostumbrado a moverse con las manos, tenía olfato para el peligro, tenía olfato para las cosas peligrosas que podían hacerle resbalar. Y se mueve como un ciego. Con un argumento claro y preciso, y luego también usa la ironía y se da ese lujo.

Los doctores de la ley conocían todas las leyes: todas, todas. Pero eran inamovibles. No entendieron que Dios estaba pasando. Eran rígidos, apegados a sus hábitos: el mismo Jesús lo dice en el Evangelio: apegados a los hábitos. Y si para preservar estos hábitos tenían que hacer una injusticia, no era un problema porque los hábitos decían que esto no era justicia; y esa rigidez los llevaba a hacer injusticias. Ese sentimiento de cerrazón surge ante Cristo.

Sólo esto: les aconsejo a todos que tomen el Evangelio de hoy, capítulo 9 del Evangelio de Juan, y lo lean, en casa, con tranquilidad. Una, dos veces, para entender bien lo que sucede cuando Jesús pasa: que los sentimientos salen. Para entender bien lo que nos dice Agustín: Temo que el Señor pase, que no me dé cuenta y no lo reconozca. Y no me convierta. No lo olvides: lee hoy una, dos, tres veces, todo el tiempo que quieras, el capítulo 9 de Juan.

Ángelus

Queridos hermanos y hermanas, ¡buenos días!

El tema de la *luz* ocupa el centro de la liturgia de este cuarto domingo de Cuaresma. El Evangelio (cfr. *Jn* 9,1-41) nos cuenta el episodio de un hombre ciego de nacimiento, al que Jesús le devuelve la vista. Este signo milagroso es la confirmación de la declaración de Jesús que dice de Sí mismo: «Soy la luz del mundo» (v. 5), la luz que ilumina nuestras tinieblas. Así es Jesús, irradia su luz en dos niveles, uno físico y uno espiritual: primero, el ciego recibe la *vista* de los ojos y, luego, es conducido a la fe en el «Hijo del hombre» (v. 35), es decir, en Jesús. Es un itinerario. Sería bonito que hoy tomaseis todos vosotros el Evangelio de San Juan, capítulo nueve, y leyeseis este pasaje: es tan bello y nos hará tanto bien leerlo otra vez, o incluso dos veces. Los prodigios que Jesús lleva a cabo no son gestos espectaculares, sino que tienen la finalidad de conducir a la fe a través de un camino de transformación interior.

Los doctores de la ley —que estaban allí, un grupo de ellos— se obstinan en no admitir el milagro, y hacen preguntas maliciosas al hombre curado. Pero él los desconcierta con la fuerza de la realidad: «Sólo sé una cosa: que era ciego y ahora veo» (v. 25). Entre la desconfianza y la hostilidad de los que lo rodean y lo interrogan incrédulos, él recorre un itinerario que lo lleva poco a poco a descubrir la identidad de Aquél que le ha abierto los ojos y a confesar su fe en Él. Al principio cree que es un profeta (cfr. v. 17); luego lo reconoce como a alguien que viene de Dios (cfr. v. 33); finalmente, lo acepta como el Mesías y se postra ante Él (cfr. vv. 36-38). Ha entendido que, dándole la vista, Jesús ha "manifestado las obras de Dios" (cfr. v. 3).

¡Ojalá tengamos nosotros esta experiencia! Con la luz de la fe, aquel que era ciego descubre su nueva identidad. Es, ahora, una "nueva criatura", capaz de ver su vida y el mundo que lo rodea con una nueva luz, porque ha entrado en comunión con Cristo, ha entrado en otra dimensión. Ya no es un mendigo marginado por la comunidad;

ya no es esclavo de la ceguera y los prejuicios. Su camino de iluminación es una metáfora del camino de liberación del pecado al que estamos llamados. El pecado es como un oscuro velo que cubre nuestro rostro y nos impide ver con claridad tanto a nosotros como al mundo; el perdón del Señor quita esta capa de sombra y tiniebla y nos da una nueva luz. Que la Cuaresma que estamos viviendo sea un tiempo oportuno y valioso para acercarnos al Señor, pidiendo su misericordia, en las diversas formas que nos propone la Madre Iglesia.

El ciego curado, que ahora ve, sea con los ojos del cuerpo que con los del alma, es una imagen de cada bautizado que, inmerso en la Gracia, ha sido arrebatado a las tinieblas y puesto bajo la luz de la fe. Pero no es suficiente *recibir* la luz: hay que *convertirse en luz*. Cada uno de nosotros está llamado a acoger la luz divina para manifestarla con toda su vida. Los primeros cristianos, los teólogos de los primeros siglos, decían que la comunidad de los cristianos, es decir, la Iglesia, es el "misterio de la luna", porque daba luz pero no era una luz propia, era la luz que recibía de Cristo. Nosotros también debemos ser el "misterio de la luna": dar la luz recibida del sol, que es Cristo, el Señor. San Pablo nos lo recuerda hoy: «Vivid como hijos de la luz; pues el fruto de la luz consiste en toda bondad, justicia y verdad» (*Ef* 5, 8-9). La semilla de la nueva vida puesta en nosotros en el Bautismo es como la chispa de un fuego, que a los primeros que purifica es a nosotros, quemando el mal que llevamos en el corazón, y nos permite que brillemos e iluminemos con la luz de Jesús.

Que María Santísima nos ayude a imitar al hombre ciego del Evangelio, para que así podamos inundarnos con la luz de Cristo y encaminarnos con Él por el camino de la salvación.

Después del Ángelus

Queridos hermanos y hermanas:

En estos días de prueba, mientras la humanidad tiembla ante la amenaza de la pandemia, querría proponer a todos los cristianos que unan sus voces hacia el Cielo. Invito a todos los Jefes de las Iglesias y a los líderes de todas las comunidades cristianas, junto con todos los cristianos de las diferentes confesiones, a invocar al Altísimo, Dios omnipotente, rezando al mismo tiempo la oración que Jesús Nuestro Señor nos enseñó. Invito, por tanto, a todos a hacerlo varias veces al día, pero, todos juntos, a *rezar el Padre Nuestro el próximo miércoles 25 de marzo a mediodía*, todos juntos. Que, en el día en el que muchos cristianos recuerdan el anuncio a la Virgen María de la Encarnación del Verbo, el Señor escuche la oración unánime de todos sus discípulos que se preparan para celebrar la victoria de Cristo Resucitado.

Con la misma intención, el próximo viernes 27 de marzo, a las 18 horas, presidiré un acto de oración en el *parvis* de la basílica de San Pedro, con la plaza vacía. Desde ahora invito a todos a participar espiritualmente mediante los medios de comunicación. Escucharemos la Palabra de Dios, elevaremos nuestra súplica, adoraremos al Santísimo Sacramento, con el que, al final, daré la bendición *Urbi et Orbi*, a la que se unirá la posibilidad de recibir la indulgencia plenaria.

A la pandemia del virus queremos responder con la universalidad de la oración, de la compasión, de la ternura. Permanezcamos unidos. Hagamos sentir nuestra cercanía a las personas más solas y más probadas. Nuestra cercanía a los médicos, a los profesionales de la salud, enfermeros y enfermeras, voluntarios... Nuestra cercanía a las autoridades que deben tomar medidas duras, pero para nuestro bien. Nuestra cercanía a los policías, a los soldados que buscan mantener el orden en las calles, para que se cumpla lo que el gobierno nos pide que hagamos por el bien de todos nosotros. Cercanía a todos. [...] Y no os olvidéis: hoy, tomad el Evangelio y leed tranquilamente, lentamente, el capítulo nueve de San Juan. Yo también lo voy a hacer. Nos hará bien a todos.

Y os deseo a todos un buen domingo. No os olvidéis de rezar por mí. Buen almuerzo y adiós.

Lunes, 23 de marzo de 2020

Santa Misa[16]

Introducción

Rezamos hoy por las personas que empiezan a tener problemas económicos a causa de la pandemia, porque no pueden trabajar y todo esto recae en la familia. Oremos por la gente que tiene este problema.

Homilía - Debemos rezar con fe, perseverancia y valentía

Este padre pide salud para su hijo (cfr. *Jn* 4,43-54). El Señor reprocha un poco a todos, pero también a él: «Si no ven signos y prodigios, ustedes no creen» (cfr. v. 48). El funcionario, en lugar de callar y estar en silencio, se adelanta y le dice: «Señor, baja antes que se muera mi hijo» (v. 49). Y Jesús le respondió: «Ve, tu hijo vive» (v. 50).

Existen tres cosas que se necesitan para hacer una verdadera oración. La primera es la *fe*: "Si no tienen fe..." Y muchas veces, la oración es sólo oral, de boca, pero no viene de la fe del corazón, o es una fe débil... Pensemos en otro padre, el del hijo endemoniado; cuando Jesús responde: "Todo es posible para el que cree", el padre dice claramente: "Yo creo, pero aumenta mi fe" (cfr. *Mc* 9,23-24). La fe en la oración. Rezar con fe, tanto cuando rezamos fuera [de un lugar de culto], como cuando venimos aquí y el Señor está ahí: pero ¿tengo fe o es un hábito? Tengamos cuidado en la oración: no caigamos en el hábito sin

---

[16] Liturgia de la Palabra: *Is* 65,17-21; *Sl* 29; *Jn* 4,43-54.

la conciencia de que el Señor está ahí, que estoy hablando con el Señor y que Él es capaz de resolver el problema. La primera condición para la verdadera oración es la fe.

La segunda condición que el mismo Jesús nos enseña es la *perseverancia*. Algunos piden pero la gracia no llega: no tienen esta perseverancia, porque en el fondo no la necesitan, o no tienen fe. Y el mismo Jesús nos enseña la parábola de ese señor que va donde el vecino a pedir pan a medianoche: la perseverancia para llamar a la puerta (cfr. *Lc* 11,5-8). O la viuda, con el juez injusto: e insiste e insiste e insiste: es la perseverancia (cfr. *Lc* 18,1-8). La fe y la perseverancia van juntas, porque si tienes fe, el Señor te dará lo que pidas. Y si el Señor te hace esperar, llama, llama, al final el Señor da la gracia. Pero el Señor no se comporta así para hacerse el interesante o porque piense "mejor que espere", no. Lo hace por nuestro propio bien, para que tomemos las cosas en serio. Tomar en serio la oración, no como los papagayos: *bla, bla, bla, bla, bla* y nada más. El mismo Jesús nos reprocha: "No sean como los gentiles que creen en la eficacia de la oración por su mucha palabrería, muchas palabras" (cfr. *Mt* 6,7-8). No. Es la perseverancia. Es la fe.

Y la tercera cosa que Dios quiere en la oración es la *valentía*. Alguien puede pensar: ¿se necesita valor para rezar y estar ante el Señor? Se necesita. El coraje de estar ahí pidiendo y yendo adelante, casi, casi —no quiero decir herejía—, pero casi como amenazando al Señor. El coraje de Moisés ante Dios cuando Dios quiso destruir al pueblo y hacerlo jefe de otro pueblo. Dice: "No. Yo con el pueblo" (cfr. *Es* 32,7-14). Coraje. El coraje de Abraham, cuando negocia la salvación de Sodoma: "¿Y si fueran 30, y si fueran 25, y si fueran 20...?": ahí, valentía (cfr. *Gn* 18,22-33). Esta virtud de la valentía es muy necesaria. No sólo para las acciones apostólicas, sino también para la oración.

Fe, perseverancia y valentía. En estos días en que es necesario rezar, rezar más, pensemos si rezamos de esta manera: con fe en que el Señor puede intervenir, con perseverancia y con valor. El Señor no decepciona, no decepciona. Nos hace esperar, se toma su tiempo, pero no nos decepciona. Fe, perseverancia y valor.

Martes, 24 de marzo de 2020

Santa Misa[17]

Introducción a la Misa

Recibí la noticia de que en estos días han fallecido algunos médicos, sacerdotes, no sé si algunos enfermeros, se contagiaron y contrajeron el mal porque estaban sirviendo a los enfermos. Recemos por ellos, por sus familias, y agradezco a Dios el ejemplo de heroicidad que nos dan curando a los enfermos.

Homilía - La enfermedad de la acedia y el agua que nos regenera

La liturgia de hoy nos hace reflexionar sobre el agua, el agua como símbolo de salvación, porque es un medio de salvación, aunque el agua también es un medio de destrucción: pensemos en el Diluvio... Pero en estas lecturas, el agua es para la salvación.

En la primera Lectura (cfr. *Ez* 47,1-9.12), es agua que lleva a la vida, que sanea las aguas del mar, un agua nueva que cura. Y en el Evangelio (cfr. *Jn* 5,1-16), la piscina, esa piscina donde iban los enfermos, estaba llena de agua para curarse: se decía que de vez en cuando las aguas se movían, como si fuera un río, porque un ángel bajaba del cielo para moverlas, y el primero, o los primeros, que se arrojaban al agua, se curaban. Y muchos enfermos yacían allí: «una multitud de enfermos, ciegos, cojos y lisiados» (v. 3), esperando la curación, que el agua se moviese.

---

[17] Liturgia de la Palabra: *Ez* 47,1-9.12; *Sl* 45; *Jn* 5,1-16.

Había un hombre que estaba enfermo desde hacía treinta y ocho años. Treinta y ocho años allí, esperando la curación. Hace pensar, ¿no? Es un poco demasiado... porque un hombre que quiere curarse se las arregla para tener a alguien que le ayude, se mueve, es un poco rápido, incluso un poco astuto... Pero éste, treinta y ocho años allí, hasta el punto de que no se sabe si está enfermo o muerto... «Jesús, al verlo tendido», y sabiendo la realidad, que estaba allí desde hacía mucho tiempo, «le preguntó: "¿Quieres curarte?"» (v. 6). Y la respuesta es interesante: no dice que sí, se lamenta. ¿De la enfermedad? No. «Respondió el enfermo: "Señor, no tengo a nadie que me sumerja en la piscina cuando el agua comienza a agitarse. Y en tanto que yo llego —estoy por tomar la decisión de ir— otro baja antes que yo"» (v. 7). Un hombre que siempre llega con retraso. Jesús le dice: «Levántate, toma tu camilla y anda» (v. 8). «Y al instante quedó sano aquel hombre» (v. 9).

Nos hace pensar la actitud de este hombre. ¿Estaba enfermo? Sí, tal vez tenía alguna parálisis, pero parece que podía caminar un poco. Pero estaba enfermo en su corazón, estaba enfermo en su alma, estaba enfermo de pesimismo, estaba enfermo de tristeza, estaba enfermo de pereza. Esta es la enfermedad de este hombre: "Sí, quiero vivir, pero...", se quedaba allí. Y su respuesta no es: "¡Sí, quiero curarme!". No, es quejarse: "Los otros llegan antes, siempre los otros". La respuesta a la oferta de sanación de Jesús es una queja contra los demás. Y así, treinta y ocho años, lamentándose de los demás. Y no haciendo nada para sanar.

Era un sábado: hemos oído lo que hicieron los doctores de la Ley (vv. 10-13). Pero la clave es el encuentro con Jesús después. «Jesús lo encontró en el Templo y le dijo:

"Mira, has sido curado; no vuelvas a pecar, no sea que te acaezca algo peor» (v. 14). El hombre estaba en pecado, pero no estaba allí porque había hecho uno grande, no: el pecado de sobrevivir y lamentarse de la vida de los demás; el pecado de la tristeza que es la semilla del diablo, de esa incapacidad de tomar una decisión sobre la propia vida, y mirar la vida de los demás para lamentarse. No para criticarlos: para lamentarse. "Ellos llegan antes, yo soy la víctima de esta vida": los lamentos, respiran lamentos estas personas.

Si hacemos una comparación con el ciego de nacimiento que escuchamos el domingo pasado (cfr. *Jn* 9): ¡con cuánta alegría, con cuánta decisión había acogido la sanación, y también con cuánta decisión fue a discutir con los doctores de la Ley! Este [el paralítico] solo fue e informó: "Sí, es aquel" (cfr. v. 15). Punto. Sin compromiso con la vida... Me hace pensar en tantos de nosotros, en tantos cristianos que viven en este estado de pereza, incapaces de hacer nada, pero quejándose de todo. Y la pereza es un veneno, es una niebla que rodea el alma y no la hace vivir. Y también es una droga porque si la pruebas a menudo, te gusta. Y terminas siendo un "triste-adicto", un "perezoso-adicto"... Es como el aire que respiras. Y este es un pecado bastante habitual entre nosotros: tristeza, pereza, no quiero decir melancolía, pero se acerca.

Nos hará bien releer este capítulo 5 de Juan para ver cómo es esta enfermedad en la que podemos caer. El agua está para salvarnos. "Pero no puedo salvarme a mí mismo" —"¿Por qué?"— "Porque la culpa es de los demás". Y me quedo treinta y ocho años allí... Jesús me curó: pero no se ve la reacción de los demás que se curan, que toman la camilla y bailan, cantan, dan gracias, se lo dicen a todo el mundo. No: él sigue así. Los otros le dicen que no debe hacer así, y él dice: "Aquel que me curó me dijo que sí", y sigue. Y luego, en lugar de ir a Jesús, darle las gracias y todo, informa: "Fue aquel". Una vida gris, pero gris de este espíritu maligno que es pereza, tristeza, melancolía.

Pensemos en el agua, en esa agua que es un símbolo de nuestra fuerza, de nuestra vida, el agua que Jesús usó para regenerarnos, el bautismo. Y pensemos también en nosotros, si uno de nosotros está en el peligro de caer en esta pereza, en este pecado "neutral": el pecado del neutro es éste, ni blanco ni negro, no se sabe qué es. Y este es un pecado que el diablo puede usar para aniquilar nuestra vida espiritual y también nuestras vidas como personas. Que el Señor nos ayude a entender lo feo y lo malo que es este pecado.

Miércoles, 25 de marzo de 2020

Solemnidad de la Anunciación de la Virgen María

Santa Misa[18]

Introducción

Hoy, fiesta de la Encarnación del Señor, las Hermanas Hijas de la Caridad de San Vicente de Paúl, que sirven en el dispensario de Santa Marta desde hace 98 años, están aquí en la Misa, renovando sus votos junto con sus hermanas en todas partes del mundo. Quisiera ofrecer la Misa de hoy por ellas, por su Congregación que siempre trabaja con los enfermos, los más pobres, como lo ha hecho aquí durante 98 años, y por todas las religiosas que están trabajando en este momento cuidando a los enfermos y también arriesgando y dando su vida.

Homilía - Ante el misterio

El evangelista Lucas (cfr. 1,26-38) podía conocer esto [el hecho] solamente a partir de la narración de la Virgen. Escuchando a Lucas, hemos escuchado a la Virgen que relata este misterio. Estamos ante el misterio. Tal vez lo mejor que podemos hacer ahora es releer este pasaje, pensando que fue la misma Virgen María la que lo narró.

[lee de nuevo el texto del Evangelio]

> En aquel tiempo, el ángel Gabriel fue enviado por Dios a una ciudad de Galilea, llamada Nazaret, a una virgen

[18] Liturgia de la Palabra: *Is* 7,10-14;8,10; *Sl* 39; *Heb* 10,4-10; *Lc* 1,26-38.

que estaba comprometida con un hombre perteneciente a la familia de David, llamado José. El nombre de la virgen era María. El ángel entró en su casa y la saludó, diciendo: «¡Alégrate!, llena de gracia, el Señor está contigo». Al oír estas palabras, ella quedó desconcertada y se preguntaba qué podía significar ese saludo. Pero el ángel le dijo: «No temas, María, pues hallaste gracia a los ojos de Dios. He aquí que concebirás en tu seno y darás a luz un hijo, a quien pondrás por nombre Jesús. Será grande y será reconocido como Hijo del Altísimo, y le dará el Señor Dios el trono de David su padre, y reinará sobre la casa de Jacob eternamente, y su reinado no tendrá fin». Dijo María al ángel: «¿Cómo será eso, pues no conozco varón?». Y respondiendo el ángel, le dijo: «El Espíritu Santo descenderá sobre ti, y el poder del Altísimo te cubrirá con su sombra; por eso el que ha de nacer será santo y será llamado Hijo de Dios. Y mira que Isabel, tu pariente, también ella ha concebido un hijo en su vejez, y este es el sexto mes para ella, la que llamaban estéril, porque nada es imposible para Dios». Dijo María: «He aquí la esclava del Señor: hágase en mí según tu palabra». Y el ángel dejándola se fue.

Este es el misterio. Ahora las hermanas renovarán los votos.

Jueves, 26 de marzo de 2020

Santa Misa[19]

Introducción

En estos días de tanto sufrimiento, hay mucho miedo. El miedo de los ancianos, que están solos en los asilos de ancianos o en los hospitales o en sus casas y no saben lo que puede pasar. El miedo de los trabajadores sin trabajo fijo que piensan en cómo alimentar a sus hijos y ven venir el hambre. El temor de muchos servidores sociales que en este momento ayudan a sacar adelante la sociedad y pueden contraer la enfermedad. También el miedo —los temores— de cada uno de nosotros: cada uno sabe cuál es el suyo. Roguemos al Señor para que nos ayude a tener confianza y a tolerar y vencer los miedos.

Homilía - Conocer nuestros ídolos

En la primera lectura hemos visto la escena del motín del pueblo. Moisés fue al Monte para recibir la Ley: Dios se la dio, en piedra, escrita con su dedo. Pero el pueblo se aburrió y se aglomeró alrededor de Aarón y le dijo: "Pero, este Moisés, hace tiempo que no sabemos dónde está, dónde se ha ido, y estamos sin guía. Haznos un dios para ayudarnos a seguir adelante". Y Aarón, que más tarde se convirtió en sacerdote de Dios, pero allí era un sacerdote de la estupidez, de los ídolos, dijo: "Pues sí, denme todo

---

[19] Liturgia de la Palabra: *Ex* 32,7-14; *Sl* 105; *Jn* 5,31-47.

el oro y la plata que tengan", y se lo dieron todo e hicieron ese becerro de oro (cfr. *Ex* 32,1-7).

En el salmo hemos oído el lamento de Dios: «En Horeb se fabricaron un becerro, adoraron una estatua de metal fundido: así cambiaron su gloria por la imagen de un toro que come pasto» (*Sal* 105 (106), 19-20). Y es aquí, en este momento, cuando comienza la Lectura: «El Señor dijo a Moisés: "Baja enseguida, porque tu pueblo, ése que hiciste salir de Egipto, se ha pervertido. Ellos se han apartado rápidamente del camino que yo les había señalado, y se han fabricado un ternero de metal fundido. Después se postraron delante de él, le ofrecieron sacrificios y exclamaron: 'Éste es tu Dios, Israel, el que te hizo salir de Egipto'"» (*Ex* 32, 7-9). ¡Una verdadera apostasía! Del Dios vivo a la idolatría. No tuvieron paciencia para esperar el regreso de Moisés: querían algo nuevo, querían algo, un espectáculo litúrgico, algo...

Sobre esto quisiera mencionar algunas cosas. En primer lugar, esa nostalgia idolátrica en el pueblo: en este caso, pensaba en los ídolos de Egipto, la nostalgia de volver a los ídolos, de volver a lo peor, sin saber esperar al Dios vivo. Esta nostalgia es una enfermedad, también nuestra. Uno comienza a caminar con el entusiasmo de ser libre, pero luego comienzan las quejas: "Bueno, es un momento difícil, el desierto, tengo sed, quiero agua, quiero carne... pero en Egipto comíamos cebollas, cosas buenas y aquí no hay...". La idolatría es siempre selectiva: te hace pensar en las cosas buenas que te da, pero no te hace ver las cosas malas. En este caso, ellos pensaban en cómo estaban en la mesa, con esas comidas tan buenas que les gustaban tanto, pero olvidaban que esa era la mesa de la esclavitud. La idolatría es selectiva.

Y otra cosa: la idolatría hace que lo pierdas todo. Aarón, para hacer el becerro, les pidió: "Dadme oro y plata". Pero eran el oro y la plata que el Señor les había dado cuando les dijo: "Pedid oro a los egipcios", y luego se marcharon con el oro. Es un regalo del Señor, y con el don del Señor fabrican un ídolo (cfr. *Ex* 11,1-9). Y eso es muy feo. Pero este mecanismo también nos sucede a nosotros: cuando tenemos actitudes que nos llevan a la idolatría, nos apegamos a cosas que nos alejan de Dios, porque hacemos otro dios y lo hacemos con los dones que el Señor nos ha dado. Con la inteligencia, con la voluntad, con el amor, con el corazón... estos son los dones propios del Señor que usamos para hacer idolatría.

Sí, algunos de ustedes pueden decirme: "Pero yo no tengo ídolos en casa. Tengo el Crucifijo, la imagen de Nuestra Señora, que no son ídolos..." – No, no: en tu corazón. Y la pregunta que deberíamos hacernos hoy es: ¿cuál es el ídolo que tienes en tu corazón, en mi corazón? Esa salida escondida donde me siento bien, que me aleja del Dios vivo. Y también tenemos una actitud muy astuta con la idolatría: sabemos esconder los ídolos, como hizo Raquel cuando huyó de su padre y los escondió en la silla del camello y entre sus ropas. Nosotros también, entre nuestras ropas del corazón, hemos escondido muchos ídolos.

La pregunta que me gustaría hacer hoy es: ¿cuál es mi ídolo? Mi ídolo de la mundanidad... y la idolatría llega también a la piedad, porque querían el becerro de oro no para hacer un circo: no. Para adorar: "Se postraron ante él" (cfr. *Sal* 105 (106),19 y *Ex* 32,8). La idolatría te lleva a una religiosidad equivocada, es más: muchas veces la mundanidad, que es idolatría, te hace transformar la celebración de un sacramento en una fiesta mundana. Un ejemplo: no sé, pienso, pensemos, no lo sé, imaginémonos la celebración de una boda. No sabes si es un sacramento donde los recién casados realmente dan todo y se aman ante Dios y prometen ser fieles ante Dios y recibir la gracia de Dios, o es una exhibición de modelos, cómo se viste ese o el otro o el de más allá... la mundanidad. Es una idolatría. Este es un ejemplo. Porque la idolatría no se detiene: siempre continúa.

Hoy la pregunta que me gustaría hacer a todos nosotros, a todos, es: ¿cuáles son mis ídolos? Cada uno tiene el suyo. ¿Cuáles son mis ídolos? ¿Dónde los escondo? Y que el Señor no nos encuentre, al final de nuestras vidas, y diga de cada uno de nosotros: "Te has pervertido. Te has desviado del camino que te había indicado. Te has postrado ante un ídolo".

Pidamos al Señor la gracia de descubrir nuestros ídolos. Y si no podemos expulsarlos, por lo menos arrinconarlos...

VIERNES, 27 DE MARZO DE 2020

Santa Misa[20]

Introducción

En estos días llegan noticias de que muchas personas comienzan a preocuparse de una manera más general de los demás, muchas personas piensan en las familias que no tienen lo suficiente para vivir, en los ancianos solos, en los enfermos en el hospital, y rezan y tratan de hacer llegar alguna ayuda... Esta es una buena señal. Damos gracias al Señor por despertar estos sentimientos en los corazones de sus fieles.

Homilía - La valentía de callar

La primera lectura es casi una crónica (anticipada) de lo que le pasará a Jesús. Es una crónica adelantada, es una profecía. Parece una descripción histórica de lo que pasó después. ¿Qué dicen los impíos? "Tendamos trampas al justo, porque nos molesta y se opone a nuestra manera de obrar; nos echa en cara las transgresiones a la Ley y nos reprocha las faltas contra la enseñanza recibida. Es un vivo reproche contra nuestra manera de pensar y su sola presencia nos resulta insoportable, porque lleva una vida distinta de los demás… Porque si el justo es hijo de Dios, Él lo protegerá y lo librará de las manos de sus enemigos" (*Sab* 2,12). Pensemos en lo que le decían a Jesús en la cruz: "Si eres el Hijo de Dios, baja; que Él venga a

[20] Liturgia de la Palabra: *Sb* 2,1.12-22; *Sl* 33; *Jn* 7,1-2.10.25-30.

salvarte" (cfr. *Mt* 27,40). Y luego, el plan de acción: pongámoslo a prueba "con ultrajes y tormentos, para conocer su temple y probar su paciencia. Condenémoslo a una muerte infame, ya que él asegura que Dios lo protegerá" (cfr. *Sab* 2,19). Es una profecía, realmente, de lo que ha sucedido. Y los judíos trataban de matarlo, dice el Evangelio. Entonces, también trataron de arrestarlo —nos dice el Evangelio— "pero nadie puso las manos sobre Él, porque todavía no había llegado su hora" (*Jn* 7,30).

Esta profecía es muy detallada; el plan de acción de esta gente malvada es un detalle tras otro, no escatimemos nada, probémoslo con violencia y tormento, y pongamos a prueba el espíritu de resistencia... tendámosle asechanzas, pongámosle trampas, [para ver] si cae... Esto no es una simple aversión, no hay un plan de acción malvado —ciertamente— de un partido contra otro: esto es otra cosa. Esto se llama *ensañamiento*: cuando el diablo que está detrás, siempre, detrás de todo ensañamiento, trata de destruir y no escatima los medios. Pensemos en el comienzo del Libro de Job, que es profético sobre esto: Dios está satisfecho con el modo de vida de Job, y el diablo le dice: "¡Sí, porque lo tiene todo, no tiene agobios! ¡Ponlo a prueba!" (cfr. *Job* 1,1-12; 2,4-6) Y primero el diablo le quita sus posesiones, luego le quita su salud, y Job nunca, nunca se alejó de Dios. Pero el diablo, qué es lo que hace: ensañarse. Siempre. Detrás de todo ensañamiento está el diablo, para destruir la obra de Dios. Detrás de una discusión o enemistad, puede ser que esté el diablo, pero desde lejos, con tentaciones normales. Pero cuando hay ensañamiento, no dudamos: está la presencia del diablo. Y el ensañamiento es sutil. Pensemos en cómo el diablo se ensañó no sólo contra Jesús, sino también en las persecuciones de los cristianos; cómo ha buscado los medios más sofisticados para llevarlos a la apostasía, a que se alejaran de Dios. Esto es, como decimos en el lenguaje cotidiano, esto es *diabólico*: sí; inteligencia *diabólica*.

Me contaban algunos obispos de uno de los países que sufrieron la dictadura de un régimen ateo que llegaron, en las persecuciones, a detalles como éste: el lunes después de Pascua las maestras tenían que preguntar a los niños: "¿Qué comisteis ayer?", y los niños decían lo que habían comido en el almuerzo. Y algunos decían: "Huevos", y los que decían "huevos" eran perseguidos para ver si eran cristianos porque en ese país comían huevos el Domingo de Pascua. Hasta este punto, de ver, de espionaje, dónde hay un cristiano para matarlo. Esto es un ensañamiento en la persecución y esto es el diablo.

¿Y qué se hace en el momento del ensañamiento? Sólo se pueden hacer dos cosas: discutir con esta gente no es posible porque tienen sus propias ideas, ideas fijas, ideas que el diablo ha sembrado en sus corazones. Hemos oído cuál es su plan de acción. ¿Qué se puede hacer? Lo que hizo Jesús: callarse. Es sorprendente cuando leemos en el Evangelio que frente a todas estas acusaciones, a todas estas cosas, Jesús guardó silencio. Frente al espíritu de furia, sólo silencio, nunca justificación. Nunca. Jesús habló, explicó. Cuando comprendió que no había palabras, silencio. Y en silencio Jesús vivió su Pasión. Es el silencio de los justos frente al ensañamiento. Y esto también es válido para —llamémoslo así— los pequeños ensañamientos diarios, cuando uno de nosotros oye que hay una habladuría allí, contra él, y decimos cosas y luego no sale nada... cállate. Silencio. Y soportar y tolerar el ensañamiento de las habladurías. La habladuría es también un ensañamiento, un ensañamiento social: en la sociedad, en el vecindario, en el lugar de trabajo, pero siempre contra él. Es un ensañamiento no tan fuerte como este, pero es una furia, destruir al otro porque al parecer el otro incomoda, molesta.

Pidamos al Señor la gracia de luchar contra el mal espíritu, de discutir cuando tengamos que discutir; pero frente al espíritu de ensañamiento, tener el coraje de callar y dejar hablar a los demás. Lo mismo ante este pequeño ensañamiento diario que es la habladuría: dejarlos hablar. En silencio, ante Dios.

Momento extraordinario de oración en tiempo de epidemia[21]

« Al atardecer » (*Mc* 4,35). Así comienza el Evangelio que hemos escuchado. Desde hace algunas semanas parece que todo se ha oscurecido. Densas tinieblas han cubierto nuestras plazas, calles y ciudades; se fueron adueñando de nuestras vidas llenando todo de un silencio que ensordece y un vacío desolador que paraliza todo a su paso: se palpa en el aire, se siente en los gestos, lo dicen las miradas. Nos encontramos asustados y perdidos. Al igual que a los discípulos del Evangelio, nos sorprendió una tormenta inesperada y furiosa. Nos dimos cuenta de que estábamos en la misma barca, todos frágiles y desorientados; pero, al mismo tiempo, importantes y necesarios, todos llamados a remar juntos, todos necesitados de confortarnos mutuamente. En esta barca, estamos todos. Como esos discípulos, que hablan con una única voz y con angustia dicen: "perecemos" (cfr. v. 38), también nosotros

---

[21] Liturgia de la Palabra: *Mc* 4.35-41.

descubrimos que no podemos seguir cada uno por nuestra cuenta, sino sólo juntos.

Es fácil identificarnos con esta historia, lo difícil es entender la actitud de Jesús. Mientras los discípulos, lógicamente, estaban alarmados y desesperados, Él permanecía en popa, en la parte de la barca que primero se hunde. Y, ¿qué hace? A pesar del ajetreo y el bullicio, dormía tranquilo, confiado en el Padre —es la única vez en el Evangelio que Jesús aparece durmiendo—. Después de que lo despertaran y que calmara el viento y las aguas, se dirigió a los discípulos con un tono de reproche: «¿Por qué tenéis miedo? ¿Aún no tenéis fe?» (v. 40).

Tratemos de entenderlo. ¿En qué consiste la falta de fe de los discípulos que se contrapone a la confianza de Jesús? Ellos no habían dejado de creer en Él; de hecho, lo invocaron. Pero veamos cómo lo invocan: «Maestro, ¿no te importa que perezcamos?» (v. 38). *No te importa*: pensaron que Jesús se desinteresaba de ellos, que no les prestaba atención. Entre nosotros, en nuestras familias, lo que más duele es cuando escuchamos decir: "¿Es que no te importo?". Es una frase que lastima y desata tormentas en el corazón. También habrá sacudido a Jesús, porque a Él le importamos más que a nadie. De hecho, una vez invocado, salva a sus discípulos desconfiados.

La tempestad desenmascara nuestra vulnerabilidad y deja al descubierto esas falsas y superfluas seguridades con las que habíamos construido nuestras agendas, nuestros proyectos, rutinas y prioridades. Nos muestra cómo habíamos dejado dormido y abandonado lo que alimenta, sostiene y da fuerza a nuestra vida y a nuestra comunidad. La tempestad pone al descubierto todos los intentos de encajonar y olvidar lo que nutrió el alma de nuestros pueblos; todas esas tentativas de anestesiar con aparentes rutinas "salvadoras", incapaces de apelar a nuestras raíces y evocar la memoria de nuestros ancianos, privándonos así de la inmunidad necesaria para hacerle frente a la adversidad.

Con la tempestad, se cayó el maquillaje de esos estereotipos con los que disfrazábamos nuestros egos siempre preocupados por la propia imagen; y quedó al descubierto, una vez más, esa (bendita) pertenencia común de la que no podemos ni queremos evadirnos; esa pertenencia de hermanos.

«*¿Por qué tenéis miedo? ¿Aún no tenéis fe?*». Señor, esta tarde tu Palabra nos interpela, se dirige a todos. En nuestro mundo, que Tú amas más que nosotros, hemos avanzado rápidamente, sintiéndonos fuertes y capaces de todo. Codiciosos de ganancias, nos hemos dejado absorber por lo material y trastornar por la prisa. No nos hemos detenido ante tus llamadas, no nos hemos despertado ante guerras e injusticias del mundo, no hemos escuchado el grito de los pobres y de nuestro planeta gravemente enfermo. Hemos continuado imperturbables, pensando en mantenernos siempre sanos en un mundo enfermo. Ahora, mientras estamos en mares agitados, te suplicamos: "Despierta, Señor".

«*¿Por qué tenéis miedo? ¿Aún no tenéis fe?*». Señor, nos diriges una llamada, una llamada a la fe. Que no es tanto creer que Tú existes, sino ir hacia ti y confiar en ti. En esta Cuaresma resuena tu llamada urgente: "Convertíos", «volved a mí de todo corazón» (*Jl* 2,12). Nos llamas a tomar este tiempo de prueba como *un momento de elección*. No es el momento de tu juicio, sino de nuestro juicio: el tiempo para elegir entre lo que cuenta verdaderamente y lo que pasa, para separar lo que es necesario de lo que no lo es. Es el tiempo de restablecer el rumbo de la vida hacia ti, Señor, y hacia los demás. Y podemos mirar a tantos compañeros de viaje que son ejemplares, pues, ante el miedo, han reaccionado dando la propia vida. Es la fuerza operante del Espíritu derramada y plasmada en valientes y generosas entregas. Es la vida del Espíritu capaz de rescatar, valorar y mostrar cómo nuestras vidas están tejidas y sostenidas por personas comunes —corrientemente olvidadas— que no aparecen en portadas de diarios y de revistas, ni en las grandes pasarelas del último *show* pero, sin lugar a dudas, están escribiendo hoy los acontecimientos decisivos de nuestra historia: médicos, enfermeros y enfermeras, encargados de reponer los productos en los supermercados, limpiadoras, cuidadoras, transportistas, fuerzas de seguridad, voluntarios, sacerdotes, religiosas y tantos y tantos otros que comprendieron que nadie se salva solo. Frente al sufrimiento, en el que se mide el verdadero desarrollo de nuestros pueblos, descubrimos y experimentamos la oración sacerdotal de Jesús: «Que todos sean uno» (*Jn* 17,21). Cuánta gente cada día demuestra paciencia e infunde esperanza, cuidándose de no sembrar pánico sino corresponsabilidad. Cuántos padres, madres, abuelos y abuelas, docentes muestran a nuestros niños, con gestos pequeños y cotidianos, cómo enfrentar y transitar una crisis readaptando rutinas, levantando miradas e impulsando la oración. Cuántas personas rezan, ofrecen e interceden por el bien de todos. La oración y el servicio silencioso son nuestras armas vencedoras.

«*¿Por qué tenéis miedo? ¿Aún no tenéis fe?*». El comienzo de la fe es saber que necesitamos la salvación. No somos autosuficientes; solos nos hundimos. Necesitamos al Señor como los antiguos marineros las estrellas. Invitemos a Jesús a la barca de nuestra vida. Entreguémosle nuestros temores, para que los venza. Al igual que los discípulos, experimentaremos que, con Él a bordo, no se naufraga. Porque esta es la fuerza de Dios: convertir en algo bueno todo lo que nos sucede, incluso lo malo. Él trae serenidad en nuestras tormentas, porque con Dios la vida nunca muere.

El Señor nos interpela y, en medio de nuestra tormenta, nos invita a despertar y a activar esa solidaridad y esperanza capaces de dar solidez, contención y sentido a estas horas donde todo parece naufragar. El Señor se despierta para despertar y avivar nuestra fe pascual. Tenemos un ancla: en su Cruz hemos sido salvados. Tenemos un timón: en su Cruz hemos sido rescatados. Tenemos una esperanza: en su Cruz hemos sido sanados y abrazados para que nadie ni nada nos separe de su amor redentor. En medio del aislamiento en el que estamos sufriendo la falta de los afectos y de los encuentros, experimentando la carencia de tantas cosas, escuchemos una vez más el anuncio que nos salva: ha resucitado y vive a nuestro lado. El Señor nos invita desde su Cruz a reencontrar la vida que nos espera, a mirar a aquellos que nos reclaman, a potenciar, reconocer e incentivar la gracia que nos habita. No apaguemos la llama humeante (cfr. *Is* 42,3), que nunca enferma, y dejemos que reavive la esperanza.

Abrazar su Cruz es animarse a abrazar todas las contrariedades del tiempo presente, abandonando por un instante nuestro afán de omnipotencia y posesión para dar espacio a la creatividad que sólo el Espíritu es capaz de suscitar. Es animarse a abrir espacios donde todos puedan sentirse convocados y permitir nuevas formas de hospitalidad, de fraternidad y de solidaridad. En su Cruz hemos sido salvados para acoger la esperanza y dejar que sea ella quien fortalezca y sostenga todas las medidas y caminos posibles que nos ayuden a custodiarnos y a custodiar. Abrazar al Señor para abrazar la esperanza. Esta es la fuerza de la fe, que libera del miedo y da esperanza.

«*¿Por qué tenéis miedo? ¿Aún no tenéis fe?*». Queridos hermanos y hermanas: Desde este lugar, que narra la fe pétrea de Pedro, esta tarde me gustaría confiaros a todos al Señor, a través de la intercesión de la Virgen, salud de su pueblo, estrella del mar tempestuoso. Desde esta columnata que abraza a Roma y al mundo, descienda sobre vosotros, como un abrazo consolador, la bendición de Dios. Señor, bendice al mundo, da salud a los cuerpos y consuela los corazones. Nos pides que no sintamos temor. Pero nuestra fe es débil y tenemos miedo. Mas tú, Señor, no nos abandones a merced de la tormenta. Repites de nuevo: «No tengáis miedo» (*Mt* 28,5). Y nosotros, junto con Pedro, "descargamos en ti todo nuestro agobio, porque Tú nos cuidas" (cfr. *1Pt* 5,7).

Sábado, 28 de marzo de 2020

Santa Misa[22]

Introducción

En estos días, en algunas partes del mundo, se han evidenciado consecuencias—algunas consecuencias— de la pandemia; una de ellas es el hambre. Se comienza a ver gente que tiene hambre, porque no puede trabajar, no tenía un trabajo fijo y por muchas circunstancias. Ya estamos empezando a ver el "después", que vendrá más tarde pero comienza ahora. Recemos por las familias que empiezan a sentir necesidad debido a la pandemia.

Homilía - El pueblo de Dios sigue a Jesús y no se cansa

«Y cada uno regresó a su casa» (*Jn* 7,53): después de la discusión y todo esto, cada uno volvió a sus convicciones. Hay una ruptura en el pueblo: el pueblo que sigue a Jesús lo escucha —no se da cuenta de cuánto tiempo pasa escuchándolo, porque la Palabra de Jesús entra en sus corazones— y el grupo de doctores de la Ley que *a priori* rechazan a Jesús porque no obra según la ley, según ellos. Son dos grupos de personas. El pueblo que ama a Jesús, lo sigue y el grupo de intelectuales de la Ley, los líderes de Israel, los líderes del pueblo. Se ve claramente cuando «los guardias volvieron donde los sumos sacerdotes y éstos les preguntaron: "¿Por qué no lo habéis traído?", y respondieron los guardias: "Nunca un hombre ha hablado así".

---

[22] Liturgia de la Palabra: *Jr* 11,18-20; *Sl 7*; *Jn* 7,40-53.

Pero los fariseos les respondieron: "¿Vosotros también os habéis dejado engañar? ¿Acaso ha creído en él algún líder de los fariseos? Pero esa gente que no conoce la Ley son unos malditos" » (*Jn* 7, 45–49). Este grupo de doctores de la Ley, la élite, siente desprecio por Jesús. Pero también desprecia al pueblo, "esa gente", que es ignorante, que no sabe nada. El santo pueblo fiel de Dios cree en Jesús, lo sigue, y este pequeño grupo de élite, los Doctores de la Ley, se separa del pueblo y no recibe a Jesús. ¿Pero cómo es posible, si estos eran ilustres, inteligentes, habían estudiado? Tenían un gran defecto: habían perdido la memoria de su pertenencia a un pueblo.

El pueblo de Dios sigue a Jesús... no puede explicar por qué, pero lo sigue y llega al corazón, y no se cansa. Pensemos en el día de la multiplicación de los panes: pasaron todo el día con Jesús, hasta el punto de que los apóstoles le dicen a Jesús: "Despide a la gente para que vayan a comprar algo para comer" (cfr. *Mc* 6,36). Incluso los apóstoles guardaban distancia, no lo consideraban, no lo despreciaban, pero no consideraban al pueblo de Dios. "Que vayan a comer". La respuesta de Jesús: "Dadles vosotros de comer" (cfr. *Mc* 6,37). Los devuelve al pueblo.

Esta ruptura entre la élite de los líderes religiosos y el pueblo es una tragedia que viene de lejos. Pensemos también, en el Antiguo Testamento, en la actitud de los hijos de Elí en el templo: se servían del pueblo de Dios; y si el pueblo iba a cumplir la Ley, alguno de ellos un poco ateo, decía: "Son supersticiosos". Desprecio hacia el pueblo. El desprecio hacia la gente que "no es educada como nosotros que hemos estudiado, que sabemos...". En cambio, el pueblo de Dios tiene una gran gracia: su intuición. La intuición de saber dónde está el Espíritu. Es pecador, como nosotros: es pecador. Pero posee esa intuición para conocer los caminos de la salvación.

El problema de las élites, de los clérigos de élite como estos, es que habían perdido la memoria de su pertenencia al pueblo de Dios; se habían vuelto sofisticados, pasaron a otra clase social, se sintieron líderes. Es el clericalismo, que ya existía. "¿Pero cómo es que —he oído en estos días—, cómo es que estas monjas, estos sacerdotes que están sanos van donde los pobres a alimentarlos, y pueden contagiarse con el coronavirus? ¡Pero dígale a la madre superiora que no deje salir a las monjas, dígale al obispo que no deje salir a los sacerdotes! ¡Son para los sacramentos! ¡Que provea el gobierno a darles de comer!". De eso se habla en estos días: el mismo argumento. "Es gente de segunda clase: nosotros somos la clase dirigente, no debemos ensuciarnos las manos con los pobres".

Muchas veces pienso: son buenas personas —sacerdotes, monjas— que no tienen el valor de ir a servir a los pobres. Falta algo. Lo que le faltaba a esta gente, a los doctores de la ley. Perdieron su memoria, perdieron lo que Jesús sentía en su corazón: que eran parte de su pueblo. Han perdido la memoria de lo que Dios le dijo a David: "Te saqué de la grey". Han perdido la memoria de ser parte de la grey.

Y estos, cada uno regresó a su casa (cfr. *Jn* 7,53). Una ruptura. Nicodemo, que algo intuía —era un hombre inquieto, quizás no muy valiente, demasiado diplomático, pero inquieto, había hablado con Jesús, era fiel en lo que podía—, trata de mediar y citando la Ley, dice: «¿Acaso nuestra Ley juzga a un hombre sin haberle antes oído y sin saber lo que hace?» (*Jn* 7, 51). Le respondieron, pero no contestaron a la pregunta sobre la Ley: «¿También tú eres de Galilea? Estudia —eres un ignorante— y verás que de Galilea no sale ningún profeta» (*Jn* 7,52). Y así terminaron la historia.

Pensemos también hoy en tantos hombres y mujeres cualificados para el servicio de Dios que son buenos y van a servir al pueblo; tantos sacerdotes que no se separan del pueblo. Anteayer recibí una fotografía de un sacerdote, un párroco de montaña, de muchos pequeños pueblos, en un lugar donde nieva, y con la nieve llevaba la custodia a los pequeños pueblos para dar la bendición. No le importaba la nieve, no le importaba el ardor que el frío le hacía sentir en sus manos en contacto con el metal del ostensorio: sólo le importaba llevar a Jesús a la gente.

Pensemos, cada uno de nosotros, de qué lado estamos, si estamos en el medio, un poco indecisos, si estamos con el sentimiento del pueblo de Dios, el pueblo fiel de Dios que no puede fallar: tienen esa *infallibilitas in credendo*. Y pensemos en la élite que se separa del pueblo de Dios, en ese clericalismo. Y quizás el consejo que Pablo da a su discípulo, el obispo, el joven obispo, Timoteo, nos sirva a todos: "Acuérdate de tu madre y de tu abuela" (cfr. *2Tim* 1,5) Acuérdate de tu madre y de tu abuela. Si Pablo aconsejó esto fue porque conocía bien el peligro al que conducía este sentido de élite en nuestro liderazgo.

29 de marzo de 2020

V Domingo de Cuaresma (A)

Santa Misa[23]

Introducción

Pienso en tanta gente que llora: gente aislada, gente en cuarentena, los ancianos solos, personas hospitalizadas y personas en terapia, padres que ven que, como no reciben la paga, no podrán dar de comer a sus hijos. Mucha gente llora. Nosotros también, desde nuestro corazón, los acompañamos. Y no nos hará mal llorar un poco con el llanto del Señor por todo su pueblo.

Homilía - El domingo del llanto

Jesús tenía amigos. Amaba a todos, pero tenía amigos con los cuales tenía una relación especial, como se hace con los amigos, de más amor, de más confianza... Y muchas, muchas veces se quedaba en casa de estos hermanos: Lázaro, Marta, María... Y Jesús sintió dolor por la enfermedad y la muerte de su amigo. Llegó a la tumba y se conmovió profundamente y, muy turbado, preguntó: «¿Dónde lo habéis puesto?» (*Jn* 11,34). Y Jesús estalló en lágrimas. Jesús, Dios, pero hombre, lloró. En otra ocasión en el Evangelio se dice que Jesús lloró: cuando lloró por Jerusalén (cfr. *Lc* 19,41-42). ¡Y con cuánta ternura llora Jesús! Llora desde el corazón, llora con amor, llora con los suyos que lloran. El llanto de Jesús. Tal vez lloró otras veces en

---

[23] Liturgia de la Palabra: *Ez* 37,12-14; *Sl* 129; *Ro* 8,8-11; *Jn* 11,1-45.

la vida —no lo sabemos— ciertamente en el Huerto de los Olivos. Pero Jesús llora por amor, siempre.

Se conmovió profundamente y, muy turbado, lloró. Cuántas veces hemos escuchado en el Evangelio esta emoción de Jesús, con esa frase que se repite: "Viendo, tuvo compasión" (cfr. *Mt* 9,36; *Mt* 14,14). Jesús no puede mirar a la gente y no sentir compasión. Sus ojos miran con el corazón; Jesús mira con sus ojos, pero ve con su corazón y es capaz de llorar.

Hoy, ante un mundo que sufre tanto, ante tanta gente que sufre las consecuencias de esta pandemia, me pregunto: ¿soy capaz de llorar, como seguramente lo habría hecho Jesús y lo hace ahora? ¿Mi corazón se parece al de Jesús? Y si es demasiado duro, si bien soy capaz de hablar, de hacer el bien, de ayudar, pero mi corazón no entra, no soy capaz de llorar, debo pedir esta gracia al Señor: Señor, que yo llore contigo, que llore con tu pueblo que en este momento sufre. Muchos lloran hoy. Y nosotros, desde este altar, desde este sacrificio de Jesús, de Jesús que no se avergonzó de llorar, pedimos la gracia de llorar. Que hoy sea para todos nosotros como el domingo del llanto.

Ángelus

Queridos hermanos y hermanas, ¡buenos días!

El Evangelio de este quinto domingo de Cuaresma es el de la Resurrección de Lázaro (cfr. *Jn* 11,1-45). Lázaro era el hermano de Marta y María; eran muy amigos de Jesús. Cuando Jesús llegó a Betania, Lázaro llevaba ya cuatro días muerto; Marta corrió al encuentro del Maestro y le dijo: «Señor, si hubieras estado aquí, no habría muerto mi hermano» (v. 21). Jesús le responde: «Tu hermano resucitará» (v. 23); y añade: «Yo soy la resurrección. El que cree en mí, aunque muera, vivirá» (v. 25). Jesús se muestra como el Señor de la vida, el que es capaz de dar vida incluso a los muertos. Luego llegan María y otras personas, todas en lágrimas, y entonces Jesús —dice el Evangelio— «se conmovió interiormente y [...] se echó a llorar» (vv. 33.35). Con esta amargura en su corazón, va al sepulcro, da gracias al Padre que siempre le escucha, hace abrir la tumba y grita con fuerte voz: «¡Lázaro, sal fuera!». (v. 43). Y Lázaro salió «atado de pies y manos con vendas, y envuelto el rostro en un sudario» (v. 44).

Aquí sentimos claramente que Dios es vida y da vida, pero asume el drama de la muerte. Jesús podría haber evitado la muerte de su amigo Lázaro, pero quiso hacer suyo nuestro dolor por la muerte de nuestros seres queridos y, sobre todo, quiso mostrar el dominio de Dios sobre la muerte. En este pasaje del Evangelio vemos que la fe del hombre y la omnipotencia de Dios, el amor de Dios, se buscan y, finalmente, se encuentran. Es como un doble camino: la fe del hombre y la omnipotencia del amor de Dios se buscan y finalmente se encuentran. Lo vemos en el grito de Marta y María y todos nosotros con ellas: "¡Si hubieras estado aquí!...". Y la respuesta de Dios no es un discurso, no, la respuesta de Dios al problema de la muerte es Jesús: "Yo soy la resurrección y la vida... ¡Tened fe! En medio del llanto seguid teniendo fe, aunque la muerte parezca haber vencido. ¡Quitad la piedra de vuestro corazón! Que la Palabra de Dios devuelva la vida allí donde hay muerte".

También hoy nos repite Jesús: "Quitad la piedra": Dios no nos ha creado para la tumba, nos ha creado para la vida, bella, buena, alegre. Pero «por envidia del diablo entró la muerte en el mundo» (*Sb* 2,24), dice el libro de la Sabiduría, y Jesucristo ha venido a liberarnos de sus lazos.

Por lo tanto, estamos llamados a quitar las piedras de todo lo que sabe a muerte: por ejemplo, la hipocresía con la que vivimos la fe es la muerte; la crítica destructiva hacia los demás es la muerte; la ofensa, la calumnia, son la muerte; la marginación de los pobres es la muerte. El Señor nos pide que quitemos estas piedras de nuestros corazones, y la vida volverá a florecer a nuestro alrededor. Cristo vive, y quien lo acoge y se adhiere a Él entra en contacto con la vida. Sin Cristo, o fuera de Cristo, no sólo no hay vida, sino que se recae en la muerte.

La resurrección de Lázaro es también un signo de la regeneración que tiene lugar en el creyente a través del Bautismo, con la plena inserción en el Misterio Pascual de Cristo. Gracias a la acción y al poder del Espíritu Santo, el cristiano es una persona que camina en la vida como una nueva criatura: una criatura para la vida y que camina hacia la vida.

Que la Virgen María nos ayude a ser tan compasivos como su Hijo Jesús, que hizo suyo nuestro dolor. Que cada uno de nosotros esté cerca de los que están en la prueba, convirtiéndose para ellos en un reflejo del amor y la ternura de Dios, que libra de la muerte y hace vencer la vida.

Después del Ángelus

Queridos hermanos y hermanas:

Hace unos días, el Secretario General de las Naciones Unidas lanzó un llamamiento para un "alto el fuego global e inmediato en todos los rincones del mundo", recordando la actual emergencia del COVID-19, que no conoce fronteras. Un llamamiento al cese total del fuego.

Me sumo a los que han aceptado este llamamiento e invito a todos a aplicarlo deteniendo todas las formas de hostilidades bélicas, fomentando la creación de corredores para la ayuda humanitaria, la apertura a la diplomacia y la atención a los que se encuentran en una situación más vulnerable.

Que nuestro compromiso conjunto contra la pandemia pueda llevar a todos a reconocer nuestra necesidad de fortalecer los lazos fraternales como miembros de una familia. En particular, debería despertar en los responsables de las naciones y otros actores involucrados un compromiso renovado para superar las rivalidades. ¡Los conflictos no se resuelven con la guerra! Es necesario superar los antagonismos y contrastes a través del diálogo y la búsqueda constructiva de la paz.

En este momento pienso de manera especial en todas las personas que sufren la vulnerabilidad de verse obligadas a vivir en grupo: residencias, cuarteles... En particular quiero mencionar a las personas en las cárceles. He leído un memorándum oficial de la Comisión de Derechos Humanos que habla del problema del hacinamiento en las prisiones, que podría convertirse en una tragedia. Hago un llamamiento a las autoridades para que sean sensibles ante este grave problema y tomen las medidas necesarias para evitar futuras tragedias.

A todos vosotros os deseo un buen domingo. Por favor, no os olvidéis de rezar por mí; yo lo hago por vosotros. Buen almuerzo y adiós.

Lunes, 30 de marzo de 2020

Santa Misa[24]

Introducción

Oremos hoy por tantas personas que no logran reaccionar: que están asustadas por esta pandemia. Que el Señor las ayude a levantarse, a reaccionar por el bien de toda la sociedad, de toda la comunidad.

Homilía - Fiarse de la misericordia de Dios

En el Salmo Responsorial rezamos: «El Señor es mi pastor, nada me falta. En verdes pastos me hace reposar. Me conduce a fuentes tranquilas y allí reparo mis fuerzas. Me guía por cañadas seguras haciendo honor a su nombre. Aunque fuese por valle tenebroso, ningún mal temería, pues tú vienes conmigo, tu vara y tu cayado me sosiegan» (*Sal* 23,1-4).

Esta es la experiencia de estas dos mujeres, cuya historia leímos en las dos Lecturas. Una mujer inocente, falsamente acusada, calumniada, y una mujer pecadora. Ambas condenadas a muerte. La inocente y la pecadora. Algunos Padres de la Iglesia vieron en estas mujeres una figura de la Iglesia: santa, pero con hijos pecadores. Decían en una hermosa expresión latina: "La Iglesia es la casta meretriz", la santa con los hijos pecadores.

Ambas mujeres estaban desesperadas, humanamente desesperadas. Pero Susana confía en Dios. También hay dos grupos de personas, de hombres; ambos al servicio de

---

[24] Liturgia de la Palabra: *Dn* 13,1-9.15-17.19-30.33-62; *Sl* 22; *Jn* 8,1-11.

la Iglesia: los jueces y los maestros de la Ley. No eran clérigos, pero estaban al servicio de la Iglesia, en el tribunal y en la enseñanza de la Ley. Diferentes. Los primeros, los que acusaron a Susana, eran corruptos: el juez corrupto, la figura emblemática de la historia. También en el Evangelio, Jesús retoma, en la parábola de la viuda insistente, al juez corrupto que no creía en Dios y no se preocupaba por los demás. Los corruptos. Los doctores de la ley no eran corruptos, sino hipócritas.

Y de estas mujeres, una cayó en manos de hipócritas y la otra en manos de corruptos: no había salida. "Aunque fuese por valle tenebroso, ningún mal temería, pues tú vienes conmigo, tu vara y tu cayado me sosiegan" (*Sal* 23,4). Ambas mujeres iban por un valle tenebroso, estaban allí: un valle tenebroso, hacia la muerte. La primera confía explícitamente en Dios y el Señor interviene. La segunda, pobrecita, sabe que es culpable, afeada su conducta ante todo el pueblo —porque el pueblo estaba presente en ambas situaciones—. El Evangelio no lo dice, pero seguramente rezaba en su interior, pedía ayuda.

¿Qué hace el Señor con esta gente? Salva a la mujer inocente, le hace justicia. Perdona a la mujer pecadora. A los jueces corruptos los condena; a los hipócritas los ayuda a convertirse, y ante el pueblo dice: "Sí, ¿de verdad? El primero de vosotros que esté sin pecados, que tire la primera piedra" (cfr. *Jn* 8,7), y uno tras otro se van. Tiene algo de ironía, el Apóstol Juan, aquí: «Ellos, al oír estas palabras, se fueron retirando uno tras otro, comenzando por los más viejos» (*Jn* 8,9). Les deja un poco de tiempo para que se arrepientan; a los corruptos no los perdona, simplemente porque el corrupto es incapaz de pedir perdón, ha ido más allá. Se ha cansado... no, no está cansado: no es capaz.

La corrupción también le ha quitado la capacidad que todos tenemos de avergonzarnos, de pedir perdón. No, el corrupto está seguro, sigue adelante, destruye, explota a la gente, como a esta mujer, todo, todo... sigue adelante. Se pone en el lugar de Dios.

Y el Señor responde a estas mujeres. A Susana la libera de estos corruptos, la hace seguir adelante, y a la otra: «Tampoco yo te condeno. Vete, y no vuelvas a pecar» (*Jn* 8,11). La deja ir. Y esto ante el pueblo. En el primer caso, el pueblo alaba al Señor; en el segundo caso, el pueblo aprende. Aprende cómo es la misericordia de Dios.

Cada uno de nosotros tiene sus propias historias. Cada uno de nosotros tiene sus propios pecados. Y si no los recuerda, que piense un poco: los encontrará. Agradece a Dios si los encuentras, porque si no los encuentras, eres un corrupto. Todos tenemos nuestros pecados. Miremos al Señor que hace justicia pero es tan misericordioso. No nos avergoncemos de estar en la Iglesia: avergoncémonos de ser pecadores. La Iglesia es la madre de todos. Agradezcamos a Dios que no somos corruptos, que somos pecadores. Y cada uno de nosotros, mirando cómo actúa Jesús en estos casos, confíe en la misericordia de Dios. Y rece, confiando en la misericordia de Dios, pida el perdón. "Porque Dios me guía por cañadas seguras haciendo honor a su nombre. Aunque pase por un valle tenebroso, el valle del pecado, ningún mal temería, pues tú vienes conmigo, tu vara y tu cayado me sosiegan" (cfr. *Sal* 23,4).

Martes, 31 de marzo de 2020

Santa Misa[25]

Introducción

Oremos hoy por aquellos que no tienen hogar, en este momento en el cual se nos pide que estemos en casa. Para que la sociedad de hombres y mujeres pueda tomar conciencia de esta realidad y ayudar, y para que la Iglesia los acoja.

Homilía - Mirar el crucifijo bajo la luz de la redención

La serpiente no es ciertamente un animal simpático: siempre se asocia con el mal. Incluso en la revelación, la serpiente es el animal que usa el diablo para inducir al pecado. En el Apocalipsis se llama al diablo la "antigua serpiente", la que desde el principio muerde, envenena, destruye, mata. De ahí no sale. Y si sale como uno que propone cosas hermosas, son fantasías: las creemos y así pecamos. Esto es lo que le pasó al pueblo de Israel: no soportó el viaje. Estaba cansado. Y el pueblo habló contra Dios y contra Moisés. Siempre la misma música, ¿no? "¿Por qué nos sacaste de Egipto? ¿Para hacernos morir en este desierto? Porque aquí no hay pan ni agua y estamos hartos de este alimento ligero, el maná" (cfr. *Nm* 21,4-5). Y la imaginación —lo hemos leído en los días pasados— siempre va a Egipto: "Allí estábamos bien, comíamos bien ...". Y parece que el Señor no soportó al pueblo, en este momen-

---

[25] Liturgia de la Palabra: *Nm* 21,4-9; *Sl* 101; *Jn* 8,21-30.

to. Se enfadó: la ira de Dios se ve a veces... Y entonces «el Señor envió contra el pueblo serpientes abrasadoras que mordían a la gente y moría. Murieron muchos israelitas» (*Nm* 21,5). En ese momento, la serpiente es siempre la imagen del mal: el pueblo ve en la serpiente el pecado, ve en la serpiente lo que ha hecho el mal. Y se acerca a Moisés y le dice: «Hemos pecado por haber hablado contra el Señor y contra ti. Intercede ante el Señor para que aparte de nosotros las serpientes» (*Nm* 21,7). Se arrepiente. Esta es la historia en el desierto. Moisés intercedió por el pueblo y el Señor le dijo a Moisés: «Hazte una serpiente abrasadora y ponla sobre un mástil. Todo el que haya sido mordido y la mire, vivirá» (*Nm* 21,8).

Me hace pensar: ¿pero no es esto idolatría? Ahí está la serpiente, ahí, un ídolo, que me da salud... No se entiende. Lógicamente, no se entiende, porque esto es una profecía, es un anuncio de lo que va a pasar. Porque también hemos oído como una profecía cercana, en el Evangelio: «Cuando hayáis levantado al Hijo del hombre, entonces sabréis que Yo Soy, y que no hago nada por propia iniciativa» (*Jn* 8,28). Jesús levantado: en la cruz. Moisés hace una serpiente y la levanta. Jesús será levantado, como la serpiente, para dar la salvación. Pero el núcleo de la profecía es precisamente que Jesús se hizo pecado por nosotros. No ha pecado: *se ha hecho pecado*. Como dice San Pedro en su carta: "Llevó nuestros pecados en su propio cuerpo" (cfr. 1*Pe* 2,24). Y cuando miramos el crucifijo, pensamos en el Señor que sufre: todo eso es verdad. Pero nos detenemos antes de llegar al centro de esa verdad: en este momento, Tú pareces el mayor pecador, Tú te has hecho pecado. Ha tomado sobre sí todos nuestros pecados, se ha aniquilado a sí mismo hasta ahora. La cruz, es verdad, es un tormento, está la venganza de los doctores de la Ley, de los que no querían a Jesús: todo esto es verdad. Pero la verdad que viene de Dios es que Él vino al mundo para tomar nuestros pecados sobre sí mismo hasta el punto de hacerse pecado. Todo pecado. Nuestros pecados están ahí.

Debemos acostumbrarnos a mirar el crucifijo bajo esta luz, que es la más verdadera, la luz de la redención. En Jesús hecho pecado vemos la derrota total de Cristo. No finge morir, no finge sufrir, solo, abandonado... "Padre, ¿por qué me has abandonado?" (cfr. *Mt* 27,46; *Mc* 15,34). Una serpiente: yo soy levantado como una serpiente, como aquel que es todo pecado.

No es fácil entender esto y, si pensamos, nunca llegaremos a una conclusión. Sólo, contemplar, rezar y dar gracias.

Miércoles, 1 de abril de 2020

Santa Misa[26]

Introducción

Hoy me gustaría que rezáramos por todos aquellos que trabajan en los medios de comunicación, que trabajan para comunicar, hoy, para que la gente no se encuentre tan aislada; por la educación de los niños, por la información, para ayudarles a soportar este tiempo de encierro.

Homilía - Permanecer en el Señor

En estos días, la Iglesia nos hace oír el capítulo octavo de Juan: hay una discusión muy fuerte entre Jesús y los doctores de la Ley. Y sobre todo, se trata de mostrar la propia identidad: Juan trata de acercarnos a esa lucha por aclarar la identidad, tanto la de Jesús como la de los doctores. Jesús los pone en un rincón mostrándoles sus contradicciones. Y ellos, al final, no encuentran otra salida que el insulto: es una de las páginas más tristes, es una blasfemia. Insultan a Nuestra Señora, la Virgen Santa.

Pero hablando de identidad, Jesús dijo a los judíos que habían creído, les aconsejó: «Si permanecéis en mi palabra, seréis verdaderamente mis discípulos» (*Jn* 8,31). Vuelve esa palabra tan querida por el Señor que la repetirá muchas veces, y luego en la cena: *permanecer*. "Permanece en mí". Permanece *en el* Señor. No dice: "Estudia

---

[26] Liturgia de la Palabra: *Dn* 3,14-20.46-50.91-92.95; *Dn* 3,52-56; *Jn* 8,31-42.

bien, aprende bien los argumentos", esto lo da por sentado. Y va a lo más importante, lo que es más peligroso para la vida, si no se hace: permanecer. «Permaneced en mi palabra» (*Jn* 8,31). Y los que permanecen en la palabra de Jesús tienen su propia identidad cristiana. ¿Y cuál es? «Seréis verdaderamente mis discípulos» (*Jn* 8,31). La identidad cristiana no es un papel que dice "yo soy cristiano", una carta de identidad: no. Es el discipulado. Tú, si permaneces en el Señor, en la Palabra del Señor, en la vida del Señor, serás un discípulo. Si no te quedas, serás uno que simpatiza con la doctrina, que sigue a Jesús como un hombre que hace tanta caridad, es muy bueno, que tiene los valores correctos, pero el discipulado es la verdadera identidad del cristiano.

Y será el discipulado el que nos dará la libertad: el discípulo es un hombre libre porque permanece en el Señor. Y ¿qué significa "permanece en el Señor"? Dejarse guiar por el Espíritu Santo. El discípulo se deja guiar por el Espíritu, por eso el discípulo es siempre un hombre de tradición y novedad, es un hombre *libre*. Libre. Nunca sujeto a ideologías, a doctrinas dentro de la vida cristiana, doctrinas que pueden discutirse... permanece en el Señor, es el Espíritu el que inspira. Cuando le cantamos al Espíritu, le decimos que es un huésped del alma (cfr. himno *Veni, Sancte Spiritus*), que habita en nosotros. Pero esto, sólo si permanecemos en el Señor.

Le pido al Señor que nos haga conocer esta sabiduría para que permanezcamos en Él y nos haga conocer esa familiaridad con el Espíritu: el Espíritu Santo nos da la libertad. Y esta es la *unción*. El que permanece en el Señor es un discípulo, y el discípulo es un *ungido*, un ungido por el Espíritu, que ha recibido la unción del Espíritu y la lleva adelante. Este es el camino que Jesús nos muestra para la libertad y también para la vida. Y el discipulado es la *unción* que reciben los que permanecen en el Señor.

Que el Señor nos haga comprender esto que no es fácil: porque los doctores no lo entendieron, no se entiende sólo con la cabeza; se entiende con la cabeza y el corazón, esta sabiduría de la unción del Espíritu Santo que nos hace discípulos.

JUEVES, 2 DE ABRIL DE 2020

Santa Misa[27]

Introducción

Estos días de dolor y tristeza ponen de manifiesto tantos problemas ocultos. En el periódico, hoy, hay una foto que golpea el corazón: tantas personas sin hogar tiradas en un estacionamiento de una ciudad, bajo observación... hay muchos sintecho hoy. Pidamos a santa Teresa de Calcuta que despierte en nosotros el sentimiento de la cercanía a tantas personas que en la sociedad, en la vida normal, viven escondidas pero, como los sintecho, en el momento de la crisis, resaltan de esta manera.

Homilía - Las tres dimensiones de la vida cristiana: elección, promesa, alianza

El Señor se ha acordado siempre de su alianza. Lo acabamos de repetir en el Salmo responsorial (cfr. *Sl* 105,8) . El Señor no olvida, nunca olvida. Bueno, sólo olvida en un caso, cuando perdona los pecados. Después de perdonar pierde la memoria, no recuerda los pecados. En otros casos Dios no olvida. Su fidelidad es memoria. Su fidelidad a su pueblo. Su fidelidad a Abraham es el recuerdo de las promesas que hizo. Dios eligió a Abraham para hacer un camino. Abraham es un elegido, era un elegido. Dios lo eligió. Luego, en esa elección le prometió una herencia y hoy, en el pasaje del libro del Génesis, hay un paso más. «Por

[27] Liturgia de la Palabra: *Gn* 17,3-9; *Sl* 104; *Jn* 8,51-59.

mi parte esta es mi alianza contigo» (*Gn* 17,4). La alianza. Una alianza que le hace ver a lo lejos su fecundidad: «serás padre de una muchedumbre de pueblos» (*Gn* 17,4). La elección, la promesa y la alianza son las tres dimensiones de la vida de fe, las tres dimensiones de la vida cristiana.

Cada uno de nosotros es un elegido, nadie elige ser cristiano entre todas las posibilidades que le ofrece el "mercado" religioso. Somos cristianos porque hemos sido elegidos. En esta elección hay una promesa, hay una promesa de esperanza, el signo es la fecundidad: Abraham, serás padre de una muchedumbre de pueblos y... serás fecundo en la fe (cfr. *Gn* 17,5-6). Tu fe florecerá en las obras, en las buenas obras, en las obras de fecundidad también, una fe fecunda. Pero debes —el tercer paso— observar la alianza conmigo (cfr. 17,9). Y la alianza es fidelidad, ser fiel. Hemos sido elegidos, el Señor nos ha hecho una promesa, ahora nos pide una alianza. Una alianza de fidelidad. Jesús dice que Abraham se regocijó pensando, viendo su día, el día de la gran fecundidad, ese hijo suyo —Jesús era hijo de Abraham (cfr. *Jn* 8,56)— que vino a rehacer la creación, que es más difícil que hacerla, dice la liturgia, vino a redimir nuestros pecados, a liberarnos.

El cristiano es cristiano no para que pueda enseñar la fe de bautismo: la fe de bautismo es un papel. Tú eres cristiano si dices que sí a la elección que Dios ha hecho de ti, si vas detrás de las promesas que el Señor te ha hecho y si vives una alianza con el Señor: esta es la vida cristiana. Los pecados del camino están siempre en contra de estas tres dimensiones: no aceptar la elección y "elegir" nosotros tantos ídolos, tantas cosas que no son de Dios. No aceptar la esperanza en la promesa, irse, mirar de lejos las promesas, incluso muchas veces, como dice la Carta a los Hebreos (cfr. *Hb* 6,12; *Hb* 8,6), saludándolas de lejos y hacer que las promesas estén hoy con los pequeños ídolos que nosotros hacemos, y olvidar la alianza, vivir sin alianza, como si no tuviéramos una alianza.

La fecundidad es la alegría, esa alegría de Abraham que previó el día de Jesús y se llenó de alegría. Esta es la revelación que la Palabra de Dios nos da hoy sobre nuestra existencia cristiana. Que sea como aquella de nuestro padre Abraham: consciente de ser elegido, gozoso de ir hacia una promesa y fiel en el cumplimento de la alianza.

VIERNES, 3 DE ABRIL DE 2020

Santa Misa[28]

Introducción

Hay gente que desde ahora empieza a pensar en el después: el después de la pandemia. A todos los problemas que vendrán: problemas de pobreza, de trabajo, de hambre... Oremos por todos los que ayudan hoy, pero piensan también en el mañana, para ayudarnos a todos nosotros.

Homilía - La Dolorosa, discípula y madre

Este Viernes de Pasión, la Iglesia recuerda los dolores de María, Nuestra Señora de los Dolores. Una veneración del pueblo de Dios que tiene siglos de historia. Se han escrito himnos en honor a Nuestra Señora de los Dolores: estaba al pie de la cruz y la contemplan allí, sufriendo. La piedad cristiana ha recogido los dolores de la Virgen y habla de los "siete dolores". El primero, sólo 40 días después del nacimiento de Jesús, la profecía de Simeón que habla de una espada que traspasará su corazón (cfr. *Lc* 2,35). El segundo dolor se refiere a la huida a Egipto para salvar la vida de su hijo (cfr. *Mt* 2,13-23). El tercer dolor, esos tres días de angustia cuando el niño se quedó en el templo (cfr. *Lc* 2,41-50). El cuarto dolor, cuando Nuestra Señora se encuentra con Jesús en el camino al Calvario (cfr. *Jn* 19,25). El quinto dolor de Nuestra Señora es la muerte de Jesús, ver al Hijo allí, crucificado, desnudo, muriendo. El sexto dolor, el descenso

[28] Liturgia de la Palabra: *Jr* 20,10-13; *Sl* 17; *Jn* 10,31-42.

de Jesús de la cruz, muerto, y lo toma en sus manos como lo había tomado en sus manos más de treinta años antes en Belén. El séptimo dolor es el entierro de Jesús. Y así, la piedad cristiana sigue este camino de Nuestra Señora que acompaña a Jesús. Es bueno para mí, por la tarde, cuando rezo el *Ángelus,* rezar estos siete dolores como recuerdo de la Madre de la Iglesia, cómo la Madre de la Iglesia con tanto dolor nos ha dado a luz a todos.

La Virgen nunca pidió nada para sí misma, nunca. Sí para los demás: pensemos en Caná, cuando va a hablar con Jesús. Nunca ha dicho: "Soy la madre, mírenme: seré la reina madre". No lo dijo nunca. No pidió algo importante para ella, en el colegio apostólico. Sólo acepta ser madre. Acompañó a Jesús como discípula, porque el Evangelio muestra que siguió a Jesús: con sus amigas, mujeres piadosas, seguía a Jesús, escuchaba a Jesús. Una vez alguien la reconoció: "Ah, ahí está su madre", "Tu madre está aquí" (cfr. *Mc* 3,31)... Seguía a Jesús. Hasta el Calvario. Y allí, de pie... la gente seguramente decía: "Pobre mujer, lo que sufre", y los malos seguramente dijeron: "Ella también tiene la culpa, porque si lo hubiera educado bien esto no habría acabado así". Allí estaba, con el Hijo, con la humillación del Hijo.

Honrar a la Virgen y decir: "Esta es mi Madre", porque ella es la Madre. Y este es el título que recibió de Jesús, justo ahí, en el momento de la Cruz (cfr. *Jn* 19,26-27): Tus hijos, tú eres Madre. No la nombró primer ministro ni le dio títulos de "funcionalidad". Sólo "Madre". Y luego, los Hechos de los Apóstoles la muestran en oración con los Apóstoles como una madre (cfr. *Hch* 1,14). Nuestra Señora no quiso quitarle ningún título a Jesús; recibió el don de ser su Madre y el deber de acompañarnos como Madre, de ser nuestra Madre. No pidió para sí misma ser cuasi-redentora o una co-redentora: no. El Redentor es uno solo y este título no se duplica. Sólo discípula y madre. Y así, como madre debemos pensar en ella, debemos buscarla, debemos rezarle. Ella es la Madre. En la Iglesia Madre. En la maternidad de la Virgen vemos la maternidad de la Iglesia que recibe a todos, buenos y malos: a todos.

Hoy nos hará bien detenernos un poco y pensar en el dolor y las penas de Nuestra Señora. Ella es nuestra Madre. Y cómo los ha llevado, cómo los ha llevado bien, con fuerza, con llanto: no era un llanto falso, era su corazón destrozado por el dolor. Nos hará bien detenernos un poco y decirle a Nuestra Señora: "Gracias por haber aceptado ser Madre cuando el Ángel te lo dijo, y gracias por haber aceptado ser Madre cuando Jesús te lo dijo".

Videomensaje para la Semana Santa 2020

Queridos amigos, buenas noches:

Esta noche tengo la oportunidad de entrar en vuestras casas de una manera diferente a la habitual. Si me lo permitís, me gustaría hablar con vosotros unos momentos en este período de dificultad y de sufrimientos. Os imagino en medio de vuestras familias, mientras vivís una vida inusual para evitar el contagio. Pienso en la vivacidad de los niños y los jóvenes, que no pueden salir, ir a la escuela, hacer su vida. Llevo en mi corazón a todas las familias, especialmente a las que tienen algún ser querido enfermo o a las que desgraciadamente están de luto por el coronavirus u otras causas. En estos días pienso a menudo en las personas solas para las que es más difícil afrontar estos momentos. Sobre todo pienso en los ancianos, a los que quiero tanto.

No puedo olvidar a los que están enfermos a causa del coronavirus, a las personas ingresadas en los hospitales. Tengo presente la generosidad de los que se exponen al peligro para curar esta pandemia o para garantizar los servicios esenciales a la sociedad. ¡Cuántos héroes, de todos los días, a todas las horas! También recuerdo a los que pasan apuros económicos y están preocupados por el trabajo y el futuro. Pienso además en los presos en las cárceles, a cuyo dolor se suma el miedo a la epidemia, por ellos y por sus seres queridos, pienso en los que carecen de domicilio, que no tienen un hogar que los proteja.

Es un momento difícil para todos. Para muchos, muy difícil. El Papa lo sabe y, con estas palabras, quiere expresar a todos su cercanía y su afecto. Intentemos, si podemos, aprovechar este tiempo lo mejor posible: seamos generosos; ayudemos a quien lo necesita en nuestro entorno; busquemos, a lo mejor por teléfono o en las redes sociales, a las personas que están más solas; recemos al Señor por los que pasan por esta prueba en Italia y en el mundo. Aunque estemos aislados, el pensamiento y el espíritu pueden llegar lejos con la creatividad del amor. Es lo que hace falta hoy: la creatividad del amor.

Celebramos la Semana Santa de una manera verdaderamente inusual, que manifiesta y resume el mensaje del Evangelio, el del amor ilimitado de Dios. Y en el silencio de nuestras ciudades, resonará el Evangelio de Pascua. Dice el apóstol Pablo: «Y murió por todos, para que ya no vivan para sí los que viven, sino para Aquel que murió y resucitó por ellos» (2*Cor* 5,15). En Jesús resucitado, la vida ha vencido a la muerte. Esta fe pascual alimenta nuestra esperanza. Me gustaría compartirla con vosotros esta noche. Es la esperanza de un tiempo mejor, en el que también nosotros podamos ser mejores, finalmente liberados del mal y de esta pandemia. Es una esperanza: la esperanza no defrauda; no es una ilusión, es una esperanza.

Los unos al lado de los otros, en el amor y la paciencia, podemos preparar en estos días un tiempo mejor. Gracias por dejarme entrar en vuestras casas. Tened un gesto de ternura con los que sufren, con los niños, con los ancianos. Decidles que el Papa está cerca y reza para que el Señor nos libre pronto del mal a todos. Y vosotros, rezad por mí ¡Buena cena, hasta pronto!

Sábado, 4 de abril de 2020

Santa Misa[29]

Introducción

En estos momentos de turbamiento, de dificultad, de dolor, muchas veces la gente tiene la posibilidad de hacer una u otra cosa, muchas cosas buenas. Pero tampoco falta que a alguno se le ocurra hacer algo no tan bueno, aprovechar el momento y aprovecharlo para sí mismo, para su propio beneficio. Oremos hoy para que el Señor nos dé a todos una conciencia recta, una conciencia transparente, que pueda mostrarse ante Dios sin avergonzarse.

Homilía - El proceso de la tentación

Hacía tiempo que los doctores de la ley, incluso los sumos sacerdotes, estaban inquietos porque sucedían cosas extrañas en el país. Primero ese Juan, a quien al final dejaron estar porque era un profeta, bautizaba allí y la gente iba, pero no había otras consecuencias. Luego llegó este Jesús, señalado por Juan. Empezó a hacer señales, milagros, pero sobre todo empezó a hablarle a la gente y la gente lo entendía, lo seguía, y no siempre observaba la ley, y esto los inquietaba mucho. "Este es un revolucionario, un revolucionario pacífico... Este atrae al pueblo, el pueblo lo sigue..." (cfr. *Jn* 11,47-48). Y estas ideas les llevaron a hablar entre ellos: "Mira, a mí esto no me gusta... eso otro...", y así entre ellos tenían este tema de conversación,

---

[29] Liturgia de la Palabra: *Ez* 37,21-28; *Jr* 31,10-13; *Jn* 11,45-56.

de preocupación también. Luego algunos fueron a Él para ponerlo a prueba, y el Señor tenía siempre una respuesta clara que a ellos, los doctores de la ley, no se les había ocurrido. Pensemos en esa mujer casada siete veces, viuda siete veces: "Pero en el cielo, ¿de cuál de estos maridos será esposa?" (cfr. *Lc* 20,33). Él respondió claramente, y ellos se fueron un poco avergonzados por la sabiduría de Jesús. Otras veces se marcharon humillados, como cuando quisieron apedrear a esa señora adúltera y Jesús dijo al final: "Los que estén sin pecado tiren la primera piedra" (cfr. *Jn* 8,7); y dice el Evangelio que se marcharon, empezando por los ancianos, humillados en ese momento.

Esto hacía crecer esta conversación entre ellos: "Debemos hacer algo, esto no está bien...". Luego enviaron a los soldados a buscarlo, y volvieron diciendo: "No pudimos atraparlo porque este hombre habla como nadie"... "Ustedes también se dejaron engañar" (cfr. *Jn* 7,45-49): enojados porque ni siquiera los soldados pudieron atraparlo. Y también, después de la resurrección de Lázaro —lo hemos oído hoy— muchos judíos iban allí a ver a las hermanas y a Lázaro, pero algunos iban allí para ver bien qué había sucedido y referirlo, y algunos de ellos fueron y les dijeron a los fariseos lo que Jesús había hecho (cfr. *Jn* 11,45). Otros creían en Él. Y esos que fueron, los charlatanes de todos los tiempos, que viven llevando las habladurías... fueron a informarles. En ese momento, ese grupo de doctores de la ley que se había formado mantuvo una reunión formal: "Esto es muy peligroso y tenemos que tomar una decisión. ¿Qué hacemos? Este hombre hace muchos signos —reconocen los milagros—; si le dejamos continuar así, todos creerán en él, es un peligro, el pueblo irá tras él, se separará de nosotros" —el pueblo no estaba con ellos—. “Vendrán los romanos y destruirán nuestro templo y nuestra nación” (cfr. *Jn* 11,48). En esto había parte de verdad, pero no toda, era una justificación, porque habían encontrado un equilibrio con el ocupador, pero odiaban al ocupador romano, aunque políticamente habían encontrado un equilibrio. Así que hablaban entre ellos. Uno de ellos, Caifás —era el más radical—, que era sumo sacerdote, dijo: “¿No se dan cuenta de que les conviene que un solo hombre muera por el pueblo, y no que se arruine toda la nación?” (cfr. *Jn* 11,50). Era el sumo sacerdote e hizo la propuesta: “Eliminémosle”. Y Juan dice: “Pero esto no lo dijo por sí mismo, sino que, como era sumo sacerdote aquel año, profetizó que Jesús debía morir por la nación... A partir, pues, de aquel día, decidieron matarlo” (cfr. *Jn* 11,51-53). Fue un proceso, un proceso que comenzó con pequeñas inquietudes en tiempos de Juan el Bautista y luego terminó en esta sesión de los doctores de la ley y los sacerdotes. Era un proceso que crecía, un proceso que estaba bien seguro de la decisión que tenían que tomar, pero nadie lo había dicho tan claramente: “Hay que eliminar a este”.

Este modo de proceder de los doctores de la ley es precisamente una figura de cómo actúa la tentación en nosotros, porque detrás de ello estaba obviamente el diablo que quería destruir a Jesús. La tentación en nosotros generalmente actúa así: comienza con poco, con un deseo, una idea, crece, contagia a otros y, al final se justifica. Estos son los tres pasos de la tentación del diablo en nosotros, y aquí están los tres pasos que dio la tentación del diablo en la persona del doctor de la ley. Empezó con poco, pero creció, creció, luego contagió a otros, tomó cuerpo y al final se justificó: “Es necesario que uno muera por el pueblo” (cfr. *Jn* 11,50), la justificación total. Y todos se fueron a casa tranquilamente. Dijeron: "Esta es la decisión que teníamos que tomar". Y todos nosotros, cuando somos vencidos por la tentación, terminamos tranquilos, porque hemos encontrado una justificación para este pecado, para esta actitud pecaminosa, para esta vida que no está de acuerdo con la ley de Dios. Deberíamos tener el hábito de ver este proceso de tentación en nosotros. Ese proceso que hace cambiar nuestros corazones del bien al mal, que nos lleva por el camino en bajada. Algo que crece, crece lentamente, luego contagia a otros y al final se justifica. Es difícil que las tentaciones nos lleguen de golpe, el diablo es astuto. Y sabe cómo tomar este camino, lo tomó para llegar a la condena de Jesús. Cuando nos encontramos en un pecado, en una caída, sí, debemos ir y pedir perdón al Señor, es lo primero que debemos hacer, pero luego debemos decir: "¿Cómo llegué a caer? ¿Cómo comenzó este proceso en mi alma? ¿Cómo creció? ¿A quién he contagiado? ¿Y cómo al final me he justificado para caer?".

La vida de Jesús es siempre un ejemplo para nosotros, y las cosas que le sucedieron a Jesús son cosas que nos sucederán: las tentaciones, las justificaciones, las personas buenas que están a nuestro alrededor y tal vez no las escuchamos, y las malas personas, a las que tratamos de acercarnos en el momento de la tentación, para hacer crecer la tentación. Pero no lo olvidemos nunca: siempre, detrás de un pecado, detrás de una caída, hay una tentación que empezó siendo pequeña, que ha crecido, que ha contagiado y al final encuentro una justificación para caer. Que el Espíritu Santo nos ilumine en este conocimiento interior.

5 de abril de 2020

Domingo de Ramos (A)

Santa Misa[30]

Homilía - Jesús, siervo y salvador

Jesús «se despojó de sí mismo tomando la condición de *esclavo*» (*Flp* 2,7). Con estas palabras del apóstol Pablo, dejémonos introducir en los días santos, donde la Palabra de Dios, como un estribillo, nos muestra a Jesús como *siervo*: el siervo que lava los pies a los discípulos el Jueves santo; el siervo que sufre y que triunfa el Viernes santo (cfr. *Is* 52,13); y mañana, Isaías profetiza sobre Él: «Mirad a mi Siervo, a quien sostengo» (*Is* 42,1). Dios nos salvó *sirviéndonos*. Normalmente pensamos que somos nosotros los que servimos a Dios. No, es Él quien nos sirvió gratuitamente, porque nos amó primero. Es difícil amar sin ser amados, y es aún más difícil servir si no dejamos que Dios nos sirva.

Pero, una pregunta: ¿Cómo nos sirvió el Señor? Dando su vida por nosotros. Él nos ama, puesto que pagó por nosotros un gran precio. Santa Ángela de Foligno aseguró haber escuchado de Jesús estas palabras: «No te he amado en broma». Su amor lo llevó a sacrificarse por nosotros, a cargar sobre sí todo nuestro mal. Esto nos deja con la boca abierta: Dios nos salvó dejando que nuestro mal se ensañase con Él. Sin defenderse, sólo con la humildad, la

---

[30] Liturgia de la Palabra: *Mt* 21,1-11; *Is* 50,4-7; *Sl* 21; *Flp* 2,6-11; *Mt* 26,14-27,66.

paciencia y la obediencia del siervo, simplemente con la fuerza del amor. Y el Padre *sostuvo* el servicio de Jesús, no destruyó el mal que se abatía sobre Él, sino que lo sostuvo en su sufrimiento, para que sólo el bien venciera nuestro mal, para que fuese superado completamente por el amor. Hasta el final.

El Señor nos sirvió hasta el punto de experimentar las situaciones más dolorosas de quien ama: *la traición y el abandono*.

La traición. Jesús sufrió la traición del discípulo que lo vendió y del discípulo que lo negó. Fue traicionado por la gente que lo aclamaba y que después gritó: «Sea crucificado» (*Mt* 27,22). Fue traicionado por la institución religiosa que lo condenó injustamente y por la institución política que se lavó las manos. Pensemos en las traiciones pequeñas o grandes que hemos sufrido en la vida. Es terrible cuando se descubre que la confianza depositada ha sido defraudada. Nace tal desilusión en lo profundo del corazón que parece que la vida ya no tuviera sentido. Esto sucede porque nacimos para amar y ser amados, y lo más doloroso es la traición de quién nos prometió ser fiel y estar a nuestro lado. No podemos ni siquiera imaginar cuán doloroso haya sido para Dios, que *es* amor.

Examinémonos interiormente. Si somos sinceros con nosotros mismos, nos daremos cuenta de nuestra infidelidad. Cuánta falsedad, hipocresía y doblez. Cuántas buenas intenciones traicionadas. Cuántas promesas no mantenidas. Cuántos propósitos desvanecidos. El Señor conoce nuestro corazón mejor que nosotros mismos, sabe que somos muy débiles e inconstantes, que caemos muchas veces, que nos cuesta levantarnos de nuevo y que nos resulta muy difícil curar ciertas heridas. ¿Y qué hizo para venir a nuestro encuentro, para servirnos? Lo que había dicho por medio del profeta: «Curaré su deslealtad, los amaré generosamente» (*Os* 14,5). Nos curó cargando sobre sí nuestra infidelidad, borrando nuestra traición. Para que nosotros, en vez de desanimarnos por el miedo al fracaso, seamos capaces de levantar la mirada hacia el Crucificado, recibir su abrazo y decir: "Mira, mi infidelidad está ahí, Tú cargaste con ella, Jesús. Me abres tus brazos, me sirves con tu amor, continúas sosteniéndome... Por eso, ¡sigo adelante!".

El abandono. En el Evangelio de hoy, Jesús en la cruz dice una frase, sólo una: «Dios mío, Dios mío, ¿por qué me has abandonado?» (*Mt* 27,46). Es una frase dura. Jesús sufrió el abandono de los suyos, que habían huido. Pero le quedaba el Padre. Ahora, en el abismo de la soledad, por primera vez lo llama con el nombre genérico de "Dios". Y le grita «con voz potente» el "*¿por qué?*", el "por qué" más lacerante: "¿Por qué, también Tú, me has abandonado?". En realidad, son las palabras de un salmo (cfr. 22,2) que nos dicen que Jesús llevó a la oración incluso la desolación extrema, pero el hecho es que en verdad la experimentó. Comprobó el abandono más grande, que los Evangelios testimonian recogiendo sus palabras originales.

¿Y todo esto para qué? Una vez más por nosotros, para *servirnos*. Para que cuando nos sintamos entre la espada y la pared, cuando nos encontremos en un callejón sin salida, sin luz y sin escapatoria, cuando parezca que ni siquiera Dios responde, recordemos que no estamos solos. Jesús experimentó el abandono total, la situación más ajena a Él, para ser solidario con nosotros en todo. Lo hizo por mí, por ti, por todos nosotros, lo ha hecho para decirnos: "No temas, no estás solo. Experimenté toda tu desolación para estar siempre a tu lado". He aquí hasta dónde Jesús fue capaz de servirnos: descendiendo hasta el abismo de nuestros sufrimientos más atroces, hasta la traición y el abandono. Hoy, en el drama de la pandemia, ante tantas certezas que se desmoronan, frente a tantas expectativas traicionadas, con el sentimiento de abandono que nos oprime el corazón, Jesús nos dice a cada uno: "Ánimo, abre el corazón a mi amor. Sentirás el consuelo de Dios, que te sostiene".

Queridos hermanos y hermanas: ¿Qué podemos hacer ante Dios que nos sirvió hasta experimentar la traición y el abandono? Podemos no traicionar aquello para lo que hemos sido creados, no abandonar lo que de verdad importa. Estamos en el mundo para amarlo a Él y a los demás. El resto pasa, el amor permanece. El drama que estamos atravesando en este tiempo nos obliga a tomar en serio lo que cuenta, a no perdernos en cosas insignificantes, a redescubrir que *la vida no sirve, si no se sirve*. Porque la vida se mide desde el amor. De este modo, en casa, en estos días santos pongámonos ante el Crucificado —mirad, mirad al Crucificado—, que es la medida del amor que Dios nos tiene. Y, ante Dios que nos sirve hasta dar la vida, pidamos, mirando al Crucificado, la gracia de *vivir para servir*. Procuremos contactar al que sufre, al que está solo y necesitado. No pensemos tanto en lo que nos falta, sino en el bien que podemos hacer.

Mirad a mi Siervo, a quien sostengo. El Padre, que sostuvo a Jesús en la Pasión, también a nosotros nos anima en el servicio. Es cierto que puede costarnos amar, rezar, perdonar, cuidar a los demás, tanto en la familia como en la sociedad; puede parecer un *vía crucis*. Pero el camino del servicio es el que triunfa, el que nos salvó y nos salva, nos salva la vida. Quisiera decirlo de modo particular a los jóvenes, en esta Jornada que desde hace 35 años está dedicada a ellos. Queridos amigos: Mirad a los verdaderos héroes que salen a la luz en estos días. No son los que tienen fama, dinero y éxito, sino son los que se dan a sí mismos para servir a los demás. Sentíos llamados a jugaros la vida. No tengáis miedo de gastarla por Dios y por los demás: ¡La ganaréis! Porque la vida es un don que se recibe entregándose. Y porque la alegría más grande es decir, sin condiciones, sí al amor. Es decir, sin condiciones, sí al amor, como hizo Jesús por nosotros.

Ángelus

Queridos hermanos y hermanas

Antes de que concluya esta celebración, me gustaría saludar a todos los que han tomado parte en ella mediante los medios de comunicación social. Pienso, en particular, en los jóvenes de todo el mundo que viven, de una manera inusual, a nivel diocesano, la Jornada Mundial de la Juventud, que se celebra hoy. Justo hoy estaba prevista la entrega de la cruz por los jóvenes de Panamá a los de Lisboa. Este evocador gesto se aplaza al domingo de Cristo Rey, el próximo 22 de noviembre. A la espera de ese momento, os exhorto a vosotros, jóvenes, a cultivar y dar testimonio de la esperanza, la generosidad y la solidaridad que todos necesitamos en estos tiempos difíciles.

Mañana, 6 de abril, se celebra el Día Mundial del Deporte para el Desarrollo y la Paz, convocado por las Naciones Unidas. En este periodo se han tenido que suspender muchos eventos, pero florecen los mejores frutos del deporte: la resistencia, el espíritu de equipo, la fraternidad, el dar lo mejor de sí mismo… Fomentemos, pues, el deporte para la paz y el desarrollo.

Muy queridos hermanos y hermanas, encaminémonos con fe hacia la Semana Santa, en la que Jesús sufre, muere y resucita. Invito a las personas y las familias que no pueden participar en las celebraciones litúrgicas a recogerse en casa para rezar, también con la ayuda de los medios tecnológicos. Abracemos espiritualmente a los enfermos, a sus familias y a quienes los cuidan con tanta abnegación; recemos por los difuntos, en la luz de la fe pascual. Cada uno está presente en nuestro corazón, en nuestro recuerdo, en nuestra oración.

Aprendamos de María el silencio interior, la mirada desde el corazón, la fe amorosa para seguir a Jesús en su camino hacia la cruz, que conduce a la gloria de la Resurrección. Ella camina con nosotros y sostiene nuestra esperanza.

Lunes, 6 de abril de 2020

Santa Misa[31]

Introducción

Pienso en un problema grave que existe en muchas partes del mundo. Quisiera que hoy rezáramos por el problema de la sobrepoblación carcelaria. Donde hay hacinamiento —mucha gente allí—, existe el peligro, durante esta pandemia, de que acabe en una grave calamidad. Oremos por los responsables, por quienes deben tomar las decisiones, para que tomen un camino justo y creativo y puedan resolver el problema.

Homilía - Buscar a Jesús en el pobre

Este pasaje termina con una observación: «Los sumos sacerdotes decidieron dar muerte también a Lázaro, porque a causa de él muchos judíos se les iban y creían en Jesús» (*Jn* 12,10-11). El otro día vimos los pasos de la tentación: la seducción inicial, la ilusión, luego crece —segundo paso— y el tercero, crece, se contagia y se justifica. Pero hay otro paso: sigue adelante, no se detiene. Para ellos no era suficiente condenar a muerte a Jesús, sino que ahora también a Lázaro, porque era un testigo de vida.

Pero hoy me gustaría detenerme en una palabra de Jesús. Seis días antes de Pascua —estamos a las puertas de la Pasión— María hace este gesto de contemplación: Marta servía —como en el otro pasaje— y María abre la puerta

---

[31] Liturgia de la Palabra: *Is* 42,1-7; *Sl* 26; *Jn* 12,1-11.

a la contemplación. Y Judas piensa en el dinero y piensa en los pobres, pero «no porque le preocuparan los pobres, sino porque era ladrón y, como tenía la bolsa, se llevaba lo que echaban en ella» (*Jn* 12,6). Esta historia del administrador infiel es siempre actual, siempre los hay, incluso a alto nivel: pensemos en algunas organizaciones caritativas o humanitarias que tienen tantos empleados, tantos, que tienen una estructura muy rica en personas y al final el cuarenta por ciento llega a los pobres, porque el sesenta por ciento es para pagar el sueldo a tanta gente. Es una forma de quitarles el dinero a los pobres. Pero la respuesta es Jesús. Y aquí quiero detenerme: «Porque pobres siempre tendréis con vosotros» (*Jn* 12,8). Es una verdad: "pobres siempre tendréis con vosotros". Los pobres existen. Hay muchos: están los pobres que vemos, pero esta es la parte más pequeña; la gran cantidad de pobres son los que no vemos: los pobres escondidos. Y no los vemos porque entramos en esta cultura de la indiferencia que es negacionista y negamos: "No, no hay muchos, no se ven; bueno, está ese caso, pero...", siempre disminuyendo la realidad de los pobres. Pero hay muchos, muchos.

Aunque no entremos en esta cultura de la indiferencia, existe la costumbre de ver a los pobres como adornos de una ciudad: sí, están ahí, como estatuas; sí, están ahí, se pueden ver; sí, esa viejecita mendigando, ese otro... Pero como si fuera algo normal. Es parte de la decoración de la ciudad tener gente pobre. Pero la gran mayoría son pobres víctimas de las políticas económicas, de las políticas financieras. Algunas estadísticas recientes lo resumen de esta manera: hay mucho dinero en manos de unos pocos y mucha pobreza en muchos. Y esta es la pobreza de tantas personas que son víctimas de la injusticia estructural de la economía mundial. Y hay muchos pobres que se avergüenzan porque no llegan a fin de mes; muchos pobres de la clase media, que van a la Cáritas a escondidas y a escondidas piden y sienten vergüenza. Los pobres son muchos más que los ricos; muchos más... Y lo que dice Jesús es cierto: "Porque pobres siempre tendréis con vosotros". ¿Pero yo los veo? ¿Soy consciente de esta realidad? Sobre todo de la realidad escondida, los que se avergüenzan de decir que no llegan a fin de mes.

Recuerdo que en Buenos Aires me dijeron que el edificio de una fábrica abandonada, vacía durante años, estaba habitado por unas quince familias que habían llegado en esos últimos meses. Fui allí. Eran familias con niños y cada uno había ocupado una parte de la fábrica abandonada para vivir. Reparé en que cada familia tenía muebles buenos, muebles de clase media, y televisión. Acabaron allí porque no podían pagar el alquiler. Los nuevos pobres que tienen que dejar la casa porque no pueden pagar el alquiler, van allí. Es la injusticia de la organización económica o financiera la que los lleva allí. Y hay muchos, muchos, y nos encontraremos con ellos en el juicio. La primera pregunta que nos hará Jesús es: "¿Cómo te ha ido con los pobres? ¿Les has dado de comer? Cuando estaba en prisión, ¿lo has visitado? En el hospital, ¿lo fuiste a ver? ¿Ayudaste a la viuda, al huérfano? Porque yo estaba allí". Y por eso seremos juzgados. No seremos juzgados por el lujo o los viajes que hayamos hecho o la importancia social que hayamos tenido. Seremos juzgados por nuestra relación con los pobres. Pero si yo, hoy, ignoro a los pobres, los dejo de lado, creo que no existen, el Señor me ignorará el día del juicio. Cuando Jesús dice: "Porque pobres siempre tendréis con vosotros", quiere decir: "Yo siempre estaré con vosotros en los pobres. Estaré presente ahí". Y esto no es ser comunista, es el centro del Evangelio: seremos juzgados por esto.

Martes, 7 de abril de 2020

Santa Misa[32]

Introducción

En estos días de Cuaresma hemos visto la persecución que sufrió Jesús y cómo los doctores de la Ley se ensañaron contra Él: fue juzgado con dureza, con saña, siendo inocente. Quisiera rezar hoy por todas las personas que sufren una sentencia injusta a causa de ensañamiento.

Homilía - Perseverar en el servicio

La profecía de Isaías que hemos escuchado es una profecía sobre el Mesías, sobre el Redentor, pero también una profecía sobre el pueblo de Israel, sobre el pueblo de Dios: podemos decir que puede ser una profecía sobre cada uno de nosotros. En sustancia, la profecía subraya que el Señor ha elegido a su servidor desde el vientre materno: lo dice dos veces (cfr. *Is* 49,1). Su siervo fue elegido desde el principio, desde el nacimiento o antes del nacimiento. El pueblo de Dios fue elegido antes de nacer, también cada uno de nosotros. Ninguno de nosotros cayó en el mundo por casualidad, por caso. Cada uno tiene un destino, un destino libre, el destino de la elección de Dios. Yo nazco con el destino de ser hijo de Dios, de ser siervo de Dios, con la tarea de servir, de construir, de edificar. Y esto, desde el seno materno.

---

[32] Liturgia de la Palabra: *Is* 49,1-6; *Sl* 70; *Jn* 13,21-33.36-38.

El siervo de Yahvé, Jesús, sirvió hasta la muerte: parecía una derrota, pero era la manera de servir. Y esto subraya la manera de servir que debemos tener en nuestras vidas. Servir es darse a sí mismo, darse a los demás. Servir no es pretender para cada uno de nosotros otro beneficio que no sea el de servir. Servir es la gloria, y la gloria de Cristo es servir hasta el punto de aniquilarse hasta la muerte, muerte de cruz (cfr. *Flp* 2,8). Jesús es el servidor de Israel. El pueblo de Dios es siervo, y cuando el pueblo de Dios se aleja de esta actitud de servicio es un pueblo apóstata: se aleja de la vocación que Dios le ha dado. Y cuando cada uno de nosotros se aleja de esta vocación de servicio, se aleja del amor de Dios, y construye su vida sobre otros amores, muchas veces idólatras.

El Señor nos ha elegido desde el vientre materno. En la vida hay caídas: cada uno de nosotros es un pecador y puede caer, y ha caído. Sólo la Virgen y Jesús... todos los demás hemos caído, somos pecadores. Pero lo que importa es la actitud ante el Dios que me eligió, que me ungió como siervo; es la actitud de un pecador que es capaz de pedir perdón, como Pedro, que jura que "no, nunca te negaré, Señor, nunca, nunca, nunca", pero luego, cuando el gallo canta, llora. Se arrepiente (cfr. *Mt* 26,75). Este es el camino del siervo: cuando resbala, cuando cae, pide perdón.

En cambio, cuando el siervo no es capaz de comprender que ha caído, cuando la pasión lo domina de tal manera que lo lleva a la idolatría, abre su corazón a satanás, entra en la noche: eso es lo que le pasó a Judas (cfr. *Mt* 27, 3-10).

Pensemos hoy en Jesús, el siervo, fiel en el servicio. Su vocación es servir hasta la muerte y muerte de Cruz (cfr. *Flp* 2,5-11). Pensemos en cada uno de nosotros, parte del pueblo de Dios: somos servidores, nuestra vocación es servir, no aprovechar nuestro lugar en la Iglesia. Servir. Siempre en servicio.

Pidamos la gracia de perseverar en el servicio. A veces con resbalones, caídas, pero la gracia de al menos llorar como Pedro lloró.

Miércoles, 8 de abril de 2020

Santa Misa[33]

Introducción

Recemos hoy por las personas que en esta época de pandemia hacen negocio a costa de los necesitados. Se aprovechan de las necesidades de los demás y los venden: los mafiosos, los usureros y muchos otros. Que el Señor toque sus corazones y los convierta.

Homilía - Judas, ¿dónde estás?

El Miércoles Santo también se llama "miércoles de la traición", el día en que se subraya en la Iglesia la traición de Judas. Judas vende al Maestro.

Cuando pensamos en el hecho de vender a la gente, nos viene a la mente el comercio hecho con los esclavos de África para llevarlos a América —una cosa antigua—, luego el comercio, por ejemplo, de las jóvenes yazidíes vendidas por el Daesh: pero es una cosa lejana, es una cosa... También hoy en día se vende gente. Todos los días. Hay Judas que venden a sus hermanos y hermanas: explotándolos en el trabajo, no pagando lo justo, no reconociendo los deberes... Es más, venden muchas veces lo más querido. Creo que para estar más cómodo un hombre es capaz de alejar a los padres y no verlos más; ponerlos protegidos en una residencia y no ir a verlos... vende. Hay un dicho muy común que, hablando de gente así, dice que "este

---

33 Liturgia de la Palabra: *Is* 50,4-9; *Sl* 68; *Mt* 26,14-25.

es capaz de vender a su madre": y la vende. Ahora están tranquilos, están alejados: "Cuídenlos ustedes...".

Hoy en día el comercio de seres humanos es como el de otros tiempos: se hace. ¿Y esto por qué? Porque Jesús lo dijo. Él le dio al dinero un señorío. Jesús dijo: "No podéis servir a Dios y al dinero" (cfr. *Lc* 16,13), dos señores. Es lo único que Jesús pone a un nivel, y cada uno de nosotros debe elegir: o sirves a Dios, y serás libre en la adoración y el servicio, o sirves al dinero, y serás esclavo del dinero. Esta es la opción; y mucha gente quiere servir a Dios y al dinero. Y esto no puede ser. Al final fingen que sirven a Dios para servir al dinero. Son los explotadores ocultos que socialmente son impecables, pero bajo la mesa hacen negocio incluso a costa de la gente: no importa. La explotación humana consiste en vender al prójimo.

Judas se fue, pero dejó discípulos, que no son sus discípulos, sino del diablo. No sabemos cómo fue la vida de Judas. Un muchacho normal, tal vez, e incluso con inquietudes, porque el Señor lo llamó a ser discípulo. Él nunca logró serlo: no tenía boca de discípulo ni corazón de discípulo, como hemos leído en la primera Lectura. Era débil en el discipulado, pero Jesús lo amaba... Luego, el Evangelio nos hace comprender que le gustaba el dinero: en casa de Lázaro, cuando María ungió los pies de Jesús con aquel perfume tan caro, hizo una reflexión y Juan subraya:"Dijo esto, no porque se interesaba por los pobres, sino porque era ladrón" (cfr. *Jn* 12,6). El amor por el dinero lo había llevado fuera de las reglas: a robar, y de robar a traicionar hay un paso, pequeñito. Quien ama demasiado el dinero traiciona para tener más, siempre: es una regla, es un hecho comprobado. El Judas muchacho, quizás bueno, con buenas intenciones, termina siendo un traidor hasta el punto de *ir* al mercado a vender: «Fue donde los sumos sacerdotes y les dijo: "¿Qué me daréis, si os lo entrego?"» (cfr. *Mt* 26,14). En mi opinión, este hombre estaba fuera de sí.

Una cosa que me llama la atención es que Jesús nunca le llama "traidor"; dice que será traicionado, pero no le dice a él "traidor". Nunca dice: "Vete, traidor". ¡Nunca! Es más, le llama: "Amigo", y lo besa. El misterio de Judas: ¿cómo es el misterio de Judas? No sé... Don Primo Mazzolari lo explicó mejor que yo... Sí, me consuela contemplar aquel capitel de Vézelay: ¿cómo terminó Judas? No lo sé. Jesús amenaza con fuerza, aquí; amenaza con fuerza: "¡Ay de aquel por quien el Hijo del hombre es entregado! ¡Más le habría valido a ese hombre no haber nacido!" (cfr. *Mt* 26,24). ¿Pero eso significa que Judas está en el infierno? No lo sé. Yo miro el capitel. Y escucho la palabra de Jesús: "Amigo".

Pero esto nos hace pensar en otra cosa, que es más real, más que hoy: el diablo entró en Judas, fue el diablo quien lo llevó a este punto. ¿Y cómo terminó la historia? El diablo es un mal pagador. No es un pagador confiable. Te promete todo, te hace ver todo y al final te deja solo a ahorcarte en tu desesperación.

El corazón de Judas, inquieto, atormentado por la codicia y atormentado por el amor a Jesús —un amor que no ha logrado hacerse amor—, atormentado por esta niebla, vuelve a los sacerdotes pidiendo perdón, pidiendo salvación. "¿A nosotros, ¿qué? Tú verás..." (cfr. *Mt* 27,4): el diablo habla así y nos deja en la desesperación.

Pensemos en tantos Judas institucionalizados en este mundo, que explotan a la gente. Y también pensemos en el *pequeño Judas* que cada uno de nosotros tiene dentro de sí a la hora de elegir entre lealtad o interés. Cada uno de nosotros tiene la capacidad de traicionar, de vender, de elegir por el propio interés. Cada uno de nosotros tiene la posibilidad de dejarse atraer por el amor al dinero o a los bienes o al bienestar futuro. "Judas, ¿dónde estás?". Pero la pregunta la hago a cada uno de nosotros: "Tú, Judas, *el pequeño Judas* que tengo dentro: ¿dónde estás?".

Jueves Santo, 9 de abril de 2020

Santa Misa in *Coena Domini*[34]

Homilía - La Eucaristía, el servicio, la unción

La realidad que vivimos hoy en esta celebración: el Señor que quiere permanecer con nosotros en la *Eucaristía*. Y nosotros nos convertimos siempre en sagrarios del Señor; llevamos al Señor con nosotros, hasta el punto de que Él mismo nos dice que si no comemos su cuerpo y bebemos su sangre, no entraremos en el Reino de los Cielos. Este es el misterio del pan y del vino, del Señor con nosotros, en nosotros, dentro de nosotros.

El servicio. Ese gesto que es una condición para entrar en el Reino de los Cielos. Servir, sí, a todos. Pero el Señor, en aquel intercambio de palabras que tuvo con Pedro (cfr. *Jn* 13,6-9), le hizo comprender que para entrar en el Reino de los Cielos debemos dejar que el Señor nos sirva, que el Siervo de Dios sea siervo nuestro. Y esto es difícil de entender. Si no dejo que el Señor sea mi siervo, que el Señor me lave, me haga crecer, me perdone, no entraré en el Reino de los Cielos.

Y el *sacerdocio*. Hoy quisiera estar cerca de los sacerdotes, de todos los sacerdotes, desde el recién ordenado hasta el Papa. Todos somos sacerdotes: los obispos, todos... Somos *ungidos*, ungidos por el Señor; ungidos para celebrar la Eucaristía, ungidos para servir.

---

[34] Liturgia de la Palabra: *Ex* 12,1-8.11-14; *Sal* 115; *1Co* 11,23-26, *Jn* 13,1-15.

Hoy no hemos tenido la Misa Crismal —espero que podamos tenerla antes de Pentecostés, de lo contrario tendremos que posponerla hasta el año que viene—, sin embargo, no puedo dejar pasar esta Misa sin recordar a los sacerdotes. Sacerdotes que ofrecen su vida por el Señor, sacerdotes que son servidores. En estos días, más de sesenta han muerto aquí, en Italia, atendiendo a los enfermos en los hospitales, juntamente con médicos, enfermeros, enfermeras... Son "los santos de la puerta de al lado", sacerdotes que dieron su vida sirviendo. Y pienso en los que están lejos. Hoy recibí una carta de un sacerdote franciscano, capellán de una prisión lejana, que cuenta cómo vive esta Semana Santa con los prisioneros. Sacerdotes que van lejos para llevar el Evangelio y morir allí. Un obispo me dijo que lo primero que hacía cuando llegaba a un lugar de misión, era ir al cementerio, a la tumba de los sacerdotes que murieron allí, jóvenes, por la peste y enfermedades de aquel lugar: no estaban preparados, no tenían los anticuerpos. Nadie sabe sus nombres: sacerdotes anónimos. Los curas de los pueblos, que son párrocos en cuatro, cinco, siete pueblos de montaña; van de uno a otro, y conocen a la gente... Una vez, uno de ellos me dijo que sabía el nombre de todas las personas de los pueblos. "¿En serio?", le dije. Y él me dijo: "¡Y también el nombre de los perros!". Conocen a todos. La cercanía sacerdotal. Sacerdotes buenos, sacerdotes valientes.

Hoy os llevo en mi corazón y os llevo al altar. Sacerdotes calumniados. Muchas veces sucede hoy, que no pueden salir a la calle porque les dicen cosas feas, con motivo del drama que hemos vivido con el descubrimiento de las malas acciones de sacerdotes. Algunos me dijeron que no podían salir de la casa con el *clergyman* porque los insultaban; y ellos seguían. Sacerdotes pecadores, que junto con los obispos y el Papa pecador no se olvidan de pedir perdón y aprenden a perdonar, porque saben que necesitan pedir perdón y perdonar. Todos somos pecadores. Sacerdotes que sufren crisis, que no saben qué hacer, se encuentran en la oscuridad...

Hoy todos vosotros, hermanos sacerdotes, estáis conmigo en el altar, vosotros, consagrados. Sólo os digo esto: no sed tercos como Pedro. Dejaos lavar los pies. El Señor es vuestro siervo, está cerca de vosotros para fortaleceros, para lavaros los pies.

Y así, con esta conciencia de la necesidad de ser lavado, ¡sed grandes perdonadores! ¡Perdonad! Corazón de gran generosidad en el perdón. Es la medida con la que seremos medidos. Como has perdonado, serás perdonado: la misma medida. No tengáis miedo de perdonar. A veces hay dudas... Mirad a Cristo, mirad al Crucificado. Allí está el perdón para todos. Sed valientes, incluso arriesgando en el perdón para consolar. Y si no podéis dar el perdón sacramental en ese momento, al menos dad el consuelo de un hermano que acompaña y deja la puerta abierta para que [esa persona] regrese.

Doy gracias a Dios por la gracia del sacerdocio, todos nosotros le damos gracias. Doy gracias a Dios por vosotros, sacerdotes. ¡Jesús os ama! Sólo os pide que os dejéis lavar los pies.

Sábado Santo, 11 de abril de 2020

Vigilia Pascual en la Noche Santa[35]

Homilía - La misericordia ilumina la oscuridad del corazón

«Pasado el sábado» (*Mt* 28,1) las mujeres fueron al sepulcro. Así comenzaba el Evangelio de esta Vigilia santa, con el sábado. Es el día del Triduo pascual que más descuidamos, ansiosos por pasar de la cruz del viernes al *aleluya* del domingo. Sin embargo, este año percibimos más que nunca el sábado santo, el día del gran silencio. Nos vemos reflejados en los sentimientos de las mujeres durante aquel día. Como nosotros, tenían en los ojos el drama del sufrimiento, de una tragedia inesperada que se les vino encima demasiado rápido. Vieron la muerte y tenían la muerte en el corazón. Al dolor se unía el miedo: ¿tendrían también ellas el mismo fin que el Maestro? Y después, la inquietud por el futuro, quedaba todo por reconstruir. La memoria herida, la esperanza sofocada. Para ellas, como para nosotros, era la hora más oscura.

Pero en esta situación las mujeres no se quedaron paralizadas, no cedieron a las fuerzas oscuras de la lamentación y del remordimiento, no se encerraron en el pesimismo, no huyeron de la realidad. Realizaron algo sencillo y extraordinario: prepararon en sus casas los perfumes para el cuerpo de Jesús. No renunciaron al amor: la misericordia iluminó la oscuridad del corazón. La Virgen, en el sá-

---

[35] Liturgia de la Palabra: *Gn* 1,1.26-31; *Sal* 103; *Ex* 14,15-15,1; *Ex* 15,1-6; *Is* 55,1-11; *Is* 12,2-6; *Sal* 117,1; *Rm* 6, 3-11; *Mt* 28,1-10.

bado, día que le sería dedicado, rezaba y esperaba. En el desafío del dolor, confiaba en el Señor. Sin saberlo, esas mujeres preparaban en la oscuridad de aquel sábado el amanecer del «primer día de la semana», día que cambiaría la historia. Jesús, como semilla en la tierra, estaba por hacer germinar en el mundo una vida nueva; y las mujeres, con la oración y el amor, ayudaban a que floreciera la esperanza. Cuántas personas, en los días tristes que vivimos, han hecho y hacen como aquellas mujeres: esparcen semillas de esperanza. Con pequeños gestos de atención, de afecto, de oración.

Al amanecer, las mujeres fueron al sepulcro. Allí, el ángel les dijo: «Vosotras, no temáis [...]. No está aquí: ¡ha resucitado!» (vv. 5-6). Ante una tumba escucharon palabras de vida... Y después encontraron a Jesús, el autor de la esperanza, que confirmó el anuncio y les dijo: «No temáis» (v. 10). No temáis, no tengáis miedo: He aquí el anuncio de la esperanza. Que es también para nosotros, hoy. Hoy. Son las palabras que Dios nos repite en la noche que estamos atravesando.

En esta noche conquistamos un derecho fundamental, que no nos será arrebatado: *el derecho a la esperanza*; es una esperanza nueva, viva, que viene de Dios. No es un mero optimismo, no es una palmadita en la espalda o unas palabras de ánimo de circunstancia, con una sonrisa pasajera. No. Es un don del Cielo, que no podíamos alcanzar por nosotros mismos: *Todo irá bien*, decimos constantemente estas semanas, aferrándonos a la belleza de nuestra humanidad y haciendo salir del corazón palabras de ánimo. Pero, con el pasar de los días y el crecer de los temores, hasta la esperanza más intrépida puede evaporarse. La esperanza de Jesús es distinta, infunde en el corazón la certeza de que Dios conduce todo hacia el bien, porque incluso hace salir de la tumba la vida.

El sepulcro es el lugar donde quien entra no sale. Pero Jesús salió por nosotros, resucitó por nosotros, para llevar vida donde había muerte, para comenzar una nueva historia que había sido clausurada, tapándola con una piedra. Él, que quitó la roca de la entrada de la tumba, puede remover las piedras que sellan el corazón. Por eso, no cedamos a la resignación, no depositemos la esperanza bajo una piedra. Podemos y debemos esperar, porque Dios es fiel, no nos ha dejado solos, nos ha visitado y ha venido en cada situación: en el dolor, en la angustia y en la muerte. Su luz iluminó la oscuridad del sepulcro, y hoy quiere llegar a los rincones más oscuros de la vida. Hermana, hermano, aunque en el corazón hayas sepultado la esperanza, no te rindas: Dios es más grande. La oscuridad y la muerte no tienen la última palabra. Ánimo, con Dios nada está perdido.

Ánimo: es una palabra que, en el Evangelio, está siempre en labios de Jesús. Una sola vez la pronuncian otros, para decir a un necesitado: «Ánimo, levántate, que [Jesús] te llama» (*Mc* 10,49). Es Él, el Resucitado, el que nos levanta a nosotros que estamos necesitados. Si en el camino eres débil y frágil, si caes, no temas, Dios te tiende la mano y te dice: "Ánimo". Pero tú podrías decir, como don Abundio: «El valor no se lo puede otorgar uno mismo» (A. Manzoni, *Los Novios [I Promessi Sposi]*, XXV). No te lo puedes dar, pero lo puedes recibir como don. Basta abrir el corazón en la oración, basta levantar un poco esa piedra puesta en la entrada de tu corazón para dejar entrar la luz de Jesús. Basta invitarlo: "Ven, Jesús, en medio de mis miedos, y dime también: "Ánimo". Contigo, Señor, seremos probados, pero no turbados. Y, a pesar de la tristeza que podamos albergar, sentiremos que debemos esperar, porque contigo la cruz florece en resurrección, porque Tú estás con nosotros en la oscuridad de nuestras noches, eres certeza en nuestras incertidumbres, Palabra en nuestros silencios, y nada podrá nunca robarnos el amor que nos tienes.

Este es el anuncio pascual; un anuncio de esperanza que tiene una segunda parte: *el envío*. «Id a comunicar a mis hermanos que vayan a Galilea» (*Mt* 28,10), dice Jesús. «Va por delante de vosotros a Galilea» (v. 7), dice el ángel. El Señor nos precede, nos precede siempre. Es hermoso saber que camina delante de nosotros, que visitó nuestra vida y nuestra muerte para precedernos en Galilea; es decir, el lugar que para Él y para sus discípulos evocaba la vida cotidiana, la familia, el trabajo. Jesús desea que llevemos la esperanza allí, a la vida de cada día. Pero para los discípulos, Galilea era también el lugar de los recuerdos, sobre todo de la primera llamada. Volver a Galilea es acordarnos de que hemos sido amados y llamados por Dios. Cada uno de nosotros tiene su propia Galilea. Necesitamos retomar el camino, recordando que nacemos y renacemos de una llamada de amor gratuita, allí, en mi Galilea. Este es el punto de partida siempre, sobre todo en las crisis y en los tiempos de prueba. Con la memoria de mi Galilea.

Pero hay más. Galilea era la región más alejada de Jerusalén, el lugar donde se encontraban en ese momento. Y no sólo geográficamente: Galilea era el sitio más distante de la sacralidad de la Ciudad santa. Era una zona poblada por gentes distintas que practicaban varios cultos, era la «Galilea de los gentiles» (*Mt* 4,15). Jesús los envió allí, les pidió que comenzaran de nuevo desde allí. ¿Qué nos dice esto? Que el anuncio de la esperanza no se tiene que confinar en nuestros recintos sagrados, sino que hay que llevarlo a todos. Porque todos necesitan ser reconfortados y, si no lo hacemos nosotros, que hemos palpado con nuestras manos «el Verbo de la vida» (*1Jn* 1,1), ¿quién lo hará? Qué hermoso es ser cristianos que consuelan, que llevan las cargas de los demás, que animan, que son mensajeros de vida en tiempos de muerte. Llevemos el canto de la vida a cada Galilea, a cada región de esa humanidad a la que pertenecemos y que nos pertenece, porque todos somos hermanos y hermanas. Acallemos los gritos de muerte, que terminen las guerras. Que se acabe la producción y el comercio de armas, porque necesitamos pan y no fusiles. Que cesen los abortos, que matan la vida inocente. Que se abra el corazón del que tiene, para llenar las manos vacías del que carece de lo necesario.

Al final, las mujeres «abrazaron los pies» de Jesús (*Mt* 28,9), aquellos pies que habían hecho un largo camino para venir a nuestro encuentro, incluso entrando y saliendo del sepulcro. Abrazaron los pies que pisaron la muerte y abrieron el camino de la esperanza. Nosotros, peregrinos en busca de esperanza, hoy nos aferramos a Ti, Jesús Resucitado. Le damos la espalda a la muerte y te abrimos el corazón a Ti, que eres la Vida.

12 de abril de 2020

Pascua de Resurrección

Mensaje *Urbi et Orbi*

Queridos hermanos y hermanas: ¡Feliz Pascua!

Hoy resuena en todo el mundo el anuncio de la Iglesia: "¡Jesucristo ha resucitado! ¡Verdaderamente ha resucitado!".

Esta Buena Noticia se ha encendido como una llama nueva en la noche, en la noche de un mundo que enfrentaba ya desafíos cruciales y que ahora se encuentra abrumado por la pandemia, que somete a nuestra gran familia humana a una dura prueba. En esta noche resuena la voz de la Iglesia: «¡Resucitó de veras mi amor y mi esperanza!» *(Secuencia pascual)*.

Es otro "contagio", que se transmite de corazón a corazón, porque todo corazón humano espera esta Buena Noticia. Es el contagio de la esperanza: «¡Resucitó de veras mi amor y mi esperanza!». No se trata de una fórmula mágica que hace desaparecer los problemas. No, no es eso la resurrección de Cristo, sino la victoria del amor sobre la raíz del mal, una victoria que no "pasa por encima" del sufrimiento y la muerte, sino que los traspasa, abriendo un camino en el abismo, transformando el mal en bien, signo distintivo del poder de Dios.

El Resucitado no es otro que el Crucificado. Lleva en su cuerpo glorioso las llagas indelebles, heridas que se convierten en lumbreras de esperanza. A Él dirigimos nuestra mirada para que sane las heridas de la humanidad desolada.

Hoy pienso sobre todo en los que han sido afectados directamente por el coronavirus: los enfermos, los que han fallecido y las familias que lloran por la muerte de sus seres queridos, y que en algunos casos ni siquiera han podido darles el último adiós. Que el Señor de la vida acoja consigo en su reino a los difuntos, y dé consuelo y esperanza a quienes aún están atravesando la prueba, especialmente a los ancianos y a las personas que están solas. Que conceda su consolación y las gracias necesarias a quienes se encuentran en condiciones de particular vulnerabilidad, como también a quienes trabajan en los centros de salud, o viven en los cuarteles y en las cárceles. Para muchos es una Pascua de soledad, vivida en medio de los numerosos lutos y dificultades que está provocando la pandemia, desde los sufrimientos físicos hasta los problemas económicos.

Esta enfermedad no sólo nos está privando de los afectos, sino también de la posibilidad de recurrir en persona al consuelo que brota de los sacramentos, especialmente de la Eucaristía y la Reconciliación. En muchos países no ha sido posible acercarse a ellos, pero el Señor no nos dejó solos. Permaneciendo unidos en la oración, estamos seguros de que Él nos cubre con su mano (cfr. *Sal* 138,5), repitiéndonos con fuerza: No temas, «he resucitado y aún estoy contigo» (Antífona de ingreso de la Misa del día de Pascua, *Misal Romano*).

Que Jesús, nuestra Pascua, conceda fortaleza y esperanza a los médicos y a los enfermeros, que en todas partes ofrecen un testimonio de cuidado y amor al prójimo hasta la extenuación de sus fuerzas y, no pocas veces, hasta el sacrificio de su propia salud. A ellos, como también a quienes trabajan asiduamente para garantizar los servicios esenciales necesarios para la convivencia civil, a las fuerzas del orden y a los militares, que en muchos países han contribuido a mitigar las dificultades y sufrimientos de la población, se dirige nuestro recuerdo afectuoso y nuestra gratitud.

En estas semanas, la vida de millones de personas cambió repentinamente. Para muchos, permanecer en casa ha sido una ocasión para reflexionar, para detener el frenético ritmo de vida, para estar con los seres queridos y disfrutar de su compañía. Pero también es para muchos un tiempo de preocupación por el futuro que se presenta incierto, por el trabajo que corre el riesgo de perderse y por las demás consecuencias que la crisis actual trae consigo. Animo a quienes tienen responsabilidades políticas a trabajar activamente en favor del bien común de los ciudadanos, proporcionando los medios e instrumentos necesarios para permitir que todos puedan tener una vida digna y favorecer, cuando las circunstancias lo permitan, la reanudación de las habituales actividades cotidianas.

Este no es el tiempo de la indiferencia, porque el mundo entero está sufriendo y tiene que estar unido para afrontar la pandemia. Que Jesús resucitado conceda esperanza a todos los pobres, a quienes viven en las periferias, a los prófugos y a los que no tienen un hogar. Que estos hermanos y hermanas más débiles, que habitan en las ciudades y periferias de cada rincón del mundo, no se sientan solos. Procuremos que no les falten los bienes de primera necesidad, más difíciles de conseguir ahora cuando muchos negocios están cerrados, como tampoco los medicamentos y, sobre todo, la posibilidad de una adecuada asistencia sanitaria. Considerando las circunstancias, se relajen además las sanciones internacionales de los países afectados, que les impiden ofrecer a los propios ciudadanos una ayuda adecuada, y se afronten —por parte de todos los Países— las grandes necesidades del momento, reduciendo, o incluso condonando, la deuda que pesa en los presupuestos de aquellos más pobres.

Este no es el tiempo del egoísmo, porque el desafío que enfrentamos nos une a todos y no hace acepción de personas. Entre las numerosas zonas afectadas por el coronavirus, pienso especialmente en Europa. Después de la Segunda Guerra Mundial, este continente pudo resurgir gracias a un auténtico espíritu de solidaridad que le permitió superar las rivalidades del pasado. Es muy urgente, sobre todo en las circunstancias actuales, que esas rivalidades no recobren fuerza, sino que todos se reconozcan parte de una única familia y se sostengan mutuamente. Hoy, la Unión Europea se encuentra frente a un desafío histórico, del que dependerá no sólo su futuro, sino el del mundo entero. Que no pierda la ocasión para demostrar, una vez más, la solidaridad, incluso recurriendo a soluciones innovadoras. Es la única alternativa al egoísmo de los intereses particulares y a la tentación de volver al pasado, con el riesgo de poner a dura prueba la convivencia pacífica y el desarrollo de las próximas generaciones.

Este no es tiempo de la división. Que Cristo, nuestra paz, ilumine a quienes tienen responsabilidades en los conflictos, para que tengan la valentía de adherir al llamamiento por un alto el fuego global e inmediato en todos los rincones del mundo. No es este el momento para seguir fabricando y vendiendo armas, gastando elevadas sumas de dinero que podrían usarse para cuidar personas y salvar vidas. Que sea en cambio el tiempo para poner fin a la larga guerra que ha ensangrentado a la amada Siria, al conflicto en Yemen y a las tensiones en Irak, como también en el Líbano. Que este sea el tiempo en el que los israelíes y los palestinos reanuden el diálogo, y que encuentren una solución estable y duradera que les permita a ambos vivir en paz. Que acaben los sufrimientos de la población que vive en las regiones orientales de Ucrania. Que se terminen los ataques terroristas perpetrados contra tantas personas inocentes en varios países de África.

Este no es tiempo del olvido. Que la crisis que estamos afrontando no nos haga dejar de lado a tantas otras situaciones de emergencia que llevan consigo el sufrimiento de muchas personas. Que el Señor de la vida se muestre cercano a las poblaciones de Asia y África que están atravesando graves crisis humanitarias, como en la Región de Cabo Delgado, en el norte de Mozambique. Que reconforte el corazón de tantas personas refugiadas y desplazadas a causa de guerras, sequías y carestías. Que proteja a los numerosos migrantes y refugiados —muchos de ellos son niños—, que viven en condiciones insoportables, especialmente en Libia y en la frontera entre Grecia y Turquía. Y no quiero olvidar de la isla de Lesbos. Que permita alcanzar soluciones prácticas e inmediatas en Venezuela, orientadas a facilitar la ayuda internacional a la población que sufre a causa de la grave coyuntura política, socioeconómica y sanitaria.

Queridos hermanos y hermanas:

Las palabras que realmente queremos escuchar en este tiempo no son indiferencia, egoísmo, división y olvido. ¡Queremos suprimirlas para siempre! Esas palabras parece que prevalecen cuando en nosotros triunfan el miedo y la muerte; es decir, cuando no dejamos que sea el Señor Jesús quien triunfe en nuestro corazón y en nuestra vida. Que Él, que ya venció la muerte abriéndonos el camino de la salvación eterna, disipe las tinieblas de nuestra pobre humanidad y nos introduzca en su día glorioso que no conoce ocaso.

Con estas reflexiones, os deseo a todos una feliz Pascua.

Lunes, 13 de abril de 2020

Santa Misa[36]

Introducción

Oremos hoy por los gobernantes, los científicos, los políticos, que han comenzado a estudiar el camino de salida, la post-pandemia, este "después" que ya ha comenzado: para que encuentren el camino correcto, siempre en favor de la gente, siempre en favor del pueblo.

Homilía - Elegir el anuncio para no caer en nuestros sepulcros

El Evangelio de hoy nos presenta una opción, una opción cotidiana, una opción humana pero que se ha mantenido desde ese día: la opción entre la alegría, la esperanza de la resurrección de Jesús y la nostalgia del sepulcro.

Las mujeres van adelante y llevan el anuncio (cfr. *Mt* 28,8): Dios siempre comienza con las mujeres, siempre. Abren caminos. No dudan: lo saben; lo han visto, lo han tocado. También han visto la tumba vacía. Es cierto que los discípulos no podían creerlo y dijeron: "Pero estas mujeres son quizás demasiado imaginativas"... No sé, tenían sus dudas. Pero ellas estaban seguras y al final han llevado adelante este camino hasta hoy: Jesús ha resucitado, está vivo entre nosotros (cfr. *Mt* 28,9-10). Y luego lo otro: es mejor no vivir, con el sepulcro vacío. Tantos problemas nos traerá este sepulcro vacío. Y la decisión de ocultar el hecho. Es lo de siempre: cuando no servimos a

---

[36] Liturgia de la Palabra: *Hch* 2,14.22-33; *Sal* 15; *Mt* 28,8-15.

Dios, al Señor, servimos al otro dios, al dinero. Recordemos lo que dijo Jesús: son dos señores, el Señor Dios y el señor dinero. No puedes servir a los dos. Y para salir de esta evidencia, de esta realidad, los sacerdotes, los doctores de la Ley eligieron el otro camino, el que les ofreció el dios dinero y pagaron: pagaron el silencio (cfr. *Mt* 28,12-13). El silencio de los testigos. Uno de los guardias había confesado, apenas Jesús expiró: «Verdaderamente este hombre era hijo de Dios» (*Mc* 15,39). Esta pobre gente no entiende, tiene miedo porque su vida está en juego... y fueron a los sacerdotes, a los doctores de la Ley. Y estos pagaron: compraron el silencio, y, queridos hermanos y hermanas, esto no es un soborno: esto es pura corrupción, pura corrupción. Si no confiesas a Jesucristo el Señor, piensa por qué, dónde está el sello de tu tumba, dónde hay corrupción. Es verdad que mucha gente no confiesa a Jesús porque no lo conoce, porque no lo hemos anunciado con coherencia, y esto es culpa nuestra. Pero cuando ante la evidencia tomamos este camino, es el camino del diablo, es el camino de la corrupción. Se paga y te callas.

También hoy, ante el próximo —esperemos que pronto—, próximo fin de esta pandemia, hay la misma opción: o nuestra apuesta es por la vida, por la resurrección de los pueblos o será por el dios dinero: volver a la tumba del hambre, la esclavitud, las guerras, las fábricas de armas, los niños sin educación... ahí está la tumba.

Que el Señor, tanto en nuestra vida personal como en nuestra vida social, nos ayude siempre a elegir el anuncio: el anuncio que es horizonte, está abierto, siempre; nos lleve a elegir el bien del pueblo. Y nunca a caer en la tumba del dios dinero.

Regina Coeli

Queridos hermanos y hermanas: ¡buenos días!

Hoy, lunes de Pascua, resuena el alegre anuncio de la Resurrección de Cristo. La lectura del Evangelio (cfr. *Mt* 28,8-15) nos cuenta que las mujeres, asustadas, salen apresuradamente del sepulcro de Jesús, que han encontrado vacío; pero Jesús mismo se les aparece en el camino diciendo: «No temáis. Id, avisad a mis hermanos que vayan a Galilea; allí me verán» (v. 10). Con estas palabras, el Resucitado confía a las mujeres un mandato misionero hacia los Apóstoles. De hecho, ellas dieron un admirable ejemplo de fidelidad, dedicación y amor a Cristo tanto en su vida pública como en su Pasión; ahora son recompensadas por Él con este gesto de atención y predilección. Las mujeres, siempre las primeras: María, la primera; las mujeres, las primeras.

Primero las mujeres, luego los discípulos y, en particular, Pedro, ven la realidad de la resurrección. Jesús les había predicho repetidamente que, después de la pasión y la cruz, resucitaría, pero los discípulos no lo habían entendido, porque aún no estaban preparados. Su fe tenía que dar un salto cualitativo, que sólo el Espíritu Santo, don del Resucitado, podía desencadenar.

Al principio del libro de los Hechos de los Apóstoles, oímos a Pedro declarar con audacia, con coraje, con franqueza: «A este Jesús Dios le resucitó, de lo cual todos nosotros somos testigos» (*Hch* 2,32). Como si dijera: «Yo voy con Él. Yo doy mi vida por Él». Y luego dará su vida por Él. A partir de ese momento, el anuncio de que Cristo ha resucitado se extiende por todas partes y llega a todos los rincones de la tierra, convirtiéndose en el mensaje de esperanza para todos. La resurrección de Jesús nos dice que la última palabra no es la muerte, sino la vida. Al resucitar al Hijo unigénito, Dios Padre ha manifestado plenamente su amor y misericordia por la humanidad de todos los tiempos.

Si Cristo ha resucitado, es posible mirar con confianza cada evento de nuestra existencia, incluso los más difíciles, llenos de angustia e incertidumbre. Este es el mensaje de Pascua que estamos llamados a proclamar, con palabras y, sobre todo, con el testimonio de la vida. Que esta noticia resuene en nuestros hogares y en nuestros corazones: «¡Resucitó de veras mi amor y mi esperanza!» (*Secuencia Pascual*). Esta certeza refuerza la fe de todo bautizado y anima especialmente a aquellos que se enfrentan a grandes sufrimientos y dificultades.

Que la Virgen María, testigo silencioso de la muerte y resurrección de su hijo Jesús, nos ayude a creer firmemente en este misterio de salvación: si se abraza con fe, puede cambiar nuestras vidas. Este es el deseo de Pascua que os renuevo a todos vosotros. Se lo confío a Ella, nuestra Madre, a quien ahora invocamos con la oración de la *Regina Coeli*.

Tras el Regina Coeli

Queridos hermanos y hermanas:

Hemos escuchado que las mujeres dieron a los discípulos el anuncio de la resurrección de Jesús. Hoy quisiera recordar con ustedes lo que muchas mujeres hacen, incluso en este tiempo de emergencia sanitaria, para cuidar de los demás: mujeres médicas, enfermeras, fuerzas del orden y funcionarias de prisiones, empleadas de tiendas de artículos de primera necesidad..., y muchas madres y hermanas y abuelas que se encuentran encerradas en sus casas con toda la familia, con los niños, los ancianos, los discapacitados. A veces corren el riesgo de ser objeto de violencia, por una convivencia de la que llevan una carga demasiado grande. Recemos por ellas, para que el Señor les dé fuerza y para que nuestras comunidades las apoyen junto con sus familias. Que el Señor nos dé el coraje de las mujeres para avanzar siempre.

En esta semana de Pascua me gustaría acordarme con cercanía y cariño de todos los países fuertemente afectados por el coronavirus, algunos con gran número de contagiados y muertos, especialmente Italia, Estados Unidos, España, Francia... la lista es larga. Rezo por todos ellos. Y no olvidéis que el Papa reza por vosotros, está a vuestra vera.

Renuevo de corazón mi deseo de Pascua a todos. Permanezcamos unidos en la oración y en el compromiso de ayudarnos unos a otros como hermanos. Que tengáis un buen almuerzo y adiós.

Martes, 14 de abril de 2020

Santa Misa[37]

Introducción

Oremos para que el Señor nos dé la gracia de la unidad entre nosotros. Que las dificultades de esta época nos hagan descubrir la comunión entre nosotros, la unidad que siempre es superior a cualquier división.

Homilía - La gracia de la fidelidad

La predicación de Pedro, el día de Pentecostés, traspasó los corazones de la gente: "A ese a quien vosotros habéis crucificado ha resucitado" (cfr. *Hch* 2,36). «Al oír esto, dijeron con el corazón compungido a Pedro y a los demás apóstoles: "¿Qué hemos de hacer, hermanos?"» (*Hch* 2,37). Y Pedro es claro: "Convertíos. Convertíos. Cambiad de vida. Vosotros que habéis recibido la promesa de Dios y vosotros que os habéis apartado de la Ley de Dios, de muchas cosas vuestras, entre ídolos, y otras muchas más... convertíos. Volved a la fidelidad" (cfr. *Hch* 2,38). Convertirse es esto: volver a ser fieles. La fidelidad, esa actitud humana que no es tan común en la vida de las personas, en nuestras vidas. Siempre hay ilusiones que atraen la atención y muchas veces queremos ir detrás de estas ilusiones. Fidelidad: en los buenos y en los malos tiempos.

Hay un pasaje del Segundo Libro de las Crónicas que me llama mucho la atención. Está en el capítulo XII,

---

[37] Liturgia de la Palabra: *Hch* 2,36-41; *Sal* 32; *Jn* 20,11-18.

al principio. "Tras haber consolidado y afianzado el reino —dice—, el rey Roboán se sintió seguro y abandonó la Ley del Señor, y con él todo Israel" (cfr. *2Cro* 12,1). Eso dice la Biblia. Es un hecho histórico, pero es un hecho universal. Muchas veces, cuando nos sentimos seguros empezamos a hacer nuestros planes y nos alejamos lentamente del Señor, no permanecemos fieles. Y mi seguridad no es lo que el Señor me da. Es un ídolo. Esto es lo que le pasó a Roboán y al pueblo de Israel. Se sintió seguro —un reino consolidado—, se apartó de la ley y comenzó a adorar ídolos. Sí, podemos decir: "Padre, yo no me arrodillo ante los ídolos". No, quizás no te arrodilles, pero que los buscas y tantas veces en tu corazón adoras a los ídolos, es verdad. Muchas veces. La propia seguridad abre la puerta a los ídolos.

Pero, ¿está mal la propia seguridad? No, es una gracia. Para estar seguro, pero también para estar seguro de que el Señor está conmigo. Pero cuando hay seguridad y yo en el centro, me alejo del Señor, como el Rey Roboán, me vuelvo infiel. Es tan difícil mantener la lealtad. Toda la historia de Israel, y luego toda la historia de la Iglesia, está llena de infidelidad. Llena. Llena de egoísmo, de certezas propias que hacen que el pueblo de Dios se aleje del Señor, pierda esa fidelidad, la gracia de la fidelidad. E incluso entre nosotros, entre la gente, la fidelidad no es una virtud barata, ciertamente. Uno no es fiel al otro, al otro... "Convertíos, volved a la fidelidad al Señor" (cfr. *Hch* 2,38).

Y en el Evangelio, el icono de la fidelidad: esa mujer fiel que nunca ha olvidado todo lo que el Señor ha hecho por ella. Ella estaba allí, fiel, frente a lo imposible, frente a la tragedia, una fidelidad que también le hace pensar que es capaz de llevarse el cuerpo... (cfr. *Jn* 20,15). Una mujer débil, pero fiel. El icono de la fidelidad de esta María de Magdala, apóstol de los apóstoles.

Pidamos hoy al Señor la gracia de la fidelidad: de darle las gracias cuando nos da certezas, pero nunca pensemos que son "mis" certezas y siempre miremos más allá de nuestras propias certezas; la gracia de ser fieles incluso ante las tumbas, ante el hundimiento de tantas ilusiones. Fidelidad, que siempre permanece, pero no es fácil de mantener. Que Él, el Señor, sea quien la guarde.

Miércoles, 15 de abril de 2020

Santa Misa[38]

Introducción

Recemos hoy por los ancianos, especialmente por quienes están aislados o en los asilos de ancianos. Ellos tienen miedo, miedo de morir solos. Sienten esta pandemia como algo agresivo para ellos. Ellos son nuestras raíces, nuestra historia. Ellos nos han dado la fe, la tradición, el sentido de pertenencia a una patria. Oremos por ellos, para que el Señor esté cerca de ellos en este momento.

Homilía - Nuestra fidelidad es la respuesta a la fidelidad de Dios

Ayer reflexionamos sobre María Magdalena como un icono de la fidelidad: la fidelidad a Dios. ¿Pero cómo es esta fidelidad a Dios? ¿A qué Dios? Precisamente al Dios fiel.

Nuestra fidelidad no es más que una respuesta a la fidelidad de Dios. Dios que es fiel a su palabra, que es fiel a su promesa, que camina con su pueblo llevando a cabo la promesa al lado de su pueblo. Fiel a la promesa: Dios, que continuamente se hace sentir como el Salvador del pueblo porque es fiel a la promesa. Dios, que es capaz de re-hacer las cosas, de re-crear, como lo hizo con este paralítico de nacimiento al que re-creó sus pies, lo sanó (cfr. *Hch* 3,6-8), el Dios que cura, el Dios que siempre trae consuelo a su pueblo. El Dios que re-crea. Una nueva re-creación: esta

[38] Liturgia de la Palabra: *Hch* 3,1-10; *Sal* 104; *Lc* 24,13-35.

es su fidelidad con nosotros. Una re-creación que es más maravillosa que la creación.

Un Dios que va adelante y que no se cansa de trabajar —digamos "trabajar", "*ad instar laborantis*" (cfr. Ignacio de Loyola, *Ejercicios espirituales* 236), como dicen los teólogos— para llevar al pueblo adelante, y no tiene miedo de "cansarse", digamos así... Como aquel pastor que cuando llega a casa se da cuenta de que le falta una oveja y va, vuelve a buscar la oveja que se ha perdido (cfr. *Mt* 18,12-14). El pastor que trabaja horas extras, pero por amor, por fidelidad... Y nuestro Dios es un Dios que trabaja horas extras, pero no a cambio de un pago: gratuitamente. Es la fidelidad de la gratuidad, de la abundancia. Y la fidelidad es ese padre que puede subir muchas veces a la terraza para ver si su hijo regresa y no se cansa de subir: lo espera para festejar (cfr. *Lc* 15,21-24). La fidelidad de Dios es una fiesta, es una alegría, es una alegría tal que hace que hagamos como este paralítico: entró en el templo caminando, saltando, alabando a Dios (cfr. *Hch* 3,8-9). La fidelidad de Dios es una fiesta, es una fiesta gratuita. Y una fiesta para todos nosotros.

La fidelidad de Dios es una fidelidad paciente: tiene paciencia con su pueblo, lo escucha, lo guía, le explica lentamente y calienta su corazón, como lo hizo con estos dos discípulos que se alejaban de Jerusalén: calienta sus corazones para que vuelvan a casa (cfr. *Lc* 24,32-33). La fidelidad de Dios, es lo que no sabemos: qué pasó en ese diálogo, pero es el Dios generoso que buscó a Pedro, el que lo negó. Sólo sabemos que el Señor ha resucitado y se le ha aparecido a Simón: lo que pasó en ese diálogo no lo sabemos (cfr. *Lc* 24,34). Pero sí, sabemos que fue la fidelidad de Dios la que buscó a Pedro. La fidelidad de Dios siempre nos precede y nuestra fidelidad es siempre la respuesta a esa fidelidad que nos precede. Es el Dios que siempre nos precede. Es como la flor del almendro, en primavera: florece primero.

Ser fiel es alabar esta fidelidad, ser fiel a esta fidelidad. Es una respuesta a esta fidelidad.

JUEVES, 16 DE ABRIL DE 2020

Santa Misa[39]

Introducción

En estos días me han regañado porque olvidé dar las gracias a un grupo de personas que también trabaja... He manifestado mi agradecimiento a los médicos, enfermeros, voluntarios... "Pero usted se ha olvidado de los farmacéuticos": ellos también trabajan duro para ayudar a los enfermos a salir de la enfermedad. Recemos también por ellos.

Homilía - Llenos de gozo

En estos días, en Jerusalén, la gente albergaba muchos sentimientos: miedo, asombro, duda. «En aquellos días, como el tullido curado no soltaba a Pedro y a Juan, toda la gente, presa de estupor...» (*Hch* 3,11): hay un ambiente no pacífico porque sucedían cosas que no se entendían. El Señor había estado con sus discípulos. Ellos sabían que había resucitado, también Pedro lo sabía porque había hablado con Él esa mañana. Los dos que habían regresado de Emaús lo sabían, pero cuando apareció el Señor se asustaron. «Sobresaltados y asustados, creyeron ver un espíritu» (*Lc* 24,37); habían tenido la misma experiencia en el lago cuando Jesús fue hacia ellos caminando sobre el agua. Pero en ese momento Pedro, haciéndose valiente, apostó por el Señor, dijo: "Si eres tú, mándame ir a ti sobre las aguas" (cfr. *Mt* 14,28).

---

39 Liturgia de la Palabra: *Hch* 3,11-26; *Sal* 8; *Lc* 24,35-48.

Este día Pedro estaba callado, había hablado con el Señor esa mañana, y nadie sabe lo que se dijeron en ese diálogo y por eso estaba callado. Pero tenían tanto miedo, estaban tan turbados, que creyeron haber visto un fantasma. Pero Él les dice: "¿Por qué os turbáis? ¿Por qué alberga dudas vuestro corazón? Mirad mis manos y mis pies...", les muestra las llagas (cfr. *Lc* 24,38-39). Ese tesoro que Jesús llevó al cielo para mostrárselo al Padre e interceder por nosotros. "Tocadme y mirad; un fantasma no tiene carne ni huesos". Y luego hay una frase que me da mucho consuelo, y por eso este pasaje del Evangelio es uno de mis favoritos: "No acababan de creérselo a causa de la alegría..." (cfr. *Lc* 24,41), aún estaban llenos de asombro, la alegría les impedía creer. Era tanta la alegría que "no, esto no puede ser cierto. Esta alegría no es real, es demasiada alegría". Y esto les impedía creer. La alegría. Los momentos de gran alegría. Estaban desbordados de alegría pero paralizados por la alegría. Y la alegría es uno de los deseos que Pablo envía a los suyos de Roma: "Y el Dios de la esperanza os colme de alegría" (cfr. *Rm* 15,13), les dice. Llenar de alegría, desbordar de alegría. Es la experiencia del consuelo más alto, cuando el Señor nos hace comprender que esto es diferente a ser alegre, positivo, brillante... No, es otra cosa. Ser dichoso... lleno de alegría, una alegría desbordante que nos toca realmente. Y por esto, Pablo les desea a los romanos que "el Dios de la esperanza os colme de alegría". Y esa palabra, esa expresión, llenar de alegría se repite, muchas, muchas veces. Por ejemplo, cuando sucede lo de la prisión y Pablo salva la vida del carcelero que estaba a punto de suicidarse porque se habían abierto las puertas con el terremoto, y luego le anuncia el Evangelio, lo bautiza, y el carcelero, dice la Biblia, "se regocijó" de haber creído (cfr. *Hch* 16,29-34). Lo mismo sucede con el ministro de economía de Candace, cuando Felipe lo bautizó y desapareció, siguió su camino "gozoso" (cfr. *Hch* 8,39). Lo mismo sucedió en el día de la Ascensión: los discípulos regresaron a Jerusalén, dice la Biblia, "con grande gozo" (cfr. *Lc* 24,52). Es la plenitud del consuelo, la plenitud de la presencia del Señor. Porque, como dice Pablo a los Gálatas, "el gozo es fruto del Espíritu Santo" (cfr. *Gal* 5,22), no es la consecuencia de emociones que estallan por algo maravilloso... No, es más. Este gozo, el que nos llena es el fruto del Espíritu Santo. Sin el Espíritu no se puede tener esta alegría. Recibir la alegría del Espíritu es una gracia.

Esto me recuerda los últimos números, los últimos párrafos de la Exhortación *Evangelii nuntiandi* de Pablo VI (cfr. 79-80), cuando habla de cristianos alegres, evangelizadores alegres, y no de aquellos que siempre viven decaídos. Hoy es un hermoso día para leerlo. Llenos de alegría. Esto es lo que la Biblia nos dice: "No acababan de creérselo a causa de la alegría...", era tanta que no creían. Hay un pasaje del libro de Nehemías que nos ayudará hoy en esta reflexión sobre la alegría. El pueblo al regresar a Jerusalén encuentra el libro de la ley, se descubrió nuevamente —porque sabían la ley de memoria, pero no encontraban el libro de la ley—, una gran celebración y todo el pueblo se reúne para escuchar al sacerdote Esdras que leía el libro de la ley. El pueblo conmovido lloraba, lloraba de alegría porque había encontrado el libro de la ley y lloraba, estaba alegre, el llanto... Al final, cuando el sacerdote Esdras terminó, Nehemías le dijo al pueblo: "Estad tranquilos, no lloréis, conservad la alegría, porque la alegría en el Señor es vuestra fortaleza" (cfr. *Neh* 8,1-12). Esta palabra del libro de Nehemías nos ayudará hoy. La gran fuerza que tenemos para transformar, para predicar el Evangelio, para seguir adelante como testigos de la vida es la alegría del Señor, que es fruto del Espíritu Santo, y hoy le pedimos que nos conceda este fruto.

Viernes, 17 de abril de 2020

Santa Misa[40]

Introducción

Quisiera que hoy rezáramos por las mujeres que están embarazadas, mujeres encintas que se convertirán en madres y están inquietas, preocupadas. Una pregunta: "¿En qué mundo vivirá mi hijo?". Recemos por ellas, para que el Señor les dé el coraje de sacar adelante a sus hijos con la confianza de que ciertamente será un mundo diferente, pero siempre será un mundo que el Señor amará tanto.

Homilía - La familiaridad con el Señor

Los discípulos eran pescadores: Jesús los había llamado justamente en su trabajo. Andrés y Pedro trabajaban con las redes. Dejaron las redes y siguieron a Jesús (cfr. *Mt* 4,18-20). Juan y Santiago, lo mismo: dejaron a su padre y a los muchachos que trabajaban con ellos y siguieron a Jesús (cfr. *Mt* 4,21-22). La llamada tuvo lugar en su trabajo como pescadores. Y este pasaje del Evangelio de hoy, este milagro, esta pesca milagrosa, nos hace pensar en otra pesca milagrosa, la que cuenta Lucas (cfr. *Lc* 5,1-11): allí también ocurrió lo mismo. Pescaron, cuando pensaban que no iban a sacar nada. Después del sermón, dijo Jesús: "Bogad mar adentro" —"Pero si hemos estado bregando toda la noche y no hemos pescado nada"— "Id". "Confiando en tu pa-

[40] Liturgia de la Palabra: *Hch* 4,1-12; *Sal* 117; *Jn* 21,1-14.

labra, dijo Pedro, echaré las redes". Fue tanta la cantidad —dice el Evangelio— que "el asombro se apodero de ellos" (cfr. *Lc* 5,9), por ese milagro. Hoy, en esta otra pesca no se habla de asombro. Se puede ver una cierta naturalidad, se ve que ha habido un desarrollo, un camino que ha ido creciendo en el conocimiento del Señor, en la intimidad con el Señor; diré la palabra correcta: en la *familiaridad* con el Señor. Cuando Juan vio esto, le dijo a Pedro: "¡Es el Señor!", y Pedro se ciñó la ropa, se tiró al agua para ir al Señor (cfr. *Jn* 21,7). La primera vez cayó de rodillas ante Él: "Aléjate de mí, Señor, que soy un hombre pecador" (cfr. *Lc* 5,8). Esta vez no dice nada, es más natural. Nadie preguntó: "¿Quién eres?". Sabían que era el Señor, era natural, el encuentro con el Señor. La *familiaridad* de los apóstoles con el Señor había crecido.

También nosotros, los cristianos, en nuestro camino de vida estamos en este estado de caminar, de progresar en la *familiaridad* con el Señor. El Señor, podríamos decir, es un poco "llano", está "a la mano", pero "a la mano" porque camina con nosotros, sabemos que es Él. Nadie le preguntó, en este pasaje, "¿quién eres?": sabían que era el Señor. La *familiaridad* diaria con el Señor es la del cristiano. Y seguramente, desayunaron juntos, con pescado y pan, ciertamente hablaron de muchas cosas de forma natural.

Esta familiaridad de los cristianos con el Señor es siempre comunitaria. Sí, es íntima, es personal pero *en comunidad*. Una familiaridad sin comunidad, una familiaridad sin el Pan, una familiaridad sin la Iglesia, sin el pueblo, sin los sacramentos, es peligrosa. Puede convertirse en una familiaridad —digamos— gnóstica, una familiaridad sólo para mí, separada del pueblo de Dios.

La familiaridad de los apóstoles con el Señor fue siempre comunitaria, siempre *en la mesa*, signo de la comunidad. Siempre era con el Sacramento, con el Pan.

Digo esto porque alguien me hizo reflexionar sobre el peligro de este momento que estamos viviendo, esta pandemia que ha hecho que todos comuniquemos, incluso religiosamente, a través de los medios de comunicación, también en esta Misa: estamos todos comunicados, pero no juntos realmente, solo juntos espiritualmente. El pueblo aquí presente es pequeño. Pero hay un gran pueblo: estamos juntos, aunque no todos juntos. También el Sacramento: quienes están aquí hoy tienen la Eucaristía, pero la gente que está conectada con nosotros sólo tiene la comunión espiritual. Y esta no es la Iglesia: es la Iglesia en una situación difícil, que el Señor permite, pero el ideal de la Iglesia es estar siempre con el pueblo y con los sacramentos. Siempre.

Antes de Pascua, cuando salió la noticia de que celebraría la Pascua en San Pedro vacía, un obispo me escribió —un buen obispo: bueno— y me regañó. "Pero por qué, San Pedro es muy grande, ¿por qué no pone 30 personas por lo menos, para que se vea gente? No habrá peligro...". Pensé: "Pero, ¿qué tiene en la cabeza, para decirme esto?". No lo entendí, en el momento. Pero como es un buen obispo, muy cercano a la gente, querrá decirme algo. Cuando lo vea, se lo preguntaré. Luego lo entendí. Lo que me decía era: "Ten cuidado de no *viralizar* la Iglesia, de no *viralizar* los sacramentos, de no *viralizar* al pueblo de Dios". La Iglesia, los sacramentos, el pueblo de Dios son concretos. Es cierto que en este momento debemos mantener la familiaridad con el Señor de esta manera, pero para salir del túnel, no para quedarnos. Y esta es la familiaridad de los apóstoles: no gnóstica, no *viralizada*, no egoísta para cada uno de ellos, sino una familiaridad concreta, en el pueblo. Familiaridad con el Señor en la vida diaria, familiaridad con el Señor en los sacramentos, en medio del pueblo de Dios. Ellos hicieron un camino de madurez en la familiaridad con el Señor: aprendamos a hacerlo también nosotros. Desde el primer momento, entendieron que esa familiaridad era diferente de lo que imaginaban, y llegaron a esto. Sabían que era el Señor, compartían todo: la comunidad, los sacramentos, el Señor, la paz, la fiesta.

Que el Señor nos enseñe esta intimidad con Él, esta familiaridad con Él pero *en* la Iglesia, *con* los sacramentos, *con* el pueblo fiel de Dios.

SÁBADO, 18 DE ABRIL DE 2020

Santa Misa[41]

Introducción

Ayer recibí una carta de una religiosa que trabaja como traductora a la lengua de señas para sordomudos; me habló del trabajo tan difícil que tienen los trabajadores de la salud, los enfermeros, los médicos, con los pacientes discapacitados que se han contagiado de Covid-19. Recemos por ellos que están siempre al servicio de estas personas con habilidades diferentes, que no tienen las habilidades que nosotros tenemos.

Homilía - El don del Espíritu Santo: la franqueza, el valor, la parresia

Los líderes, los ancianos, los escribas, al ver la franqueza con la que hablaban estos hombres, y sabiendo que era gente sin instrucción, que tal vez no sabían escribir, se asombraban. No entendían: "Es algo que no podemos entender, cómo esta gente es tan valiente, cómo tiene esta franqueza" (cfr. *Hch* 4,13). Esta palabra es una palabra muy importante que se convierte en el estilo de los predicadores cristianos, también en el Libro de los Hechos de los Apóstoles: franqueza. Coraje. Esto lo dice todo. Decirlo claramente. Viene de la raíz griega de decir todo, y nosotros también usamos esta palabra muchas veces, precisamente la palabra griega, para indicar esto: parresia,

---

[41] Liturgia de la Palabra: *Hch* 4,13-21; *Sal* 117; *Mc* 16,9-15.

franqueza, coraje. Y veían esta franqueza, este coraje, esta parresia en ellos y no entendían.

Franqueza. La valentía y la franqueza con que los primeros apóstoles predicaban... Por ejemplo, el Libro de los Hechos está lleno de esto: dice que Pablo y Bernabé trataron de explicar el misterio de Jesús a los judíos con franqueza y predicaron el Evangelio con franqueza.

Hay un versículo que me gusta mucho en la Carta a los Hebreos, cuando el autor de la Carta a los Hebreos se da cuenta de que hay algo en la comunidad que está decayendo, que se pierde algo, que hay una cierta tibieza, que estos cristianos se están volviendo tibios. Y dice esto —no recuerdo bien la cita...—, dice esto: "Traed a la memoria los primeros días, hubisteis de soportar un duro y doloroso combate: no perdáis ahora vuestra *franqueza*" (cfr. *Hb* 10,32-35). "Recupera", recuperar la franqueza, el valor cristiano para seguir adelante. No se puede ser cristiano sin que se dé esta franqueza: si no se da, no eres un buen cristiano. Si no tienes el coraje, si para explicar tu posición resbalas en ideologías o explicaciones casuísticas, te falta esa franqueza, te falta ese estilo cristiano, la libertad de hablar, de decirlo todo. El coraje.

Y luego vemos que los líderes, los ancianos, los escribas son víctimas, son víctimas de esta franqueza, porque los acorrala: no saben qué hacer. Sabiendo «que eran hombres sin instrucción ni cultura, quedaban sorprendidos y los reconocían como los que habían estado con Jesús; y, al mismo tiempo, veían de pie, junto a ellos, al hombre que había sido curado; así que no podían replicar» (*Hch* 4,13-14). En vez de aceptar la verdad que veían, tenían el corazón tan cerrado que buscaron la vía de la diplomacia, la vía del compromiso: "Vamos a asustarlos, amenacémoslos y veamos si así se callan" (cfr. *Hch* 4,16-17). La franqueza, realmente, los había acorralado: no sabían cómo salir. No se les ocurrió decir: "¿No será verdad esto?". Su corazón estaba ya cerrado, era duro: el corazón estaba corrompido. Ese es uno de los dramas: la fuerza del Espíritu Santo que se manifiesta en esta franqueza de la predicación, en esta locura de la predicación, no puede entrar en los corazones corruptos. Por eso hemos de estar atentos: pecadores sí, corruptos nunca. Y no llegar a esta corrupción que tiene muchas maneras de manifestarse...

Pero, estaban arrinconados y no sabían qué decir. Y al final, encontraron un compromiso: "Amenacémoslos un poco, asustémoslos un poco", y los invitaron, los llamaron de nuevo y les ordenaron, los invitaron a no hablar en ningún momento y a no enseñar en el nombre de Jesús. "Hagamos las paces: ustedes vayan en paz, pero no hablen en nombre de Jesús, no enseñen" (cfr. *Hch* 4,18). Conocemos a Pedro: no era un valiente nato. Fue un cobarde, negó a Jesús. ¿Pero qué pasa ahora? Respondieron: «Pensad si Dios considera justo que os obedezcamos a vosotros antes que a Él. Nosotros no podemos dejar de hablar de lo que hemos visto y oído» (*Hch* 4,19-20). ¿Pero de dónde le viene el coraje a este cobarde que ha negado al Señor? ¿Qué ha pasado en el corazón de este hombre? El don del Espíritu Santo: la franqueza, el coraje, la parresia es un don, una gracia que el Espíritu Santo da el día de Pentecostés. Justo después de haber recibido el Espíritu Santo fueron a predicar: un poco valientes, algo nuevo para ellos. Esta es coherencia, el signo del cristiano, del verdadero cristiano: es valiente, dice toda la verdad porque es coherente.

Y a esta coherencia llama el Señor en el envío. Después de esta síntesis que hace Marcos en el Evangelio: «Habiendo resucitado al amanecer...» (16,9) —una síntesis de la resurrección—, «les echó en cara su incredulidad y dureza de corazón, por no haber creído a quienes le habían visto resucitado» (v. 14). Pero con la fuerza del Espíritu Santo —es el saludo de Jesús: «Recibid el Espíritu Santo» (*Jn* 20,22)— y les dijo: "Id por todo el mundo y proclamad el Evangelio a toda la creación" (*Mc* 16,15). Id con valor, con franqueza, no tengáis miedo. No —retomo el versículo de la Carta a los Hebreos—, «no perdáis vuestra franqueza, no perdáis este don del Espíritu Santo» (cfr. *Hb* 10,35). La misión nace precisamente de aquí, de este don que nos hace valientes, francos al proclamar la Palabra.

Que el Señor nos ayude siempre a ser así: valientes. Esto no significa imprudentes: no, no. Valientes. El coraje cristiano es siempre prudente, pero es coraje.

19 de abril de 2020

II Domingo de Pascua (A)

(o Domingo de la Divina Misericordia)

Santa Misa[42]

Homilía - La misericordia de Dios nos levanta siempre

El domingo pasado celebramos la resurrección del Maestro, y hoy asistimos a la resurrección del discípulo. Había transcurrido una semana, una semana que los discípulos, aun habiendo visto al Resucitado, vivieron con temor, con «las puertas cerradas» (*Jn* 20,26), y ni siquiera lograron convencer de la resurrección a Tomás, el único ausente. ¿Qué hizo Jesús ante esa incredulidad temerosa? Regresó, se puso en el mismo lugar, «en medio» de los discípulos, y repitió el mismo saludo: «Paz a vosotros» (*Jn* 20,19.26). Volvió a empezar desde el principio. La resurrección del discípulo comenzó en ese momento, en esa *misericordia fiel y paciente*, en ese descubrimiento de que Dios no se cansa de tendernos la mano para levantarnos de nuestras caídas. Él quiere que lo veamos así, no como un patrón con quien tenemos que ajustar cuentas, sino como nuestro Papá, que nos levanta siempre. En la vida avanzamos a tientas, como un niño que empieza a caminar, pero se cae; da pocos pasos y vuelve a caerse; cae y se cae una y otra vez, y el papá lo levanta de nuevo. La mano que siempre nos levanta es la misericordia.

---

[42] Liturgia de la Palabra: *Hch* 2,42-47; *Sal* 117; *1P* 1,3-9; *Jn* 20,19-31.

Dios sabe que sin misericordia nos quedamos tirados en el suelo, que para caminar necesitamos que vuelvan a ponernos en pie.

Y tú puedes objetar: "¡Pero yo sigo siempre cayendo!". El Señor lo sabe y siempre está dispuesto a levantarnos. Él no quiere que pensemos continuamente en nuestras caídas, sino que lo miremos a Él, que en nuestras caídas ve a hijos a los que tiene que levantar y en nuestras miserias ve a hijos a los que tiene que amar con misericordia. Hoy, en esta iglesia que se ha convertido en santuario de la misericordia en Roma, en el Domingo que veinte años atrás san Juan Pablo II dedicó a la Divina Misericordia, acojamos con confianza este mensaje. Jesús le dijo a santa Faustina: «Yo soy el amor y la misericordia misma; no existe miseria que pueda medirse con mi misericordia» (*Diario*, 14 septiembre 1937). En otra ocasión, la santa le dijo a Jesús, con satisfacción, que le había ofrecido toda su vida, todo lo que tenía. Pero la respuesta de Jesús la desconcertó: «Hija mía, no me has ofrecido lo que es realmente tuyo». ¿Qué cosa había retenido para sí aquella santa religiosa? Jesús le dijo amablemente: «Hija, dame *tu miseria*» (10 octubre 1937). También nosotros podemos preguntarnos: "¿Le he entregado mi miseria al Señor? ¿Le he mostrado mis caídas para que me levante?". ¿O hay algo que todavía me guardo dentro? Un pecado, un remordimiento del pasado, una herida en mi interior, un rencor hacia alguien, una idea sobre una persona determinada... El Señor espera que le presentemos nuestras miserias, para hacernos descubrir su misericordia.

Volvamos a los discípulos. Habían abandonado al Señor durante la Pasión y se sentían culpables. Pero Jesús, cuando fue a encontrarse con ellos, no les dio largos sermones. Sabía que estaban heridos por dentro, y les mostró sus propias llagas. Tomás pudo tocarlas y descubrió lo que Jesús había sufrido por él, que lo había abandonado. En esas heridas tocó con sus propias manos la cercanía amorosa de Dios. Tomás, que había llegado tarde, cuando abrazó la misericordia superó a los otros discípulos; no creyó sólo en su resurrección, sino también en el amor infinito de Dios. E hizo la confesión de fe más sencilla y hermosa: «¡Señor mío y Dios mío!» (v. 28). Así se realiza la resurrección del discípulo, cuando su humanidad frágil y herida entra en la de Jesús. Allí se disipan las dudas, allí Dios se convierte en *mi Dios*, allí volvemos a aceptarnos a nosotros mismos y a amar la propia vida.

Queridos hermanos y hermanas: En la prueba que estamos atravesando, también nosotros, como Tomás, con nuestros temores y nuestras dudas, nos reconocemos frágiles. Necesitamos al Señor, que ve en nosotros, más allá de nuestra fragilidad, una belleza perdurable. Con Él descubrimos que somos valiosos en nuestra debilidad, nos damos cuenta de que somos como cristales hermosísimos, frágiles y preciosos al mismo tiempo. Y si, como el cristal, somos transparentes ante Él, su luz, la luz de la misericordia brilla en nosotros y, por medio nuestro, en el mundo. Ese es el motivo para alegrarse, como nos dijo la Carta de Pedro, «alegraos de ello, aunque ahora sea preciso padecer un poco en pruebas diversas» (*1 P* 1,6).

En esta fiesta de la Divina Misericordia el anuncio más hermoso se da a través del discípulo que llegó más tarde. Sólo él faltaba, Tomás, pero el Señor lo esperó. La misericordia no abandona a quien se queda atrás. Ahora, mientras pensamos en una lenta y ardua recuperación de la pandemia, se insinúa justamente este peligro: olvidar al que se quedó atrás. El riesgo es que nos golpee un virus todavía peor, el del *egoísmo indiferente*, que se transmite al pensar que la vida mejora si me va mejor a mí, que todo irá bien si me va bien a mí. Se parte de esa idea y se sigue hasta llegar a seleccionar a las personas, descartar a los pobres e inmolar en el altar del progreso al que se queda atrás. Pero esta pandemia nos recuerda que no hay diferencias ni fronteras entre los que sufren: todos somos frágiles, iguales y valiosos. Que lo que está pasando nos sacuda por dentro. Es tiempo de eliminar las desigualdades, de *reparar la injusticia* que mina de raíz la salud de toda la humanidad. Aprendamos de la primera comunidad cristiana, que se describe en el libro de los Hechos de los Apóstoles. Había recibido misericordia y vivía con misericordia: «Los creyentes vivían todos unidos y tenían todo en común; vendían posesiones y bienes y los repartían entre todos, según la necesidad de cada uno» (*Hch* 2,44-45). No es ideología, es cristianismo.

En esa comunidad, después de la resurrección de Jesús, sólo uno se había quedado atrás y los otros lo esperaron. Actualmente parece lo contrario: una pequeña parte de la humanidad avanzó, mientras la mayoría se quedó atrás. Y cada uno podría decir: "Son problemas complejos, no me toca a mí ocuparme de los necesitados, son otros los que tienen que hacerse cargo". Santa Faustina, después de haberse encontrado con Jesús, escribió: «En un alma que sufre debemos ver a Jesús crucificado y no un parásito y una carga… [Señor], nos ofreces la oportunidad de ejercitarnos en las obras de misericordia y nosotros nos ejercitamos en los juicios» (*Diario*, 6 septiembre 1937). Pero un día, ella misma le presentó sus quejas a Jesús, porque: ser misericordiosos implica pasar por ingenuos. Le dijo: «Señor, a menudo abusan de mi bondad», y Jesús le respondió: «No importa, hija mía, no te fijes en eso, tú sé siempre misericordiosa con todos» (24 diciembre 1937). Con todos, no pensemos sólo en nuestros intereses, en intereses particulares. Aprovechemos esta prueba como una oportunidad para preparar el mañana de todos, sin descartar a ninguno: de todos. Porque sin una visión de conjunto nadie tendrá futuro.

Hoy, el amor desarmado y desarmante de Jesús resucita el corazón del discípulo. Que también nosotros, como el apóstol Tomás, acojamos la misericordia, salvación del mundo, y seamos misericordiosos con el que es más débil. Sólo así reconstruiremos un mundo nuevo.

Regina Coeli

Queridos hermanos y hermanas:

Ha sido significativo celebrar la Eucaristía de este segundo Domingo de Pascua aquí, en la iglesia del Espíritu Santo en Sassia, que san Juan Pablo II quiso que fuera el Santuario de la Divina Misericordia. La respuesta de los cristianos en las tempestades de la vida y de la historia no puede ser otra que la misericordia: el amor compasivo entre nosotros y por todos, especialmente hacia los que sufren, los que tienen que afrontar más dificultades, los más abandonados... sin pietismo, sin asistencialismo, pero con la compasión que viene del corazón. Y la misericordia divina viene del Corazón de Cristo, del Cristo Resucitado. Brota de la herida de su costado, siempre abierta, abierta para nosotros, que siempre necesitamos perdón y consuelo. Que la misericordia cristiana también inspire la colaboración justa entre las naciones y sus instituciones, para hacer frente a la crisis actual de una manera solidaria.

Quiero felicitar a los hermanos y hermanas de las Iglesias Orientales que hoy celebran la fiesta de la Pascua. Juntos anunciamos: «¡Es verdad! ¡El Señor ha resucitado!» (*Lc* 24,34). Especialmente en este tiempo de dificultad, ¡sintamos qué gran regalo es la esperanza que surge de haber resucitado con Cristo! En particular, me alegro con las comunidades católicas orientales que, por razones ecuménicas, celebran la Pascua junto con las ortodoxas: que esta fraternidad sirva de consuelo allá donde los cristianos son una pequeña minoría.

Con alegría pascual nos dirigimos ahora a la Virgen María, Madre de la Misericordia.

LUNES, 20 DE ABRIL DE 2020

Santa Misa[43]

Introducción

Oremos hoy por los hombres y mujeres que tienen vocación política: la política es una alta forma de caridad. Por los partidos políticos de los distintos países, para que en este momento de pandemia busquen juntos el bien del país y no el bien de su propio partido.

Homilía - Nacer del Espíritu

Este hombre, Nicodemo, es un jefe de los judíos, un hombre prestigioso; sintió la necesidad de ir donde Jesús. Fue por la noche, porque tenía que tomar precauciones, ya que los que iban a hablar con Jesús no eran bien vistos (cfr. *Jn* 3,2). Es un fariseo justo, porque no todos los fariseos son malos: no, no; también había fariseos justos. Este es un fariseo justo. Sintió la inquietud, porque es un hombre que había leído a los profetas y sabía que lo que Jesús estaba haciendo había sido anunciado por los profetas. Sintió la inquietud y fue a hablar con Jesús. «Rabbí, sabemos que has venido de Dios como maestro» (v. 2): es una confesión, hasta cierto punto. «Porque nadie puede realizar los signos que tú realizas, si Dios no está con él» (v. 2). Y se para. Se para antes del "por tanto". Si digo esto... *por tanto*... Y

---

[43] Liturgia de la Palabra: *Hch* 4,23-31; *Sal* 2; *Jn* 3,1-8.

Jesús respondió. Respondió misteriosamente, como no se lo esperaba Nicodemo. Respondió con esa figura del nacimiento: «Si uno no nace de lo alto, no puede ver el Reino de Dios» (v. 3). Y Nicodemo, se siente confundido, no entiende y toma *ad litteram* la respuesta de Jesús: pero ¿cómo puede uno nacer si es un adulto, una persona mayor?" (cfr. v. 4). Nacer de lo alto, nacer del Espíritu. Es el salto que debe dar la confesión de Nicodemo y él no sabe cómo hacerlo. Porque el Espíritu es imprevisible. La definición del Espíritu que Jesús da aquí es interesante: «El viento sopla donde quiere, y oyes su rumor, pero no sabes de dónde viene ni adónde va. Así es todo el que nace del Espíritu» (v. 8), es decir, *libre*. Una persona que se deja llevar de una parte a otra parte por el Espíritu Santo: esta es la *libertad* del Espíritu. Y quienquiera que haga esto es una persona dócil, y aquí estamos hablando de la docilidad al Espíritu.

Ser cristiano no es sólo cumplir los mandamientos: hay que cumplirlos, eso es cierto; pero si te detienes ahí, no eres un buen cristiano. Ser un buen cristiano es dejar que el Espíritu entre en ti y te lleve, te lleve donde quiera. En nuestra vida cristiana muchas veces nos detenemos, como Nicodemo, ante el "por tanto", no sabemos qué paso dar, no sabemos cómo hacerlo o no tenemos la confianza en Dios para dar este paso y dejar entrar al Espíritu. Nacer de nuevo es dejar que el Espíritu entre en nosotros, que sea el Espíritu quien me guíe y no yo, yo: ser libre, con esta libertad del Espíritu con la que nunca sabrás dónde acabarás.

Los apóstoles, que estaban en el Cenáculo, cuando vino el Espíritu salieron a predicar con ese valor, esa franqueza (cfr. *Hch* 2,1-13)... no sabían que esto iba a suceder; y lo hicieron, porque los guiaba el Espíritu. El cristiano no debe nunca detenerse sólo en el cumplimiento de los Mandamientos: hay que cumplirlos, pero hay que ir más allá, hacia este nuevo nacimiento que es el nacimiento en el Espíritu, que le da la libertad del Espíritu.

Esto es lo que le pasó a esta comunidad cristiana de la primera Lectura, después de que Juan y Pedro volvieran de ese interrogatorio que tuvieron con los sacerdotes. Fueron a ver a sus hermanos, en esta comunidad, y reportaron lo que los jefes de los sacerdotes y los ancianos les habían dicho. Y la comunidad, cuando oyó esto, todos juntos, se asustaron un poco (cfr. *Hch* 4,23). ¿Y qué hicieron? Rezaron. No se detuvieron en las medidas de precaución, "no, hagamos esto ahora, vayamos un poco más tranquilos...": no. Rezar. Dejar que sea el Espíritu quien les diga qué hacer. Levantaron sus voces a Dios diciendo: «¡Señor!» (v. 24) y rezaron. Esta hermosa oración de un momento oscuro, de un momento en el que tienen que tomar decisiones y no saben qué hacer. Quieren nacer del Espíritu, abren sus corazones al Espíritu: que sea Él quien lo diga... Y piden: "Señor, Herodes y Poncio Pilato con los gentiles y los pueblos de Israel se han aliado contra tu Espíritu Santo y contra Jesús" (cfr. v. 27), cuentan la historia y dicen: "¡Señor, haz algo!". «Y ahora, Señor, ten en cuenta sus amenazas —las del grupo de sacerdotes— y concede a tus siervos proclamar tu palabra con toda franqueza» (v. 29), piden la franqueza, la valentía, de no tener miedo: «Extiende tu mano para realizar curaciones, signos y prodigios por el nombre de tu santo siervo Jesús» (v. 30). «Acabada su oración, retembló el lugar donde estaban reunidos: todos quedaron llenos del Espíritu Santo y proclamaban la palabra de Dios con franqueza» (v. 31). Un segundo Pentecostés ocurrió aquí.

Ante las dificultades, ante una puerta cerrada, cuando no sabían cómo avanzar, van al Señor, abren sus corazones y el Espíritu viene y les da lo que necesitan y salen a predicar, con valentía, y adelante. Esto es nacer del Espíritu, esto es no pararse en el "por tanto", en el "por tanto" de las cosas que siempre he hecho, en el "por tanto" del después de los Mandamientos, en el "por tanto" después de las costumbres religiosas: ¡no! Esto es nacer de nuevo. ¿Y cómo se prepara uno para nacer de nuevo? A través de la oración. La oración es lo que abre la puerta al Espíritu y nos da esta libertad, esta franqueza, este coraje del Espíritu Santo. Que nunca sabrás dónde te va a llevar. Pero es el Espíritu.

Que el Señor nos ayude a estar siempre abiertos al Espíritu, porque es Él quien nos llevará adelante en nuestra vida de servicio al Señor.

Martes, 21 de abril de 2020

Santa Misa[44]

Introducción

En este tiempo hay tanto silencio. Incluso se puede oír el silencio. Que este silencio, que es algo nuevo en nuestros hábitos, nos enseñe a escuchar, nos haga crecer en nuestra capacidad de escucha. Oremos por esto.

Homilía - El Espíritu Santo, maestro de la armonía

«Nacer de lo alto» (*Jn* 3,7) es nacer con la fuerza del Espíritu Santo. No podemos tomar el Espíritu Santo para nosotros, sólo podemos dejar que nos transforme. Y nuestra docilidad abre la puerta al Espíritu Santo: es Él quien hace el cambio, la transformación, este renacer de lo alto. Es la promesa de Jesús de enviar el Espíritu Santo (cfr. *Hch* 1,8). El Espíritu Santo es capaz de hacer maravillas, cosas que ni siquiera podemos pensar.

Un ejemplo es esta primera comunidad cristiana, que no es una fantasía, esto que nos dicen aquí: es un modelo al que se puede llegar cuando hay docilidad y se deja que el Espíritu Santo entre y nos transforme. Una comunidad, digamos, "ideal". Es cierto que inmediatamente después de esto comenzarán los problemas, pero el Señor nos muestra hasta dónde podemos llegar si estamos abiertos al Espíritu Santo, si somos dóciles. En esta comunidad hay armonía (cfr. *Hch* 4,32-37). El Espíritu Santo es el maestro

[44] Liturgia de la Palabra: *Hch* 4,32-37; *Sal* 92; *Jn* 3,7-15.

de la armonía, es capaz de crearla y lo ha hecho aquí. Debe hacerlo en nuestros corazones, debe cambiar muchas cosas de nosotros, pero debe crear armonía: porque Él mismo es la armonía. También la armonía entre el Padre y el Hijo: Él es el amor de armonía. Y Él, con armonía, crea estas cosas como esta comunidad armoniosa. Pero luego, la historia nos habla —el mismo Libro de los Hechos de los Apóstoles— de tantos problemas en la comunidad. Este es un modelo: el Señor ha permitido este modelo de una comunidad casi "celestial" para hacernos ver a dónde deberíamos llegar.

Pero luego comenzaron las divisiones en la comunidad. El Apóstol Santiago dice en el segundo capítulo de su Carta: "No mezcléis vuestra fe «con la acepción de personas»" (*St* 2,1): ¡porque las hubo! "No hagan discriminaciones": los apóstoles deben salir y amonestar. Y Pablo, en la Primera Carta a los Corintios, en el capítulo 11, se queja: "Oigo decir que existen entre vosotros divisiones" (cfr. *1Cor* 11,18): empiezan las divisiones internas en las comunidades. Este "ideal" debe ser alcanzado, pero no es fácil: hay muchas cosas que dividen a una comunidad, ya sea una comunidad cristiana parroquial o diocesana o presbiteral o de religiosos o religiosas... muchas cosas intervienen para dividir a la comunidad.

Observando qué fue lo que provocó divisiones en las primeras comunidades cristianas, yo ve tres causas: primero, el dinero. Cuando el apóstol Santiago dice lo de evitar favoritismos personales, pone un ejemplo porque "si en vuestra iglesia, en vuestra asamblea, entra un hombre con un anillo de oro, inmediatamente lo lleváis adelante, y al pobre lo dejáis a un lado" (cfr. *St* 2,2). El dinero. Y Pablo dice lo mismo: "Los ricos traen comida y comen, ellos, y los pobres, de pie" (cfr. *1Cor* 11,20-22), los dejamos allí como diciéndoles: "Arréglatelas como puedas". El dinero divide, el amor al dinero divide a la comunidad, divide a la Iglesia.

Muchas veces, en la historia de la Iglesia, cuando hay desviaciones doctrinales –no siempre, pero sí muchas veces– hay dinero detrás: el dinero del poder, tanto poder político como dinero en efectivo, pero es dinero. El dinero divide a la comunidad. Por esta razón, la pobreza es la madre de la comunidad, la pobreza es el muro que protege a la comunidad. El dinero divide, el propio interés. Incluso en las familias: ¿cuántas familias han acabado divididas por una herencia? ¿Cuántas familias? Y dejaron de hablarse... Cuántas familias... Una herencia... Se dividen: el dinero divide.

Otra cosa que divide a una comunidad es la vanidad, ese deseo de sentirse mejores que los demás. "Gracias, Señor, porque no soy como los demás" (cfr. *Lc* 18,11), la oración del fariseo. Vanidad, sentirme mejor que... Y también vanidad en mostrarse, vanidad en los hábitos, en el vestir: cuántas veces –no siempre pero sí muchas veces– la celebración de un sacramento es un ejemplo de vanidad, quién va con la mejor ropa, quién hace eso y lo otro... Vanidad... para la fiesta mayor... La vanidad entra ahí también. Y la vanidad divide. Porque la vanidad te lleva a ser un pavo real y donde hay un pavo real, hay división, siempre.

Lo tercero que divide a una comunidad son las habladurías: no es la primera vez que lo digo, pero es la realidad. Es la realidad. Esa cosa que el diablo pone en nosotros, como una necesidad de hablar de los demás por la espalda. "Qué buena persona es..." –"Sí, sí, pero...": inmediatamente el "pero": es una piedra para descalificar al otro e inmediatamente digo algo que he oído decir y así *disminuyo* un poco al otro.

Pero el Espíritu siempre viene con su fuerza para salvarnos de esta mundanidad del dinero, la vanidad y la habladuría, porque el Espíritu no es el mundo: está contra el mundo. Es capaz de hacer estos milagros, estas grandes cosas.

Pidamos al Señor esta docilidad al Espíritu para que nos transforme y transforme nuestras comunidades, nuestras comunidades parroquiales, diocesanas, religiosas: que las transforme para que podamos avanzar siempre en la armonía que Jesús quiere para la comunidad cristiana.

Miércoles, 22 de abril de 2020

Santa Misa[45]

Introducción

En este tiempo en el cual es necesaria tanta unidad entre nosotros, entre las naciones, oremos hoy por Europa, para que Europa logre tener esa unidad, esa unidad fraterna que soñaron los padres fundadores de la Unión Europea.

Homilía - Dejemos que la luz de Dios entre en nosotros para no ser como murciélagos en las tinieblas

Este pasaje del Evangelio de Juan, capítulo 3 (cfr. *Jn* 3,16-21), el diálogo entre Jesús y Nicodemo, es un verdadero tratado de teología: aquí está todo. El kerigma, la catequesis, la reflexión teológica, la parénesis... todo está en este capítulo. Y cada vez que lo leemos, encontramos más riqueza, más explicaciones, más cosas que nos hacen entender la revelación de Dios. Sería bueno leerlo muchas veces, para acercarnos al misterio de la redención. Hoy sólo tomaré dos puntos de todo esto, dos puntos que están en el pasaje de hoy.

La primera es la revelación del amor de Dios. Dios nos ama y nos ama —como dice un santo— con *locura*: el amor de Dios parece una *locura*. Nos ama: «Tanto amó al mundo que entregó a su Hijo unigénito» (*Jn* 3,16). Dio a su Hijo, envió a su Hijo y lo mandó a morir en la cruz. Cada

[45] Liturgia de la Palabra: *Hch* 5,17-26; *Sal* 33; *Jn* 3,16-21.

vez que miramos el crucifijo, encontramos este amor. El crucifijo es precisamente el gran libro del amor de Dios. No es un objeto para poner aquí o allá, más bello, no tan bello, no tan antiguo, más moderno... no. Es precisamente la expresión del amor de Dios. Dios nos amó de esta manera: envió a su Hijo, se anonadó a sí mismo hasta la muerte de cruz por amor. "Tanto amó Dios al mundo, que dio a su Hijo" (cfr. v. 16).

Cuánta gente, cuántos cristianos pasan su tiempo mirando el crucifijo... y allí encuentran todo, porque han comprendido, el Espíritu Santo les ha hecho comprender que ahí está toda la ciencia, todo el amor de Dios, toda la sabiduría cristiana. Pablo habla de esto, explicando que todo el razonamiento humano que hace es útil hasta cierto punto, pero el verdadero razonamiento, la más bella forma de pensar, pero también la que más explica todo es la cruz de Cristo, es "Cristo crucificado el que es escándalo" (cfr. *1Cor* 1,23) y locura, pero es el camino. Y ese es el amor de Dios. Dios «tanto amó al mundo que entregó a su Hijo unigénito» (*Jn* 3,16). ¿Y para qué? «Para que todo el que crea en Él no perezca, sino que tenga vida eterna» (v. 16). El amor del Padre que quiere a sus hijos con Él.

Mirar el crucifijo en silencio, mirar sus heridas, mirar el corazón de Jesús, mirar el conjunto: Cristo crucificado, el Hijo de Dios, aniquilado, humillado... por amor. Este es el primer punto que hoy nos hace ver este tratado de teología, que es el diálogo de Jesús con Nicodemo.

El segundo punto es un punto que también nos ayudará: «La luz vino al mundo, pero los hombres amaron más las tinieblas que la luz, porque sus obras eran malas» (*Jn* 3,19). Jesús también retoma esto de la luz. Hay personas —incluso nosotros, muchas veces— que no pueden vivir en la luz porque están acostumbrados a la oscuridad. La luz los deslumbra, no pueden ver. Son *murciélagos humanos*: sólo saben moverse en la noche. Y nosotros también, cuando estamos en pecado, estamos en este estado: no toleramos la luz. Es más cómodo para nosotros vivir en la oscuridad; la luz nos abofetea, nos hace ver lo que no queremos ver. Pero lo peor es que los ojos, los ojos del alma de tanto vivir en la oscuridad se acostumbran tanto a ella que terminan ignorando lo que es la luz. Perder el sentido de la luz porque me acostumbro más a la oscuridad. Y tantos escándalos humanos, tantas corrupciones nos señalan esto. Los corruptos no saben lo que es la luz, no lo saben. Nosotros también, cuando estamos en un estado de pecado, en un estado de alejamiento del Señor, nos volvemos ciegos y nos sentimos mejor en la oscuridad y vamos así, sin ver, como los ciegos, moviéndonos como podemos.

Dejemos que el amor de Dios, que envió a Jesús para salvarnos, entre en nosotros y "la luz que trae Jesús" (cfr. v. 19), la luz del Espíritu entre en nosotros y nos ayude a ver las cosas con la luz de Dios, con la verdadera luz y no con la oscuridad que nos da el señor de las tinieblas.

Dos cosas, hoy: el amor de Dios en Cristo, en el crucificado; en lo cotidiano. Y la pregunta diaria que podemos hacernos: "¿Camino en la luz o camino en la oscuridad? ¿Soy hijo de Dios o terminé siendo un *pobre murciélago?*".

Jueves, 23 de abril de 2020

Santa Misa[46]

Introducción

En muchas partes se siente uno de los efectos de esta pandemia: muchas familias necesitadas pasan hambre y, lamentablemente, el grupo de los usureros las "ayuda". Esta es otra pandemia. La pandemia social: familias de personas que tienen un trabajo a jornal o, por desgracia, un trabajo en negro, que no pueden trabajar y no tienen para comer... con hijos. Y luego los usureros les quitan lo poco que tienen. Oremos. Recemos por estas familias, por los muchos niños de estas familias, por la dignidad de estas familias y recemos también por los usureros: que el Señor toque sus corazones y se conviertan.

Homilía - Jesús ruega por nosotros ante el Padre, mostrando sus llagas

La primera lectura continúa la historia que comenzó con la curación del tullido en la puerta del Templo llamada la Hermosa. Los apóstoles fueron llevados ante el sanedrín, luego fueron enviados a prisión, y después un ángel los liberó. Y esa mañana, justo esa mañana, tenían que salir de la prisión para ser juzgados, pero habían sido liberados por el ángel y predicaban en el Templo (cfr. *Hch* 5,17-25). «Entonces [el jefe de la guardia y los alguaciles] condujeron los apóstoles y los presentaron

---

[46] Liturgia de la Palabra: *Hch* 5,27-33; *Sal* 33; *Jn* 3,31-36.

en el sanedrín» (v. 27); fueron a detenerlos en el Templo y los llevaron al sanedrín. Y allí, el sumo sacerdote les reprochó: «Os prohibimos severamente enseñar en ese nombre» (v. 28) —es decir, en el nombre de Jesús— y vosotros «habéis llenado Jerusalén con vuestra enseñanza y pretendéis hacernos culpables de la muerte de ese hombre» (v. 28). Porque los apóstoles, Pedro, sobre todo, y Juan recriminaban a los jefes, a los sacerdotes, por haber matado a Jesús. Y entonces Pedro respondió junto con los apóstoles: "Hay que obedecer a Dios, nosotros obedecemos a Dios y vosotros sois los culpables de esto" (cfr. *Hch* 5,29-31). Y acusa, pero con una valentía, con una franqueza, que uno se pregunta: "Pero, ¿es éste el Pedro que negó a Jesús? ¿Ese Pedro que tenía tanto miedo, ese Pedro que también era un cobarde? ¿Cómo llegó aquí?". Y además termina diciendo: «Nosotros somos testigos de estos hechos, como lo es el Espíritu Santo que está con nosotros, que Dios ha dado a los que le obedecen (cfr. v. 32)». ¿Cómo llegó Pedro a este punto, a este valor, a esta franqueza, a exponerse? Porque podía haber llegado a compromisos y decir a los sacerdotes: "Pero no os preocupéis, iremos, hablaremos un poco más bajo, nunca os acusaremos en público, pero vosotros nos dejáis en paz...", y llegar a compromisos.

En la historia, la Iglesia ha tenido que hacer esto muchas veces para salvar al pueblo de Dios. Y muchas veces, también lo ha hecho para salvarse a sí misma —no la Santa Iglesia, sino los líderes—. Los compromisos pueden ser buenos y pueden ser malos. Ellos podían salir mediante compromiso. Pero no, Pedro dijo: "Ningún compromiso. Vosotros sois los culpables" (cfr. v. 30), y con esta valentía.

¿Y cómo llegó Pedro a este punto? Porque era un hombre entusiasta, un hombre que amaba con fuerza, también un hombre temeroso, un hombre que estaba abierto a Dios hasta el punto de que Dios le revela que Jesús es el Cristo, el Hijo de Dios, pero poco después —inmediatamente— se dejó caer en la tentación de decirle a Jesús: "No, Señor, por este camino no: vayamos por el otro": la redención sin la Cruz. Y Jesús le dice: "Satanás" (cfr. *Mc* 8,31-33). Un Pedro que pasó de la tentación a la gracia, un Pedro que es capaz de arrodillarse ante Jesús y decir: "Aléjate de mí, que soy un pecador" (cfr. *Lc* 5,8), y luego un Pedro que trata de librarse, sin ser visto, y para no terminar en la cárcel niega a Jesús (cfr. *Lc* 22,54-62). Es un Pedro inestable, porque era muy generoso y también muy débil. ¿Cuál es el secreto, qué fuerza tuvo Pedro para llegar aquí? Hay un versículo que nos ayudará a entender esto. Antes de la Pasión, Jesús dijo a los apóstoles: «Satanás os ha reclamado para cribaros como trigo» (*Lc* 22,31). Es el momento de la tentación: "Seréis así, como el trigo". Y a Pedro le dijo: "yo he rogado por ti «para que tu fe no desfallezca»" (v. 32). Este es el secreto de Pedro: la oración de Jesús. Jesús reza por Pedro, para que su fe no desfallezca y pueda —dice Jesús— confirmar a sus hermanos en la fe. Jesús reza por Pedro.

Y lo que Jesús hizo con Pedro, lo hace con todos nosotros. Jesús reza por nosotros; reza ante el Padre. Estamos acostumbrados a rezar a Jesús para que nos dé esta gracia, esa otra gracia, para que nos ayude, pero no estamos acostumbrados a contemplar a Jesús que hace ver sus llagas al Padre, a Jesús, el intercesor, a Jesús que reza por nosotros. Y Pedro fue capaz de hacer todo este camino, pasar de ser cobarde a ser valiente, con el don del Espíritu Santo gracias a la oración de Jesús.

Pensemos un poco en esto. Dirijámonos a Jesús, agradeciéndole que rece por nosotros. Por cada uno de nosotros, Jesús reza. Jesús es el intercesor. Jesús quiso llevar consigo sus heridas para mostrárselas al Padre. Es el precio de nuestra salvación. Debemos tener más confianza; más que en nuestras oraciones, en la oración de Jesús. "Señor, reza por mí" –"Pero yo soy Dios, yo puedo darte..."– "Sí, pero reza por mí, porque tú eres el intercesor". Y este es el secreto de Pedro: "Pedro, rezaré por ti «para que tu fe no desfallezca»" (*Lc* 22,32).

Que el Señor nos enseñe a pedirle la gracia de rezar por cada uno de nosotros.

Viernes, 24 de abril de 2020

Santa Misa[47]

Introducción

Oremos hoy por los profesores que tienen que trabajar mucho para dar las clases por internet y otros medios de comunicación; y oremos también por los estudiantes que tienen que hacer los exámenes de una manera a la que no están acostumbrados. Acompañémoslos con la oración.

Homilía - Cristo forma el corazón de los pastores a la cercanía con el pueblo de Dios

La frase de este pasaje del Evangelio nos hace pensar: «Se lo decía para probarle, porque él ya sabía lo que iba a hacer» (*Jn* 6,6). Esto es lo que Jesús tenía en mente cuando le preguntó a Felipe: «¿Dónde nos procuraremos panes para que coman éstos?» (*Jn* 6,5). Pero lo decía para ponerlo a prueba. Él lo sabía. Aquí se puede ver la actitud de Jesús con los apóstoles. Continuamente los ponía a prueba para enseñarles, y cuando estaban fuera de la función que tenían que desempeñar, los paraba y les enseñaba.

El Evangelio está lleno de estos gestos de Jesús para hacer crecer a sus discípulos y convertirlos en pastores del pueblo de Dios, en este caso obispos, pastores del pueblo de Dios. Y una de las cosas que Jesús más amaba era estar con la multitud porque esto también es un símbolo de la universalidad de la redención. Y una de las cosas que

---

[47] Liturgia de la Palabra: *Hch* 5,34-42; *Sal* 26; *Jn* 6,1-15.

menos les gustaba a los apóstoles era la multitud, porque les gustaba estar cerca del Señor, sentir al Señor, escuchar todo lo que el Señor decía. Ese día fueron allí para tener un día de descanso —dicen las otras versiones en los otros Evangelios, porque los cuatro hablan de ello ... tal vez hubo dos multiplicaciones de panes— venían de una misión y el Señor dijo: "Vamos a ir a descansar un poco" (cfr. *Mc* 6,31) y fueron allí. La gente vio hacia dónde iban por el mar, siguieron por la orilla y los esperaron allí... Y los discípulos no estaban contentos porque la gente les había fastidiado la "pasquetta" [el picnic, *n. de la r.*], no podían hacer esta fiesta con el Señor. A pesar de esto, Jesús comenzó a enseñar, ellos escuchaban, luego hablaban entre ellos y las horas pasaban, horas y horas, Jesús hablaba y la gente era feliz. Y ellos decían: "... nuestra fiesta se ha malogrado, nuestro descanso se ha malogrado".

Pero el Señor buscaba la cercanía con la gente y buscaba formar los corazones de los pastores a la cercanía con el pueblo de Dios para servirlo. Y ellos, esto podemos entenderlo, se sienten elegidos, se sentían un poco como un círculo privilegiado, una clase privilegiada, "una aristocracia", por así decirlo, cercanos al Señor, y muchas veces el Señor los corregía. Por ejemplo, con los niños. Ellos cuidaban al Señor: "No, no, no, no acerquen a los niños que molestan, molestan... No, los niños con sus padres". ¿Y Jesús? "Que vengan los niños" (cfr. *Mc* 10,13-16). Y no lo entendían. Después lo entendieron. Pienso también en el camino a Jericó, aquel que gritaba: «Jesús, hijo de David, ten compasión de mí» (*Lc* 18,38). Y estos: "Pero cállate, cállate que pasa el Señor, no lo molestes". Y Jesús dice: "¿Quién es ese? Que venga" (cfr. *Lc* 18,35-43). Otra vez el

Señor [los corrige]. Y así les enseñaba la cercanía al pueblo de Dios.

Es cierto que el pueblo de Dios cansa al pastor, cansa: cuando hay un buen pastor las cosas se multiplican, porque la gente siempre va al buen pastor por una razón o por otra. Una vez, un gran párroco de un barrio sencillo y humilde de mi diócesis tenía la rectoría como una casa normal, como las otras, y la gente llamaba a la puerta o a la ventana, a cualquier hora... y una vez me dijo: "Me gustaría cerrar a cal y canto la puerta y la ventana para que me dejen descansar". Pero se daba cuenta de que era un pastor y tenía que estar con la gente. Y Jesús forma, enseña a los discípulos, a los apóstoles, esta actitud pastoral que es la cercanía al pueblo de Dios. Y el pueblo de Dios cansa, porque siempre nos pide cosas concretas; siempre te pide algo concreto, quizás equivocado pero te pide cosas concretas. Y el pastor debe ocuparse de estas cosas.

Las versiones de los otros evangelistas de ese episodio muestran que las horas han pasado y la gente tiene que irse porque estaba oscureciendo... y [los apóstoles] dicen: "Despide a la gente para que se pueda ir a comprar algo de comer", justo en el momento de la oscuridad, cuando estaba oscureciendo... (cfr. *Lc* 9,12-13). ¿Pero qué tenían en mente? ...Al menos hacer una pequeña fiesta entre ellos, ese egoísmo no malo, se entiende, para estar con el pastor, para estar con Jesús que es el gran pastor, y Jesús responde, para ponerlos a prueba: "Dadles vosotros de comer" (cfr. v. 13). Y esto es lo que Jesús dice hoy a todos los pastores: "Dadles vosotros de comer". "¿Están angustiados? Dadles vosotros consolación. ¿Están perdidos? Dadles vosotros una salida. ¿Están equivocados? Dadles vosotros ayuda para que resuelvan sus problemas... Dadles vosotros, dadles vosotros...". Y el pobre apóstol siente que debe dar, dar, dar..., pero ¿de quién recibe? Jesús nos enseña: del mismo del que recibía Jesús. Después de esto, se despide de los apóstoles y va a rezar: del Padre, de la oración. Esta *doble cercanía* del pastor es la que Jesús quiere que entiendan los apóstoles para que se conviertan en grandes pastores.

Pero muchas veces la multitud se equivoca, y aquí se ha equivocado, ¿no? «Al ver la gente el signo que había realizado, comentaba: "Éste es verdaderamente el profeta que iba a venir al mundo". Sabiendo Jesús que intentaban venir a tomarle por la fuerza para hacerle rey, se retiró de nuevo» (*Jn* 6,14-15). Tal vez, pero el Evangelio no lo dice, alguno de los apóstoles le habrá dicho: "Pero Señor, aprovechemos esto y tomemos el poder". Otra tentación. Y Jesús les muestra que ese no es el camino. El poder del pastor es el servicio, no tiene otro poder, y cuando se equivoca tomando otro poder echa a perder su vocación y se convierte, no sé, en gerente de "empresas pastorales", pero no en pastor. La *estructura* no hace la pastoral: el *corazón del pastor* es lo que hace la pastoral. Y el corazón de pastor es lo que Jesús nos está enseñando ahora.

Pidamos hoy al Señor por los pastores de la Iglesia para que el Señor les hable siempre, porque los ama mucho: nos hable siempre, nos diga cómo son las cosas, nos explique y sobre todo nos enseñe a no temer al pueblo de Dios, a no tener miedo de estar cerca de él.

Sábado, 25 de abril de 2020

Santa Misa[48]

Introducción

Recemos juntos hoy por los que realizan los servicios fúnebres. Es tan doloroso, tan triste lo que hacen, y sienten el dolor de esta pandemia tan cerca. Recemos por ellos.

Homilía - La fe debe ser transmitida, debe ser ofrecida, especialmente con el testimonio

Hoy la Iglesia celebra a San Marcos, uno de los cuatro evangelistas, muy cercano al apóstol Pedro. El Evangelio de Marcos fue el primero en ser escrito. Es sencillo, un estilo simple, muy cercano. Si hoy tienen algo de tiempo, tómenlo en sus manos y léanlo. No es largo, pero es un placer leer la sencillez con la que Marcos narra la vida del Señor.

Y en el Evangelio que hemos leído ahora —que es el final del Evangelio de Marcos— está el envío del Señor. El Señor se ha revelado como salvador, como el Hijo único de Dios; se ha revelado a todo Israel, al pueblo, especialmente con más detalle a los apóstoles, a los discípulos. Esta es la despedida del Señor: el Señor se va, se marcha, y «fue elevado al cielo y se sentó a la diestra de Dios» (*Mc* 16,19). Pero antes de partir, cuando se apareció a los Once, les dijo: «Id por todo

[48] Liturgia de la Palabra: *1Pt* 5,5-14; *Sal* 88; *Mc* 16,15-20.

el mundo y proclamad la Buena Nueva a toda la creación» (*Mc* 16,15). Es la misionariedad de la fe. La fe o es misionera o no es fe. La fe no es una cosa sólo para mí, para que yo crezca con la fe: esto es una "herejía gnóstica". La fe siempre te lleva a salir de ti mismo. Salir. La transmisión de la fe; la fe debe ser transmitida, debe ser ofrecida, especialmente con el testimonio: "Id, que la gente vea cómo vivís" (cfr. v. 15).

Alguien me dijo, un sacerdote europeo, de una ciudad europea: "Hay mucha incredulidad, mucho agnosticismo en nuestras ciudades porque los cristianos no tienen fe. Si la tuvieran, seguramente se la darían a la gente". Falta la misionariedad. Porque en el fondo falta la convicción: "Sí, soy cristiano, soy católico...". Como si fuera una actitud social. En el carné de identidad te llamas así y así, y "soy cristiano". Es un dato del carné de identidad. Esto no es fe. Esto es algo cultural. La fe necesariamente te hace salir, te lleva a darla: porque esencialmente la fe hay que transmitirla. No se queda quieta. "Ah, ¿quiere decir, padre, que todos tenemos que ser misioneros e ir a países lejanos?". No, eso es una parte de la misionariedad. Esto significa que si tienes fe debes necesariamente salir de ti, debes salir de ti, y mostrar socialmente la fe. La fe es social, es para todos: «Id por todo el mundo y proclamad la Buena Nueva a toda la creación» (v. 15). Y esto no significa hacer proselitismo, como si yo fuera un equipo de fútbol que hace proselitismo o fuese una sociedad de beneficencia. No, la fe es "nada de proselitismo". Es hacer ver la revelación, para que el Espíritu Santo pueda actuar en la gente mediante el testimonio: como testigo, con el servicio. El servicio es un modo de vivir: si digo que soy cristiano y vivo como un pagano, ¡no vale! Esto no convence a nadie. Si digo que soy cristiano y vivo como tal, eso atrae. Es el testimonio.

Una vez, en Polonia, un estudiante universitario me preguntó: "En la universidad tengo muchos compañeros ateos. ¿Qué tengo que decirles para convencerlos?" —"¡Nada, hijo, nada! Lo último que tienes que hacer es decir algo. Empieza a vivir y ellos verán tu testimonio y te preguntarán: '¿Por qué vives así?'". La fe debe ser transmitida: no para convencer, sino para ofrecer un tesoro. "Está allí, ¿veis?". Y esta es también la humildad de la que hablaba san Pedro en la Primera Lectura: "Queridos hermanos, «revestíos todos de humildad en vuestras mutuas relaciones, porque Dios resiste a los soberbios, mas da su gracia a los humildes»" (*1P* 5,5). Cuántas veces en la Iglesia, en la historia, ha habido movimientos, grupos, de hombres o mujeres que querían convencer de la fe, convertir... Verdaderos "proselitistas". ¿Y cómo acabaron? En la corrupción.

Es tan tierno este pasaje del Evangelio. ¿Pero dónde está la seguridad? ¿Cómo puedo estar seguro de que al salir de mí seré fructífero en la transmisión de la fe? «Proclamad la Buena Nueva a toda la creación» (*Mc* 16,15), haréis maravillas. Y el Señor estará con nosotros hasta el fin del mundo. Él nos acompaña. En la transmisión de la fe, siempre está el Señor con nosotros. En la transmisión de la ideología habrá maestros, pero cuando tengo una actitud de fe que debe ser transmitida, está el Señor ahí que me acompaña. Nunca estoy solo en la transmisión de la fe. Está el Señor conmigo que transmite la fe. Lo prometió: "Yo estaré con vosotros todos los días hasta el fin del mundo" (cfr. *Mt* 28,20).

Pidamos al Señor que nos ayude a vivir nuestra fe de esta manera: fe de puertas abiertas, una fe transparente, no "proselitista", sino que haga ver: "Yo soy así". Y con esta sana curiosidad, ayude a la gente a recibir este mensaje que los salvará.

26 DE ABRIL DE 2020

III DOMINGO DE PASCUA (A)

Santa Misa[49]

Introducción

Rezamos hoy, en esta Misa, por todos aquellos que sufren la tristeza porque están solos, o porque no saben qué futuro les espera, o porque no pueden sacar adelante su familia porque no tienen dinero, porque no tienen trabajo. Mucha gente que sufre de tristeza. Recemos hoy por ellos.

Homilía - Jesús es nuestro compañero de peregrinación

Muchas veces hemos oído que el cristianismo no es sólo una doctrina, no es una forma de comportarse, no es una cultura. Sí, es todo eso, pero más importante y ante todo, es un encuentro. Una persona es cristiana porque ha encontrado a Jesucristo, se ha dejado encontrar por Él.

Este pasaje del Evangelio de Lucas nos habla de un encuentro, de manera que se comprenda bien cómo actúa el Señor y cómo es nuestra forma de actuar. Nacimos con una *semilla de inquietud*. Dios lo quiso así: inquietud por encontrar la plenitud, inquietud por encontrar a Dios, muchas veces incluso sin saber que tenemos esta inquietud. Nuestro corazón está inquieto, nuestro corazón está sediento: sed de encuentro con Dios. Lo busca, muchas veces por caminos equivocados: se pierde, luego vuelve, lo

---

[49] Liturgia de la Palabra: *Hch* 2,14.22-33; *Sal* 15; *1P* 1,17-21; *Lc* 24,13-35.

busca... Por la otra parte, Dios tiene sed de encuentro, hasta tal punto que envió a Jesús a nuestro encuentro, para venir al encuentro de esta inquietud.

¿Cómo actúa Jesús? En este pasaje del Evangelio (cfr. *Lc* 24,13-35) vemos bien que Él respeta, respeta nuestra propia situación, no se adelanta. Solo algunas veces, con los tercos, pensemos en Pablo, cuando lo tira del caballo. Pero normalmente va despacio, respetando nuestros tiempos. Es el Señor de la paciencia. ¡Cuánta paciencia tiene el Señor con cada uno de nosotros! El Señor camina a nuestro lado.

El Señor camina a nuestro lado, como hemos visto aquí con estos dos discípulos. Escucha nuestras inquietudes, las conoce, y en un momento determinado nos dice algo. Al Señor le gusta oír cómo hablamos, para entendernos bien y dar la respuesta correcta a esa inquietud. El Señor no acelera el paso, siempre va a nuestro ritmo, muchas veces lento, pero su paciencia es así.

Hay una antigua regla de los peregrinos que dice que el verdadero peregrino debe llevar el paso de la persona más lenta. Y Jesús es capaz de esto, lo hace, no acelera, espera a que demos el primer paso. Y cuando llega el momento, nos hace la pregunta. En este caso está claro: "¿De qué vais hablando?" (cfr. v. 17). Hace como que no sabe para hacernos hablar. Le gusta que hablemos. Le gusta oír esto, le gusta que hablemos así, para escucharnos y responder nos hace hablar. Como si se hiciese el ignorante, pero con mucho respeto. Y luego responde, explica, hasta el punto necesario. Aquí nos dice: «"¿No era necesario que el Cristo padeciera eso para entrar así en su gloria?". Y, empezando por Moisés y continuando por todos los profetas, les fue explicando lo que decían de Él todas las Escrituras» (v. 26). Explica, aclara. Confieso que tengo curiosidad por saber cómo explicó Jesús, para hacer lo mismo. Fue una hermosa catequesis.

Y luego el mismo Jesús que nos ha acompañado, que se ha acercado a nosotros, simula ir más allá para ver la medida de nuestra inquietud: "No, ven, ven, quédate un poco con nosotros" (cfr. v. 29). Así es como se da el encuentro. Pero el encuentro no es sólo el momento de partir el pan, aquí, sino que es todo el camino. Nos encontramos con Jesús en la oscuridad de nuestras dudas, incluso en la fea duda de nuestros pecados, Él está ahí para ayudarnos, en nuestras inquietudes... Está siempre con nosotros.

El Señor nos acompaña porque quiere encontrarnos. Por eso decimos que el núcleo del cristianismo es un encuentro: el encuentro con Jesús. "¿Por qué eres cristiano? ¿Por qué eres cristiana?". Y mucha gente no sabe decirlo. Algunos, por tradición. Otros no saben decirlo, porque han encontrado a Jesús, pero no se han dado cuenta de que era un encuentro con Jesús. Jesús siempre nos está buscando. Siempre. Y nosotros tenemos nuestra inquietud. En el momento en que nuestra inquietud encuentra a Jesús, comienza la vida de la gracia, la vida de la plenitud, la vida del camino cristiano.

Que el Señor nos dé a todos esta gracia de encontrarnos con Jesús todos los días; de saber, de conocer precisamente que Él camina con nosotros en todos nuestros momentos. Es nuestro compañero de peregrinación.

Regina Coeli

Queridos hermanos y hermanas, ¡buenos días!

El Evangelio de hoy, ambientado en el día de Pascua, cuenta el episodio de los dos discípulos de Emaús (cfr. *Lc* 24,13-35). Es una historia que comienza y finaliza *en camino*. De hecho, narra el viaje de ida de los discípulos que, tristes por el epílogo de la historia de Jesús, abandonan Jerusalén y regresan a casa, a Emaús, caminando alrededor de once kilómetros. Es un viaje que tiene lugar durante el día, con gran parte del viaje cuesta abajo. Luego tiene lugar el viaje de regreso: otros once kilómetros, pero recorridos al caer la noche, con parte del viaje cuesta arriba después de la fatiga del viaje de ida y todo el día. Dos viajes: uno fácil durante el día y el otro agotador por la noche. Sin embargo, el primero tiene lugar en la tristeza, el segundo en la alegría. En el primero está el Señor caminando a su lado, pero no lo reconocen; en el segundo ya no lo ven, pero lo sienten cerca de ellos. En el primero están desanimados y desesperanzados; en el segundo corren para llevar a los demás la buena noticia del encuentro con Jesús Resucitado.

Los dos diferentes caminos de aquellos primeros discípulos nos dicen, a los discípulos de Jesús de hoy, que en la vida tenemos ante nosotros dos direcciones opuestas: hay un camino de los que, como aquellos dos del principio, se dejan paralizar por las desilusiones de la vida y siguen tristemente; y hay un camino de los que no se ponen a sí mismos y sus problemas en primer lugar, sino a Jesús que nos visita, y a los hermanos que esperan que nos ocupemos de ellos. Este es el punto de inflexión: dejar de orbitar alrededor de uno mismo, de las decepciones del pasado, de los ideales no realizados, de las muchas cosas malas que han sucedido en la vida de uno. Tantas veces nos dejamos llevar por ese dar vueltas y vueltas... Déjalo y sigue adelante con la mirada puesta en la realidad más grande y verdadera de la vida: *Jesús está vivo, Jesús me ama*.

Esta es la mayor realidad. Y puedo hacer algo por los demás. ¡Es una hermosa realidad, positiva, solar, bella! La inversión de marcha es ésta: pasar de *los pensamientos en torno a mí mismo* a *la realidad de mi Dios*; pasar —con otro juego de palabras— *del "si" al "sí"*. Del "si" al "sí". ¿Qué significa eso? "Si Él nos hubiera liberado, si Dios me hubiera escuchado, si la vida hubiera sido como yo quería, si tuviera esto y aquello...", en tono de queja. Este "si" no ayuda, no es fecundo, no nos ayuda ni a nosotros ni a los demás. Aquí están nuestros "si", similares a los de los dos discípulos... Pero pasan al sí: "sí, el Señor está vivo, camina con nosotros. Sí, ahora, y no mañana, nos ponemos en marcha de nuevo para anunciarlo". "Sí, puedo hacer esto para que la gente sea más feliz, para que la gente sea mejor, para ayudar a tanta gente. Sí, sí, puedo". Del si al sí, de las quejas a la alegría y a la paz, porque cuando nos quejamos, no estamos en la alegría; estamos grises, grises, ese aire gris de tristeza. Y eso ni siquiera nos ayuda a crecer bien. Del si a sí, de la queja a la alegría del servicio.

Este cambio de paso, de yo a Dios, del si al sí, ¿cómo ocurrió en los discípulos? Encontrándose con Jesús: los dos de Emaús primero le abren su corazón; luego le escuchan explicar las Escrituras; luego le invitan a su casa. Son tres pasos que también nosotros podemos dar en nuestras casas: *primero*, abrir el corazón a Jesús, confiándole las cargas, las dificultades, las desilusiones de la vida, confiándole los "si"; y luego, *segundo* paso, escuchar a Jesús, tomar el Evangelio en mano, leyendo hoy mismo este pasaje, en el capítulo veinticuatro del Evangelio de Lucas; *tercero*, rezar a Jesús, con las mismas palabras de aquellos discípulos: "Señor, «quédate con nosotros». (v. 29). Señor, quédate conmigo. Señor, quédate con todos nosotros, porque te necesitamos para encontrar el camino. Y sin ti es de noche".

Queridos hermanos y hermanas, en la vida siempre estamos en camino. Y nos convertimos en aquello hacia lo que vamos. Escojamos el camino de Dios, no el camino del ego; el camino del sí, no el camino del si. Descubriremos que no hay ningún imprevisto, no hay cuesta arriba, no hay ninguna noche que no se pueda afrontar con Jesús. Que Nuestra Señora, Madre del Camino, que al aceptar la Palabra hizo de toda su vida un "sí" a Dios, nos muestre el camino.

Después del Regina Coeli

Queridos hermanos y hermanas:

Ayer se conmemoró el Día Mundial contra la Malaria de las Naciones Unidas. Mientras luchamos contra la pandemia de coronavirus, también debemos continuar nuestros esfuerzos para prevenir y tratar la malaria, que amenaza a miles de millones de personas en muchos países. Estoy cerca de todos los enfermos, de los que los curan y de los que trabajan para que cada persona tenga acceso a buenos servicios de salud básicos.

También dirijo un saludo a todos los que hoy, en Polonia, participan en la "Lectura Nacional de la Sagrada Escritura". Os he dicho muchas veces, y me gustaría repetirlo, lo importante que es adquirir el hábito de leer el Evangelio, unos minutos, todos los días. Llevémoslo en nuestros bolsillos, en nuestros bolsos. Que siempre esté cerca de nosotros, incluso físicamente, y leamos algo de él todos los días.

Dentro de unos días comenzará el mes de mayo, dedicado de manera especial a la Virgen María. Con una breve carta —publicada ayer— he invitado a todos los fieles a rezar este mes el Santo Rosario, juntos, en familia o solos, y a rezar una de las dos oraciones que he puesto a disposición de todos. Nuestra Madre nos ayudará a afrontar con más fe y esperanza el tiempo de prueba que estamos pasando.

Os deseo a todos un buen mes de mayo y un buen domingo. Por favor, no os olvidéis de rezar por mí. Que tengáis un buen almuerzo y hasta pronto.

Lunes, 27 de abril de 2020

Santa Misa[50]

Introducción

Oremos hoy por los artistas, que tienen esa gran capacidad de creatividad y a través de la belleza nos muestran el camino a seguir. Que el Señor nos dé a todos la gracia de la creatividad en este momento.

Homilía - Volver siempre al primer encuentro

La gente que había escuchado a Jesús durante todo el día, y luego había tenido esta gracia de la multiplicación de los panes y había visto el poder de Jesús, quería hacerlo rey. Primero fueron donde Jesús para escuchar la palabra y también para pedir la curación de los enfermos. Se quedaron todo el día escuchando a Jesús sin aburrirse, sin cansarse: estaban allí, felices. Cuando luego vieron que Jesús les daba de comer, y esto no se lo esperaban, pensaron: "Este sería un buen gobernante para nosotros y seguramente podrá liberarnos del poder de los romanos y sacar el país adelante". Y se entusiasmaron por hacerlo rey. Su intención había cambiado, porque vieron y pensaron: "Bien... una persona que realiza este milagro, que alimenta a la gente, puede ser un buen gobernante" (cfr. *Jn* 6,1-15). Pero habían olvidado en ese momento el entusiasmo que la palabra de Jesús hacía nacer en sus corazones.

Jesús se marchó y se fue a rezar (cfr. v. 15). La gente se quedó allí y al día siguiente buscaba a Jesús, "porque debe

[50] Liturgia de la Palabra: *Hch* 6,8-15; *Sal* 118; *Jn* 6,22-29.

estar aquí" decían, ya que habían visto que no había subido a la barca con los demás. Y allí se había quedado otra barca... (cfr. *Jn* 6,22-24). Pero no sabían que Jesús había alcanzado a los otros caminando sobre las aguas (cfr. vv. 16-21). Así que decidieron ir al otro lado del Mar de Tiberíades para buscar a Jesús y cuando lo vieron, la primera palabra que le dijeron fue: «Rabbí, ¿cuándo has llegado aquí?» (v. 25), como diciendo: "No entendemos, esto parece una cosa extraña".

Y Jesús les hace volver al primer sentimiento, al que tenían antes de la multiplicación de los panes, cuando escuchaban la palabra de Dios: «En verdad, en verdad os digo que vosotros me buscáis no porque habéis visto signos —como al principio, los signos de la palabra, que les emocionaban, los signos de la curación—, sino porque habéis comido pan y os habéis saciado» (v. 26). Jesús les hace ver que han cambiado de actitud y ellos en vez de justificarse: "No, Señor, no....", fueron humildes. Jesús continúa: «No trabajéis por el alimento perecedero, sino por el alimento que permanece para la vida eterna, el que os dará el Hijo del hombre, porque a éste es a quien el Padre, Dios, ha marcado con su sello» (*Jn* 6,27). Y ellos, buena gente, le dijeron: «¿Qué hemos de hacer para realizar las obras de Dios?» (v. 28). "Que creáis en el Hijo de Dios" (cfr. v. 29). Este es un caso en el que Jesús corrige la actitud de la gente, de la multitud, porque a mitad del camino se había desviado un poco del primer momento, del primer consuelo espiritual y había tomado un camino que no era el correcto, un camino más mundano que evangélico.

Esto nos hace pensar que muchas veces en la vida empezamos a seguir a Jesús, vamos detrás de Jesús, con los valores del Evangelio, y a mitad de camino se nos presenta otra idea, vemos otros signos y nos alejamos y nos conformamos con algo más temporal, más material, más mundano, tal vez, y perdemos el recuerdo de ese primer entusiasmo que tuvimos cuando escuchábamos hablar a Jesús. El Señor siempre nos hace volver al primer encuentro, al primer momento en que nos miró, nos habló e hizo nacer en nosotros el deseo de seguirle. Esta es una gracia que hay que pedirle al Señor, porque en la vida siempre tendremos esta tentación de alejarnos porque vemos otra cosa: "Eso irá bien, esa idea es buena...". Nos alejamos. La gracia de volver siempre a la primera llamada, al primer momento: no olvidar, no olvidar mi historia, cuando Jesús me miró con amor y me dijo: "Este es tu camino"; cuando Jesús, a través de tantas personas, me hizo comprender cuál era el camino del Evangelio y no otros caminos un poco mundanos, con otros valores. Volver al primer encuentro.

Siempre me ha llamado la atención que —entre las cosas que Jesús dijo la mañana de la Resurrección— afirmara: "Id, anunciad a mis discípulos que vayan a Galilea, allí me verán" (cfr. *Mt* 28,10); Galilea era el lugar del primer encuentro. Allí habían conocido a Jesús. Cada uno de nosotros tiene su propia "Galilea" interior, nuestro propio momento cuando Jesús se acercó y nos dijo: "Sígueme". En la vida sucede lo que le sucedió a esta gente —gente buena, porque luego le pregunta: "¿Qué hemos de hacer?", y obedecieron inmediatamente—, sucede que nos alejamos y buscamos otros valores, otra hermenéutica, otras cosas, y perdemos la frescura de la primera llamada. El autor de la carta a los Hebreos también nos recuerda esto: "Acordaos de los días pasados" (cfr. *Heb* 10,32). La memoria, la memoria del primer encuentro, la memoria de "mi Galilea", cuando el Señor me miró con amor y me dijo: "Sígueme".

Martes, 28 de abril de 2020

Santa Misa[51]

Introducción

En este momento, en el que comenzamos a tener disposiciones para salir de la cuarentena, oremos al Señor para que le dé a su pueblo, a todos nosotros, la gracia de la prudencia y de la obediencia a las disposiciones, para que la pandemia no vuelva.

Homilía - El pequeño linchamiento diario de las habladurías

En la primera lectura de estos días hemos escuchado el martirio de Esteban: una cosa simple, cómo sucedió. Los doctores de la Ley no toleraban la claridad de la doctrina, y, apenas proclamada, fueron a pedirle a alguien que dijera que había oído que Esteban blasfemaba contra Dios, contra la Ley (cfr. *Hch* 6,11-14). Y después de eso, se abalanzaron sobre él y lo apedrearon, así de sencillo (cfr. *Hch* 7,57-58). Es una estructura de acción que no es la primera: también con Jesús hicieron lo mismo (cfr. *Mt* 26,60-62). Convencieron al pueblo que estaba allí de que Jesús era un blasfemo y gritaron: «Crucifícale» (*Mc* 15,13). Es una bestialidad. Una bestialidad, partir de falsos testimonios para llegar a "hacer justicia". Este es el esquema. También en la Biblia hay casos como este: a Susana le hicieron lo mismo (cfr. *Dn* 13,1-64), a Nabot le hicieron lo mismo (cfr. *1Re* 21,1-16), luego Amán trató de hacer lo mismo con

[51] Liturgia de la Palabra: *Hch* 7,51-8,1; *Sal* 30; *Jn* 6,30-35.

el pueblo de Dios (cfr. *Est* 3,1-14). Noticias falsas, calumnias que instigan al pueblo y piden justicia. Es un linchamiento, un verdadero linchamiento.

Y así, lo llevan al juez, para que el juez le dé forma legal a esto: pero ya había sido juzgado, el juez debe ser muy, pero que muy valiente para ir en contra de un juicio "tan popular", hecho a propósito, preparado. Es el caso de Pilatos: Pilatos vio claramente que Jesús era inocente, pero vio a la gente, se lavó las manos (cfr. *Mt* 27,24-26). Es una forma de hacer jurisprudencia. También lo vemos hoy en día: también hoy ocurre, en algunos países, cuando se quiere dar un golpe de Estado o "eliminar" a algún político para que no se presente a las elecciones, se hace esto: noticias falsas, calumnias, después se le encarga a un juez de esos a los que les gusta crear jurisprudencia con este positivismo situacional que está de moda, y luego la condena. Es un linchamiento social. Y así se le hizo a Esteban, así se hizo el juicio de Esteban: llevan a juicio a uno ya juzgado por el pueblo engañado.

Esto también sucede con los mártires de hoy: que los jueces no tienen la posibilidad de hacer justicia porque ya han sido juzgados. Pensemos en Asia Bibi, por ejemplo, que hemos visto: diez años de prisión porque fue juzgada por una calumnia y un pueblo que quería su muerte. Frente a esta avalancha de falsas noticias que crean opinión, muchas veces no se puede hacer nada: no se puede hacer nada.

Pienso mucho, en esto, en la Shoah. La Shoah es un caso de este tipo: se creó una opinión en contra de un pueblo y luego fue normal decir: "Sí, sí: hay que matarlos, hay que matarlos". Una forma de proceder para "eliminar" la gente que molesta, que disturba.

Todos sabemos que esto no es bueno, pero lo que no sabemos es que hay un pequeño linchamiento diario que intenta condenar a las personas, crear una mala reputación a las personas, descartarlas, condenarlas: el pequeño linchamiento diario de las habladurías que crea una opinión; y muchas veces uno oye hablar mal de alguien y dice: "¡Pero no, esta persona es una persona correcta!" — "No, no: se dice que...", y con ese "*se dice que*" se crea una opinión para acabar con una persona. La verdad es otra: la verdad es el testimonio de lo verdadero, de las cosas que una persona cree; la verdad es clara, es transparente. La verdad no tolera las presiones. Veamos a Esteban, mártir: el primer mártir después de Jesús. Primer mártir. Pensemos en los apóstoles: todos dieron testimonio. Y pensemos en muchos mártires, también en el de hoy, San Pedro Chanel: fueron las habladurías las que decían que estaba en contra del rey... se crea una fama, y es asesinado. Y pensemos en nosotros, en nuestra lengua: tantas veces nosotros, con nuestros comentarios, empezamos un linchamiento de este tipo. Y en nuestras instituciones cristianas, hemos visto tantos linchamientos diarios que nacieron de las habladurías.

Que el Señor nos ayude a ser justos en nuestros juicios, a no empezar o continuar esta condena masiva que provocan las habladurías.

Miércoles, 29 de abril de 2020

Santa Misa[52]

Introducción

Hoy es la fiesta de Santa Catalina de Siena, Doctora de la Iglesia, Patrona de Europa. Recemos por Europa, por la unidad de Europa, por la unidad de la Unión Europea: para que todos juntos podamos seguir adelante como hermanos.

Homilía - Concretos y sencillos como los pequeños

En la primera Carta de san Juan Apóstol hay muchos contrastes: entre luz y oscuridad, entre mentira y verdad, entre pecado e inocencia (cfr. *1Jn* 1,5-7). Pero el apóstol llama siempre a la concreción, a la verdad, y nos dice que no podemos estar en comunión con Jesús y caminar en la oscuridad, porque Él es la luz. O una cosa u otra: el gris es peor, porque el gris te hace creer que caminas en la luz, porque no estás en la oscuridad, y esto te tranquiliza. El gris es muy traicionero. O una cosa u otra.

El apóstol continúa: «Si decimos: "No tenemos pecado", nos engañamos y no hay verdad en nosotros» (*1Jn* 1,8), porque todos hemos pecado, todos somos pecadores. Y aquí hay un aspecto que nos puede engañar: al decir "todos somos pecadores", como quien dice "buenos días", algo habitual, incluso algo social, no tenemos una verdadera conciencia del pecado. No: *yo* soy un pecador

[52] Liturgia de la Palabra: *1Jn* 1,5-2,2; *Sal* 102; *Mt* 11,25-30.

por esto, esto y esto. Lo concreto. Lo concreción de la verdad: la verdad es siempre concreta; las mentiras son etéreas, son como el aire, no puedes agarrarlo. La verdad es concreta. Y no puedes ir a confesar tus pecados de manera abstracta: "Sí, yo... sí, una vez que perdí la paciencia, otra vez...", y cosas abstractas. "Soy un pecador". La concreción: "Yo hice esto. Yo pensé esto. Yo dije esto". La concreción es lo que me hace sentir un pecador en serio y no un "pecador en el aire".

Jesús dice en el Evangelio: «Te alabo, Padre, Señor del cielo y de la tierra, porque has ocultado estas cosas a sabios e inteligentes y se las has revelado a los pequeños» (*Mt* 11,25). La concreción de los pequeños. Es hermoso escuchar a los pequeños cuando vienen a confesarse: no dicen cosas extrañas, "en el aire"; dicen cosas concretas, y a veces demasiado concretas porque tienen esa simplicidad que le da Dios a los pequeños. Recuerdo siempre a un niño que una vez vino a decirme que estaba triste porque se había peleado con su tía... Luego continuó. Le dije: "¿Qué has hecho?" — "Estaba en casa y quería ir a jugar a fútbol —un niño— pero mi tía, mamá no estaba, me dijo: 'No, no sales: primero tienes que hacer los deberes'. Una palabra tira de otra, y al final la mande a *ese país* [a paseo, *n. de la r.*]". Era un niño de gran cultura geográfica... ¡También me dijo el nombre del país al que había mandado a su tía! Son así: sencillos, concretos.

También nosotros debemos ser sencillos, concretos: la concreción te lleva a la humildad, porque la humildad es concreta. "Todos somos pecadores" es algo abstracto. No: "*Yo* soy un pecador por esto, por esto y por esto", y esto me lleva a sentir vergüenza de mirar a Jesús: "Perdóname". La verdadera actitud del pecador. «Si decimos:

"No tenemos pecado", nos engañamos y no hay verdad en nosotros» (*1Jn* 1,8). Es una forma de decir que estamos sin pecado, es esa actitud abstracta del "sí, somos pecadores, sí, perdí la paciencia una vez...", pero "todo en el aire". No me doy cuenta de la realidad de mis pecados. "Pero, usted lo sabe bien, todos, todos hacemos estas cosas, lo siento, lo siento... me duele, no quiero hacerlo más, no quiero decirlo más, no quiero pensarlo más". Es importante que dentro de nosotros demos nombre a nuestros pecados. La concreción. Porque si nos "mantenemos en el aire", terminaremos en las tinieblas. Volvámonos como los pequeños, que dicen lo que sienten, lo que piensan: todavía no han aprendido el arte de decir las cosas un poco envueltas para que se entiendan, pero no se digan. Este es un arte de los mayores, que muchas veces no nos hace ningún bien.

Ayer recibí una carta de un chico de Caravaggio [en Italia, *n. de la r.*]. Se llama Andrea. Y me contaba cosas suyas: las cartas de los chicos, de los niños, son muy hermosas, por lo concretas que son. Y me decía que había oído Misa en la televisión y que tenía que "reprocharme" una cosa: que yo digo "que la paz sea con vosotros", "y tú no puedes decirlo porque con la pandemia no podemos tocarnos". No veía que ustedes [aquí en la iglesia] hacen una inclinación con la cabeza y no se tocan. Pero la libertad de decir las cosas como son.

Nosotros también, con el Señor, hemos de tener la libertad de decir las cosas como son: "Señor, yo estoy en pecado: ayúdame". Como Pedro después de la primera pesca milagrosa: «Aléjate de mí, Señor, que soy un hombre pecador» (*Lc* 5,8). Tener esta sabiduría de lo concreto. Porque el diablo quiere que vivamos en la tibieza, tibios, en el gris: ni bueno ni malo, ni blanco ni negro: gris. Una vida que no complace al Señor. Al Señor no le gustan los tibios. Concreción. Para no ser mentirosos. «Si reconocemos nuestros pecados, fiel y justo es Él para perdonarnos» (*1Jn* 1,9). Nos perdona cuando somos concretos. La vida espiritual es muy sencilla, muy sencilla; pero nosotros la complicamos con estos matices, y al final no llegamos nunca...

Pidamos al Señor la gracia de la sencillez y que nos dé esta gracia que da a la gente sencilla, a los niños, a los jóvenes que dicen lo que sienten, que no ocultan lo que sienten. Incluso si es algo equivocado, pero lo dicen. También con Él, decir las cosas: transparencia. Y no vivir una vida que no es ni una cosa ni la otra. La gracia de la libertad para decir estas cosas y también la gracia de conocer bien quiénes somos ante Dios.

Jueves, 30 de abril de 2020

Santa Misa[53]

Introducción

Recemos hoy por los muertos, los que han muerto por la pandemia; y también de manera especial por los muertos —digamos— anónimos: hemos visto las fotografías de las fosas comunes. Muchos, muchos...

Homilía - Sin testimonio y oración no se puede hacer predicación apostólica

«Nadie puede venir a mí, si el Padre no lo atrae» (*Jn* 6,44). Jesús recuerda que los profetas también habían predicho esto: «Y serán todos enseñados por Dios» (*Jn* 6,45). Es Dios quien atrae al conocimiento del Hijo. Sin esto no se puede conocer a Jesús. Sí, se puede estudiar, también estudiar la Biblia, saber cómo nació, qué hizo, esto sí. Pero conocerlo por dentro, conocer el misterio de Cristo es solamente para los que son atraídos por el Padre.

Esto es lo que le pasó a este ministro de economía de la reina de Etiopía. Se ve que era un hombre piadoso y que, en medio de todos sus asuntos, se tomaba tiempo para ir a adorar a Dios. Un creyente. Y volvía a su patria leyendo al profeta Isaías (cfr. *Hch* 8,27-28). El Señor toma a Felipe, lo envía a ese lugar y le dice: «Acércate y ponte junto a ese carro» (*Hch* 8,29), y oye que el ministro está leyendo a Isaías. Se acerca y le pregunta: "¿Entiendes?" — «¿Cómo

[53] Liturgia de la Palabra: *Hch* 8,26-40; *Sal* 65; *Jn* 6,44-51.

lo puedo entender si nadie me guía?» (v. 31), y hace la pregunta: "¿De quién dice esto el profeta?" "Por favor, sube al carro", y durante el viaje —no sé cuánto tiempo, creo que al menos un par de horas— Felipe explicó: explicó quién es Jesús (cfr. vv. 26-35).

Esa inquietud que este señor tenía en la lectura del profeta Isaías venía del Padre, que lo atraía a Jesús (cfr. *Jn* 6,44): lo había preparado, lo había llevado de Etiopía a Jerusalén para adorar a Dios y luego, con esta lectura, había preparado su corazón para revelar a Jesús, hasta el punto de que en cuanto vio el agua dijo: "Puedo ser bautizado" (cfr. v. 36). Y él creyó.

Y esto —que nadie puede conocer a Jesús sin que el Padre lo atraiga (cfr. v. 44)— es válido para nuestro apostolado, para nuestra misión apostólica como cristianos. También pienso en las misiones. "¿Qué vas a hacer en las misiones?" —"Yo, a convertir a la gente"— "Pero detente, ¡tú no convertirás a nadie! El Padre atraerá a esos corazones para que reconozcan a Jesús". Ir a una misión es dar *testimonio* de tu propia fe; sin testimonio no harás nada. Ir a la misión —¡y los misioneros son estupendos!— no significa hacer grandes estructuras, cosas... y detenerse. No: las estructuras deben ser testimonios. Puedes hacer una estructura hospitalaria, educativa, de gran perfección, de gran desarrollo, pero si una estructura carece de testimonio cristiano, tu obra allí no será una obra de testimonio, una obra de verdadera predicación de Jesús: será una sociedad de beneficencia, ¡muy buena —muy buena!— pero nada más.

Si quiero ir a una misión, si quiero ir a hacer apostolado, tengo que ir con la disponibilidad de que el Padre atraiga a la gente a Jesús, y esto lo hace el testimonio. Jesús mismo se lo dijo a Pedro cuando este confesó que Él era el Mesías: "Bienaventurado eres, Simón Pedro, porque el Padre te lo ha revelado" (cfr. *Mt* 16,17). Es el Padre quien atrae, y también atrae con nuestro testimonio. "Haré muchas obras, aquí, por aquí, por allá, de educación, de esto, de lo otro...", pero sin testimonio son cosas buenas, pero no son el anuncio del Evangelio, no son lugares que den la posibilidad de que "el Padre atraiga al conocimiento de Jesús" (cfr. *Jn* 6,44). Trabajar y dar testimonio.

"¿Pero qué puedo hacer para que el Padre se interese en atraer a esa gente?". *La oración*. Y esta es la oración para las misiones: rezar para que el Padre atraiga a la gente a Jesús. El *testimonio* y la *oración* van juntos. Sin testimonio y oración no se puede hacer predicación apostólica, no se puede llevar el anuncio. Darás un hermoso sermón moral, harás muchas cosas buenas, todas buenas. Pero el Padre no tendrá la posibilidad de atraer a la gente hacia Jesús. Y este es el centro: este es el centro de nuestro apostolado, que "el Padre pueda atraer a la gente a Jesús" (cfr. *Jn* 6,44). Nuestro testimonio abre las puertas a la gente y nuestra oración abre las puertas al corazón del Padre para que atraiga a la gente. Testimonio y oración. Y esto no es sólo para las misiones, sino también para nuestro trabajo como cristianos. ¿Doy testimonio de la vida cristiana, realmente, con mi forma de vida? ¿Rezo para que el Padre atraiga a la gente hacia Jesús?

Esta es la gran regla para nuestro apostolado, en todas partes, y de manera especial para las misiones. Ir de misiones no es hacer proselitismo. Un día... una señora —buena, se veía que era de buena voluntad— se me acercó con dos chicos, un chico y una chica, y me dijo: "Este chico, Padre, era protestante y se ha convertido: lo convencí yo. Y esta chica era..." —no sé, animista, no sé qué me dijo—, "y la convertí yo". Y la señora era buena, buena. Pero se equivocaba. Perdí un poco la paciencia y dije: "Mira, tú no has convertido a nadie: ha sido Dios quien ha tocado los corazones de la gente. Y no lo olvides: testimonio, sí; proselitismo, no".

Pidamos al Señor la gracia de vivir nuestro trabajo con el testimonio y la oración, para que Él, el Padre, pueda atraer a la gente a Jesús.

Viernes, 1 de mayo de 2020

Santa Misa[54]

Introducción

Hoy, que es la fiesta de San José Obrero, y el Día del Trabajador, recemos por todos los trabajadores. Por todos. Para que a nadie le falte el trabajo y que todos sean justamente remunerados y puedan gozar de la dignidad del trabajo y de la belleza del descanso.

Homilía - El trabajo es la vocación del hombre

«Y Dios creó» (*Gn* 1,27). Un Creador. Creó el mundo, creó al hombre, y le dio al hombre una misión: administrar, trabajar, llevar adelante la creación. Y la palabra *trabajo* es la que usa la Biblia para describir esta actividad de Dios: «Dio por concluida la *labor* que había hecho; puso fin el día séptimo a toda la *labor* que había hecho» (*Gn* 2,2). Y le dio esta actividad al hombre: "Debes hacer esto, cuidar aquello, aquello otro, debes trabajar para crear conmigo —es como si lo dijera así— este mundo, para que pueda continuar" (cfr. *Gn* 2,15.19-20). Tanto es así que el trabajo no es más que la continuación del trabajo de Dios: el trabajo humano es la vocación del hombre recibida de Dios al final de la creación del universo.

Y el trabajo es lo que hace al hombre semejante a Dios, porque con el trabajo el hombre es un creador, es capaz de crear, de crear muchas cosas, incluso de crear una

---

54 Liturgia de la Palabra: *Gn* 1,26-2,3; *Sal* 89; *Mt* 13,54-58.

familia para seguir adelante. El hombre es un creador y crea con el trabajo. Esta es la vocación. Y dice la Biblia que «Dios vio lo que había hecho, y todo era algo muy bueno» (*Gn* 1,31). Es decir, el trabajo tiene en sí mismo una bondad y crea la armonía de las cosas —belleza, bondad— e involucra al hombre en todo: en su pensamiento, en su acción, en todo. El hombre está involucrado en el trabajo. Es la primera vocación del hombre: trabajar. Y esto le da dignidad al hombre. La dignidad que lo hace parecerse a Dios. La dignidad del trabajo.

Una vez, en una Cáritas, a un hombre que no tenía trabajo e iba a buscar algo para su familia, un empleado de Cáritas le dijo: "Por lo menos puede llevar el pan a su casa" — "Pero a mí no me basta con esto, no es suficiente", fue su respuesta: "Quiero ganarme el pan para llevarlo a casa". Le faltaba la dignidad, la dignidad de "hacer" el pan él mismo, con su trabajo, y llevarlo a casa. La dignidad del trabajo, tan pisoteada, por desgracia. En la historia hemos leído las brutalidades que cometieron con los esclavos: los llevaban de África a América —pienso en esa historia que toca mi tierra— y nosotros decimos "cuánta barbarie"... Pero hoy aún hoy hay tantos esclavos, tantos hombres y mujeres que no son libres de trabajar: se ven obligados a trabajar para sobrevivir, nada más. Son esclavos: trabajo forzado... son trabajos forzados, injustos, mal pagados y que llevan al hombre a vivir con la dignidad pisoteada. Hay muchos, muchos en el mundo. Muchos. En los periódicos de hace unos meses leímos, en un país de Asia, que un señor había matado a palos a uno de sus empleados que ganaba menos de medio dólar al día, porque había hecho algo mal. La esclavitud de hoy es nuestra indignidad, porque quita la dignidad al hombre, a la mujer, a todos nosotros. "No, yo trabajo, tengo mi dignidad": sí, pero tus hermanos, no. "Sí, padre, es verdad, pero esto, como está tan lejos, me cuesta entenderlo. Pero aquí, entre nosotros...": aquí también, entre nosotros. Aquí, entre nosotros. Piensa en los trabajadores, en los que trabajan a jornada, que los haces trabajar por un salario ínfimo y no ocho, sino doce, catorce horas al día: esto sucede hoy, aquí. En todo el mundo, pero también aquí. Piensa en la empleada del hogar que no tiene un salario justo, que no tiene asistencia de la seguridad social, que no tiene jubilación: esto no ocurre solo en Asia. Aquí.

Toda injusticia que se comete contra una persona que trabaja es un atropello a la dignidad humana, incluso a la dignidad del que comete la injusticia: se baja el nivel y se termina en esa tensión de dictador-esclavo. En cambio, la vocación que Dios nos da es muy hermosa: crear, re-crear, trabajar. Pero esto puede hacerse cuando las condiciones son justas y se respeta la dignidad de la persona.

Hoy nos unimos a muchos hombres y mujeres, creyentes y no creyentes, que conmemoran el Día de los Trabajadores, el Día del Trabajo, por aquellos que luchan por la justicia en el trabajo, por aquellos —buenos empresarios— que realizan el trabajo con justicia, aunque ellos pierdan. Hace dos meses me llamó por teléfono un empresario, de aquí, de Italia, pidiéndome que rezara por él porque no quería despedir a nadie, y me decía: "Porque despedir a uno de ellos es despedirme a mí". Esta conciencia de tantos empresarios buenos, que cuidan de los trabajadores como si fueran sus hijos. Recemos por ellos también. Y pidámosle a San José —en este hermoso icono [una estatua colocada cerca del altar] con las herramientas en la mano— que nos ayude a luchar por la dignidad del trabajo, para que haya trabajo para todos y que sea un trabajo digno. No un trabajo de esclavos. Que esta sea nuestra oración hoy.

Sábado, 2 de mayo de 2020

Santa Misa[55]

Introducción

Recemos hoy por los gobernantes que tienen la responsabilidad de atender a sus pueblos en estos momentos de crisis: jefes de estado, presidentes de gobierno, legisladores, alcaldes, presidentes de regiones... Para que el Señor los ayude y les dé fuerzas, porque su trabajo no es fácil. Y que cuando haya diferencias entre ellos, entiendan que, en tiempos de crisis, deben estar muy unidos por el bien del pueblo, porque la unidad es superior al conflicto.

Hoy, sábado 2 de mayo, 300 grupos de oración se unen a nosotros en oración, se llaman los "madrugadores": aquellos que se levantan temprano para rezar, se dan un madrugón, para rezar. Se unen hoy, en este momento, a nosotros.

Homilía - Aprender a vivir los momentos de crisis

La primera Lectura comienza: «Por aquel entonces, la Iglesia gozaba de paz en toda Judea, Galilea y Samaría, pues crecía y progresaba en el temor del Señor, y con el aliento del Espíritu Santo se iba multiplicando» (*Hch* 9,31). Tiempo de paz. Y la Iglesia crece. La Iglesia está tranquila, tiene el consuelo del Espíritu Santo, vive en el consuelo. Los buenos tiempos... Luego sigue la curación de Enea,

[55] Liturgia de la Palabra: *Hch* 9,31-42; *Sal* 115; *Jn* 6,60-69.

después Pedro resucita a Gacela, Tabita... cosas que se hacen en paz.

Pero existen tiempos sin paz en la Iglesia primitiva: tiempos de persecuciones, tiempos difíciles, tiempos que ponen en crisis a los creyentes. Tiempos de crisis. Y un momento de crisis es el que nos narra hoy el Evangelio de Juan (cfr. 6,60-69). Este pasaje del Evangelio es el final de toda una serie que comenzó con la multiplicación de los panes, cuando querían hacer rey a Jesús, Jesús va a rezar, al día siguiente no lo encuentran, van a buscarlo, y Jesús les reprocha que lo buscan para que les dé de comer y no por las palabras de vida eterna... Toda esa historia termina aquí. Le dicen: "Danos de este pan", y Jesús explica que el pan que dará es su propio cuerpo y sangre.

En aquel momento, «muchos de sus discípulos, al oírle, dijeron: "Es duro este lenguaje. ¿Quién puede escucharlo?"» (v. 60). Jesús dijo que quien no comiera su cuerpo y bebiera su sangre no tendría vida eterna. Jesús decía también: "Si coméis mi cuerpo y mi sangre, resucitaréis el último día" (cfr. v. 54). Estas son las cosas que Jesús decía: «Es duro este lenguaje» (v. 60) [piensan los discípulos]. "Es demasiado duro. Hay algo que no funciona. Este hombre ha pasado los límites". Y este es un momento de crisis. Hubo momentos de paz y momentos de crisis. Jesús sabía que los discípulos murmuraban: aquí hay una distinción entre los discípulos y los apóstoles: los discípulos eran esos 72 o más, los apóstoles eran los Doce. «Es que Jesús sabía desde el principio quiénes eran los que no creían y quién era el que lo iba a entregar» (v. 64). Y frente a esta crisis, les recuerda: «Por esto os he dicho que nadie puede venir a mí, si no se lo concede el Padre» (v. 65). Vuelve a hablar de la atracción del Padre: el Padre nos atrae hacia Jesús. Y así es como se resuelve la crisis.

Y «desde ese momento muchos de sus discípulos se volvieron atrás y ya no iban con él» (v. 66). Se distanciaron. "Este hombre es un poco peligroso, un poco... Pero estas doctrinas... Sí, es un buen hombre, predica y cura, pero cuando se trata de estas cosas extrañas... Por favor, vámonos" (cfr. v. 66). Y lo mismo hicieron los discípulos de Emaús, en la mañana de la resurrección: "Pues sí, es algo extraño: las mujeres que dicen que el sepulcro... Esto no huele bien —decían—, vámonos pronto porque vendrán los soldados y nos crucificarán" (cfr. *Lc* 24,22-24). Lo mismo hicieron los soldados que vigilaban el sepulcro: habían visto la verdad, pero luego prefirieron vender su secreto: "Pongámonos al seguro: no nos metamos en estas historias, que son peligrosas" (cfr. *Mt* 28,11-15).

Un momento de crisis es un momento de elección, es un momento que nos pone frente a las decisiones que tenemos que tomar. Todos en la vida hemos tenido y tendremos momentos de crisis. Crisis familiares, crisis matrimoniales, crisis sociales, crisis en el trabajo, muchas crisis... También esta pandemia es un momento de crisis social.

¿Cómo reaccionar en el momento de crisis? «Desde ese momento muchos de sus discípulos se volvieron atrás y ya no iban con él» (v. 66). Jesús toma la decisión de interrogar a los apóstoles: «Jesús dijo entonces a los Doce: "¿También vosotros queréis marcharos?"» (v. 67). Tomad una decisión. Y Pedro hace la segunda confesión: «Le respondió Simón Pedro: "Señor, ¿a quién vamos a ir? Tú tienes palabras de vida eterna, y nosotros creemos y sabemos que tú eres el Santo de Dios"» (vv. 68-69). Pedro confiesa, en nombre de los Doce, que Jesús es el Santo de

Dios, el Hijo de Dios. La primera confesión —"Tú eres el Cristo, el Hijo de Dios vivo"— e inmediatamente después, cuando Jesús comenzó a explicar la pasión que vendría, él lo detiene: "¡No, no, Señor, esto no!", y Jesús lo reprende (cfr. *Mt* 16,16-23). Pero Pedro ha madurado un poco y aquí no protesta. No entiende lo que Jesús dice, eso de "comer la carne, beber la sangre" (cfr. 6,54-56): no lo entiende, pero confía en el Maestro. Se fía. Y hace esta segunda confesión: "Pero a quién vamos a ir, por favor, tú tienes palabras de vida eterna" (cfr. v. 68).

Esto nos ayuda a todos a vivir los momentos de crisis. En mi tierra hay un refrán que dice: "No cambies de caballo en medio del río". En tiempos de crisis, hay que ser muy firmes en la convicción de la fe. Los que se fueron, "cambiaron de caballo", buscaron otro maestro que no fuera tan "duro", como le decían a Él. En tiempos de crisis tenemos la perseverancia, el silencio; quedarse donde estamos, parados. Este no es el momento de hacer cambios. Es el momento de la fidelidad, de la fidelidad a Dios, de la fidelidad a las cosas [decisiones] que hemos tomado antes. Y también, es el momento de la conversión porque esta fidelidad nos inspirará algunos cambios para bien, no para alejarnos del bien.

Momentos de paz y momentos de crisis. Los cristianos debemos aprender a manejar ambos. Los dos. Algún padre espiritual dice que el momento de crisis es como atravesar el fuego para fortalecerse. Que el Señor nos envíe al Espíritu Santo para saber resistir a las tentaciones en tiempos de crisis, para saber ser fieles a las primeras palabras, con la esperanza de vivir después los momentos de paz. Pensemos en nuestras crisis: crisis familiares, crisis de vecindario, crisis en el trabajo, crisis sociales en el mundo, en el país... Muchas crisis, muchas crisis.

Que el Señor nos dé la fuerza, en los momentos de crisis, de no vender la fe.

3 de mayo de 2020

IV Domingo de Pascua (A)

Santa Misa[56]

Introducción

Tres semanas después de la Resurrección del Señor, la Iglesia celebra hoy, cuarto domingo de Pascua, el domingo del Buen Pastor, Jesús el Buen Pastor. Esto me hace pensar en tantos pastores que en el mundo dan su vida por los fieles, también durante esta pandemia, muchos, aquí en Italia han fallecido más de cien. Pienso también en otros pastores que se preocupan por el bien de la gente, los médicos. Se habla de los médicos, de lo que hacen, pero hay que tener en cuenta que, sólo en Italia, han fallecido 154 médicos en acto de servicio. Que el ejemplo de estos pastores sacerdotes y "pastores médicos", nos ayude a cuidar del santo pueblo fiel de Dios.

Homilía - La mansedumbre y la ternura del Buen Pastor

La Primera Carta del apóstol Pedro, que hemos escuchado, es un pasaje de serenidad. Habla de Jesús. Dice: «Llevó nuestros pecados en su propio cuerpo sobre el madero, para que muertos a los pecados, vivamos para la justicia; con cuyas heridas fuisteis sanados. Porque erais como ovejas descarriadas, mas ahora retornasteis al pastor y guardián de vuestras almas» (*1P* 2,24).

---

[56] Liturgia de la Palabra: *Hch* 2,14.36-41; *Sal* 22; *1P* 2,20-25; *Jn* 10,1-10.

Jesús es el pastor —así lo ve Pedro— que viene a salvar, a salvar a las ovejas descarriadas: éramos nosotros. Y en el *Salmo 22* que hemos leído después de esta lectura, repetimos: «El Señor es mi pastor, nada me falta» (v. 1). La presencia del Señor como pastor, como pastor del rebaño. Y Jesús, en el capítulo 10 de Juan, que hemos leído, se presenta como el pastor. Es más, no sólo el pastor, sino la "puerta" por la que se entra en el redil (cfr. v. 7). Todos los que vinieron y no entraron por esa puerta eran ladrones o bandidos o querían aprovecharse del rebaño: los falsos pastores. Y en la historia de la Iglesia ha habido muchos de estos que explotaban el rebaño. No les interesaba la grey, sino sólo hacer carrera o la política o el dinero. Pero el rebaño los conoce, siempre los ha conocido e iba buscando a Dios por sus caminos.

Pero cuando hay un buen pastor que hace avanzar, hay un rebaño que sigue adelante. El buen pastor escucha al rebaño, conduce el rebaño, cuida el rebaño. Y la grey sabe distinguir entre los pastores, no se equivoca: el rebaño confía en el buen pastor, confía en Jesús. Sólo el pastor que se parece a Jesús da confianza al rebaño, porque Él es *la puerta*. El estilo de Jesús debe ser el estilo del pastor, no hay otro. Pero además Jesús, el buen pastor, como dice Pedro en la primera lectura: «Padeció por vosotros, dejándoos un ejemplo para que sigáis sus huellas. Él no cometió pecado, ni se halló engaño en su boca. Cuando era insultado, no respondía con insultos, cuando era maltratado, no prorrumpía en amenazas» (*1P* 2,21-23); era manso. Uno de los signos del buen pastor es la mansedumbre, es la mansedumbre. El buen pastor es manso. Un pastor que no es manso no es un buen pastor. Tiene algo escondido, porque la mansedumbre se muestra tal cual es, sin defenderse. Es más, el pastor es tierno, tiene esa *ternura de la cercanía*, conoce a las ovejas una a una por su nombre y cuida de cada una como si fuera la única, hasta el punto de que cuando llega a casa después de una jornada de trabajo, cansado, y se da cuenta de que le falta una, sale a trabajar otra vez para buscarla y [cuando la encuentra] la lleva consigo, la lleva sobre sus hombros (cfr. *Lc* 15,4-5). Este es el buen pastor, este es Jesús, este es quien nos acompaña a todos en el camino de la vida. Y esta idea del pastor, y esta idea del rebaño y las ovejas, es una idea pascual. La Iglesia en la primera semana de Pascua canta ese hermoso himno para los recién bautizados: "Estos son los corderos recién nacidos", el himno que hemos oído al comienzo de la Misa. Es una idea de comunidad, de ternura, de bondad, de mansedumbre. Es la Iglesia que quiere Jesús y Él cuida de esta Iglesia.

Este domingo es un hermoso domingo, es un domingo de paz, es un domingo de ternura, de mansedumbre, porque nuestro pastor nos cuida. «El Señor es mi pastor, nada me falta» (*Sal* 22,1).

Regina Coeli

Queridos hermanos y hermanas, ¡buenos días!

El cuarto domingo de Pascua, que celebramos hoy, está dedicado a Jesús el Buen Pastor. El Evangelio nos dice: «las ovejas escuchan *su voz*; y a sus ovejas las llama una por una» (*Jn* 10,3). El Señor nos llama por nuestro nombre, nos llama porque nos ama. Pero también dice el Evangelio que hay *otras voces* que no debemos seguir: las de los extraños, ladrones y salteadores que quieren el mal de las ovejas.

Estas diferentes voces resuenan dentro de nosotros. Está la voz de Dios, que habla amablemente a la conciencia, y está la voz tentadora que conduce al mal. ¿Cómo podemos diferenciar la voz del buen Pastor de la del ladrón, cómo podemos distinguir la inspiración de Dios de la sugerencia del maligno? Uno puede aprender a diferenciar estas dos voces: hablan dos idiomas diferentes, es decir, tienen formas opuestas de llegar a nuestros corazones. Hablan diferentes idiomas. Así como sabemos distinguir un idioma de otro, también podemos distinguir la voz de Dios y la voz del Maligno. La voz de Dios nunca obliga: Dios *se propone*, no *se impone*. En cambio, la voz maligna seduce, asalta, fuerza: despierta ilusiones deslumbrantes, emociones tentadoras, pero pasajeras. Al principio halaga, nos hace creer que somos todopoderosos, pero luego nos deja vacíos por dentro y nos acusa: "No vales nada". La voz de Dios, en cambio, nos corrige, con tanta paciencia, pero siempre nos anima, nos consuela: siempre alimenta la esperanza. La voz de Dios es una voz que tiene un horizonte; en cambio, la voz del maligno te pone contra la pared, te arrincona.

Hay otra diferencia. La voz del enemigo nos distrae del presente y quiere que nos centremos en los miedos del futuro o en la tristeza del pasado –el enemigo no quiere el presente–: nos devuelve la amargura, los recuerdos de las injusticias sufridas, de los que nos han hecho daño..., tantos malos recuerdos. En cambio, la voz de Dios habla al presente: "Ahora puedes hacer el bien, ahora puedes practicar la creatividad del amor, ahora puedes renunciar a los pesares y remordimientos que mantienen tu corazón cautivo". Nos anima, nos hace avanzar, pero habla al presente: ahora.

Reitero: las dos voces plantean diferentes preguntas en nuestro interior. La que viene de Dios nos dice: "¿Qué es bueno para mí?". En cambio, el tentador insistirá en otra pregunta: "¿Qué me apetece hacer?". Qué me apetece: la voz del mal siempre gira en torno al ego, a sus pulsiones, a sus necesidades, al *todo y ahora*. Es como los caprichos de los niños: todo y ahora. La voz de Dios, en cambio, nunca promete alegría a bajo precio: nos invita a ir más allá de nuestro ego para encontrar el verdadero bien, la paz. Recordemos: el mal nunca nos da paz, causa frenesí primero y deja amargura tras de sí. Así es el estilo del mal.

La voz de Dios y la del tentador, en definitiva, hablan en diferentes "ambientes": el enemigo prefiere la oscuridad, la falsedad, el chismorreo; por el contrario, el Señor ama la luz del sol, la verdad, la transparencia sincera. El enemigo nos dirá: "Enciérrate en ti mismo, porque nadie te entiende ni te escucha, ¡no te fíes!". El bien, contrariamente, nos invita a abrirnos, a ser claros y a confiar en Dios y en los demás. Queridos hermanos y hermanas: en este tiempo, muchos pensamientos y preocupaciones nos llevan a volver a adentrarnos en nosotros mismos. Prestemos atención a las voces que llegan a nuestros corazones. Preguntémonos de dónde vienen. Pidamos la gracia de reconocer y seguir la voz del buen Pastor, que nos saca del redil del egoísmo y nos guía hacia los pastos de la verdadera libertad. Que Nuestra Señora, Madre del Buen Consejo, guíe y acompañe nuestro discernimiento.

Después del Regina Coeli

Queridos hermanos y hermanas:

Hoy se celebra la *Jornada mundial de oración por las vocaciones*. La existencia cristiana es siempre una respuesta a la llamada de Dios, en cualquier estado de vida. Esta Jornada nos recuerda lo que Jesús dijo un día, que el campo del Reino de Dios requiere mucho trabajo, y debemos rezar al Padre para que envíe obreros a trabajar en su campo (cfr. *Mt* 9,37-38). El sacerdocio y la vida consagrada requieren coraje y perseverancia; y sin la oración no se puede seguir en este camino. Invito a todos a invocar del Señor el don de buenos trabajadores para su Reino, con el corazón y las manos abiertas a su amor.

Nuevamente me gustaría expresar mi cercanía a los enfermos de Covid-19, a los que se dedican a su tratamiento, a todos aquellos que, de algún modo, están sufriendo por motivo de la pandemia. Deseo, en este mismo momento, apoyar y animar a la colaboración internacional que se está activando con diversas iniciativas para responder, de manera adecuada y eficaz, a la grave crisis que estamos viviendo. De hecho, es importante desarrollar juntos las capacidades científicas, de un modo transparente y desinteresado, para encontrar una vacuna y tratamientos y garantizar el acceso universal a las tecnologías esenciales que permitan a cada persona contagiada, en cualquier parte del mundo, recibir el tratamiento sanitario necesario

Dirijo un saludo especial a la Asociación "Meter", promotora de la Jornada nacional para los niños víctimas de la violencia, de la explotación y de la indiferencia. Animo a los responsables y a los profesionales para que continúen su acción de prevención y sensibilización junto con los diversos organismos educativos. Y agradezco a los niños de la Asociación que me enviaron un *collage* con cientos de margaritas coloreadas por ellos. ¡Gracias!

Acabamos de empezar mayo, el mes mariano por excelencia, durante el cual a los fieles les gusta visitar los santuarios dedicados a Nuestra Señora. Este año, debido a la situación sanitaria, nos dirigimos espiritualmente a estos lugares de fe y devoción, para poner en el corazón de la Santísima Virgen nuestras preocupaciones, aspiraciones y planes para el futuro.

Y como la oración es un valor universal, he aceptado la propuesta del Alto Comité para la Fraternidad Humana de que el próximo 14 de mayo, los creyentes de todas las religiones se unan espiritualmente en un día de oración, ayuno y obras de caridad, para implorar a Dios que ayude a la humanidad a superar la pandemia del coronavirus. Recuerden: el 14 de mayo, todos los creyentes juntos, creyentes de diferentes tradiciones, para rezar, ayunar y hacer obras de caridad.

Os deseo a todos una buena jornada de domingo. Por favor, no os olvidéis de rezar por mí. Buen almuerzo y hasta pronto.

Lunes, 4 de mayo de 2020

Santa Misa[57]

Introducción

Oremos hoy por las familias. En este tiempo de cuarentena, la familia, encerrada en casa, trata de hacer muchas cosas nuevas, hay mucha creatividad con los niños, con todos, para seguir adelante. Pero también se da otra cosa: que a veces hay violencia doméstica. Oremos para que las familias continúen en paz con creatividad y paciencia en esta cuarentena.

Homilía - Todos tenemos un único Pastor: Jesús

Cuando Pedro subió a Jerusalén, los fieles le reprocharon (cfr. *Hch* 11,1-8). Le reprocharon que había entrado en casa de los incircuncisos y comido con ellos, con los gentiles: eso no se podía hacer, era un pecado. La pureza de la ley no lo permitía. Pedro lo había hecho porque el Espíritu lo había llevado allí. Hay siempre en la Iglesia —y en la Iglesia primitiva mucho, porque el asunto no estaba claro— este espíritu de "nosotros somos los justos, los otros los pecadores". Este "nosotros y los otros", "nosotros y los otros", las divisiones: "Nosotros tenemos la posición correcta ante Dios". En cambio están "los otros", también se dice que son los 'condenados' ya. Y esta es una *enfermedad* de la Iglesia, una enfermedad que surge de las ideologías o de los partidos religiosos... Pensemos que en la

---

[57] Liturgia de la Palabra: *Hch* 11,1-18; *Sal* 41 y 42; *Jn* 10,11-18.

época de Jesús había por lo menos cuatro partidos religiosos: el partido de los fariseos, el partido de los saduceos, el partido de los zelotes y el partido de los esenios, y cada uno interpretaba la ley según "la idea" que tenía. Y esta idea es una escuela "fuera de la ley" cuando es una forma de pensar, de sentir *mundano* que se hace intérprete de la ley. También le reprocharon a Jesús que entrara en casa de los publicanos —que eran pecadores, según ellos— y que comiera con ellos, con los pecadores, porque la pureza de la ley no lo permitía; y que no se lavara las manos antes del almuerzo... siempre ese reproche que crea la división: esto es lo importante, que quiero subrayar.

Hay ideas, posiciones que crean división, hasta el punto de que la división es más importante que la unidad. Mi idea es más importante que el Espíritu Santo que nos guía. Hay un cardenal emérito que vive aquí en el Vaticano, un buen pastor, que les decía a sus fieles: "La Iglesia es como un río, ¿saben? Algunos están más de este lado, otros del otro, pero lo importante es que todos están dentro del río". Esa es la unidad de la Iglesia. Nadie fuera, todos dentro. Luego, con las peculiaridades: esto no es dividir, no es ideología, es lícito. ¿Pero por qué la Iglesia tiene este ancho río? Es porque el Señor lo quiere así.

El Señor, en el Evangelio, nos dice: «También tengo otras ovejas, que no son de este redil; también a ésas debo conducir: escucharán mi voz y habrá un solo rebaño, bajo un solo pastor» (*Jn* 10,16). El Señor dice: "Tengo ovejas por todas partes y soy el pastor de todos". Este *todos* es muy importante en Jesús. Pensemos en la parábola del banquete nupcial (cfr. *Mt* 22,1-10), cuando los invitados no querían ir: uno porque había comprado un campo, otro porque se había casado... todos dieron sus motivos para no ir. Y el rey se enfadó y dijo: «Id, pues, a los cruces de los caminos e invitad a la boda a todos los que encontréis» (v. 9). *Todos*. Grandes y pequeños, ricos y pobres, buenos y malos. *Todos*. Este "todos" es un poco la visión del Señor que vino por *todos* y murió por *todos*. "¿También murió por ese miserable que me hizo la vida imposible?" También murió por él. "¿Y por ese bandido?": murió por él. Por *todos*. Y también por las personas que no creen en él o son de otras religiones: murió por todos. Eso no significa que hay que hacer proselitismo: no. Pero murió por todos, justificó a todos.

Aquí en Roma había una señora, una mujer buena, una profesora, la profesora [Maria Grazia] Mara, que cuando surgían dificultades por tantas cosas y había divisiones, decía: "Cristo murió por todos: ¡sigamos adelante!". Esa capacidad constructiva. Tenemos un solo Redentor, una sola unidad: Cristo murió por todos. En cambio la tentación... Pablo también la sufrió: "Yo soy de Pablo, yo soy de Apolo, yo soy de este, yo del otro...". Pensemos en nosotros, hace cincuenta años, en el postconcilio: las divisiones que sufrió la Iglesia. "Yo estoy de este lado, yo pienso así, tú así...". Sí, es legítimo pensar así, pero en la unidad de la Iglesia, bajo el Pastor Jesús.

Dos cosas. El reproche de los apóstoles a Pedro por haber entrado en casa de los paganos y Jesús que dice: "Yo soy el pastor de todos". Soy el pastor de todos. Y que dice: "Tengo otras ovejas, que no son de este redil. También a esas debo conducir. Escucharán mi voz y habrá un solo rebaño" (cfr. *Jn* 10,16). Es la oración por la unidad de todos los hombres, porque *todos,* hombres y mujeres, todos tenemos un solo Pastor: Jesús.

Que el Señor nos libre de esa psicología de la división, del dividir, y nos ayude a ver esto de Jesús, esta gran cosa de Jesús, que en Él todos somos hermanos y Él es el Pastor de *todos*. Que hoy esta palabra: "*¡Todos, todos!*", nos acompañe durante todo el día.

Martes, 5 de mayo de 2020

Santa Misa[58]

Introducción

Recemos hoy por los fallecidos a causa de la pandemia. Murieron solos, murieron sin la caricia de los suyos, muchos sin funeral. Que el Señor los acoja en la gloria.

Homilía - Actitudes que impiden conocer a Cristo

Jesús estaba en el templo, era la fiesta de la Dedicación (cfr. *Jn* 10,22-30). Entonces «los judíos lo rodearon y le preguntaron: "¿Hasta cuándo vas a tenernos en vilo? Si tú eres el Cristo, dínoslo abiertamente"» (v. 24). Estos hacían perder la paciencia; y con cuánta docilidad «Jesús les respondió: "Ya os lo he dicho, pero no me creéis"» (v. 25). E insistían: "Pero ¿eres tú? ¿Eres tú?" — "Sí, os lo he dicho, pero no me creéis". «Pero vosotros no creéis, porque no sois de mis ovejas» (v. 26). Y esto, quizás, nos suscita una duda: ¿yo creo y formo parte de las ovejas de Jesús? Pero si Jesús nos dijera: "Vosotros no podéis creer porque no formáis parte": ¿hay una fe previa al encuentro con Jesús? ¿Cuál es este *formar parte* de la fe de Jesús? ¿Qué es lo que me detiene ante la puerta que es Jesús?

Hay actitudes previas a la confesión de Jesús. También para nosotros, que estamos en la grey de Jesús. Hay como "antipatías previas" que no nos dejan progresar en el conocimiento del Señor. La primera de todas son *las ri-*

---

[58] Liturgia de la Palabra: *Hch* 11,19-26; *Sal* 86; *Jn* 10,22-30.

quezas. También muchos de nosotros, que hemos entrado por la puerta del Señor, luego nos paramos y no seguimos adelante porque somos prisioneros de las riquezas. El Señor fue muy duro con las riquezas, muy duro, muy duro. A tal punto que dijo que era más fácil que un camello pasara por el ojo de una aguja que un rico entrase en el reino de los cielos (cfr. *Mt* 19,24). Es duro, esto. Las riquezas son un impedimento para seguir adelante. ¿Debemos acaso caer en el pauperismo? No. Pero no hay que ser esclavos de las riquezas, no hay que vivir para las riquezas, porque las riquezas son un señor, son el señor de este mundo y no podemos servir a dos señores (cfr. *Lc* 16,13). Y las riquezas nos paran.

Otra cosa que impide avanzar en el conocimiento de Jesús, en la pertenencia a Jesús, es *la rigidez*: la rigidez de corazón. También la rigidez en la interpretación de la Ley. Jesús les reprocha a los fariseos, a los doctores de la Ley esta rigidez (cfr. *Mt* 23,1-36). Que no es fidelidad: la fidelidad es siempre un don a Dios; la rigidez es una seguridad para mí mismo. Me acuerdo de una vez que entraba en la parroquia y una señora —una señora buena— se acerca y me dice: "Padre, un consejo... —"Dígame" —"La semana pasada, sábado, no ayer, el otro sábado, fuimos con la familia a una boda con Misa. Era sábado por la tarde, y hemos pensado que con esta Misa cumplíamos el precepto dominical. Pero luego, al volver a casa, he pensado que las Lecturas de esa Misa no eran las del domingo. Y así me he dado cuenta de que estoy en pecado mortal porque el domingo no fui a Misa, fui el sábado pero a una Misa *que no era verdadera*, porque las Lecturas no eran verdaderas". La rigidez... Y la señora pertenecía a un movimiento eclesial. Rigidez. Esto nos aleja de la sabiduría de Jesús, de la sabiduría de Jesús; te quita la libertad. Y muchos pastores hacen crecer esta rigidez en los corazones de los fieles; y esta rigidez no nos hace entrar por la puerta de Jesús (cfr. *Jn* 10,7): es más importante observar la ley como está escrita, o como yo la interpreto, que la libertad de ir adelante siguiendo a Jesús.

Otra cosa que no nos deja progresar en el conocimiento de Jesús es *la acedia*. Esa pereza... Pensemos en aquel hombre de la piscina. Treinta y ocho años allí (cfr. *Jn* 5,1-9). La acedia. Nos quita la voluntad de seguir adelante y todo es un "sí, pero... no, ahora no, mejor que no...", que te conduce a la tibieza y te vuelve tibio. La acedia es otra cosa que nos impide seguir adelante.

Y otra que es bastante fea es la actitud *clericalista*. El clericalismo suplanta a Jesús. Dice: "No, esto debe ser así, así y así..." – "Pero, el Maestro..." – "Deja en paz al Maestro: esto es así, así y así, y si no haces así y así, tú no puedes entrar". Un clericalismo que quita la libertad de la fe de los creyentes. Esta es una enfermedad fea en la Iglesia: la actitud clericalista.

Luego, otra cosa que nos impide seguir adelante, entrar para conocer a Jesús y confesar a Jesús, es *el espíritu mundano*. Cuando la observancia de la fe, la práctica de la fe termina en mundanidad. Y todo es mundano. Pensemos en la celebración de algunos sacramentos en algunas parroquias: ¡cuánta mundanidad hay! Y la gracia de la presencia de Jesús no es bien entendida.

Estas son las actitudes que nos impiden formar parte de las ovejas de Jesús. Somos "ovejas" tras todas estas cosas: riquezas, acedia, rigidez, mundanidad, clericalismo, modos, ideologías, formas de vida. Falta la libertad. Y no se puede seguir a Jesús sin la libertad. "Pero a veces la libertad va más allá y uno resbala". Sí, es verdad. Es verdad. Podemos resbalar caminando en libertad. Pero es peor resbalar *antes* de empezar a caminar, con estas cosas que nos impiden empezar a caminar.

Que el Señor nos ilumine para ver si dentro de nosotros hay libertad para pasar por la puerta que es Jesús e ir más allá para convertirnos en grey, para convertirnos en ovejas de su grey.

Miércoles, 6 de mayo de 2020

Santa Misa[59]

Introducción

Oremos hoy por los hombres y mujeres que trabajan en los medios de comunicación social. En este tiempo de pandemia corren muchos riesgos y el trabajo es mucho. Que el Señor los ayude en este trabajo de transmitir, siempre, la verdad.

Homilía - Tener el valor de ver nuestras tinieblas para que la luz del Señor entre y nos salve

Este pasaje del Evangelio de Juan (cfr. *Jn* 12, 44-50) nos muestra la intimidad que hay entre Jesús y el Padre. Jesús hacía lo que el Padre le decía. Por eso dice: «El que cree en mí, no cree en mí, sino en aquel que me ha enviado» (v. 44). Luego concreta su misión: «Yo, la luz, he venido al mundo para que todo el que crea en mí no siga entre tinieblas» (v. 46). Se presenta como *luz*, la misión de Jesús es iluminar: la luz. Él mismo ha dicho: «Yo soy la luz del mundo» (*Jn* 8,12). El profeta Isaías había profetizado esta luz: «El pueblo que caminaba en las tinieblas vio una gran luz» (*Mt* 4,16 y cfr. *Is* 9,1). La promesa de la luz que iluminará al pueblo. También la misión de los apóstoles es llevar la luz. Pablo se lo dijo al rey Agripa: "Fui elegido para iluminar, para llevar esta luz —que no es mía, es de otro— pero para llevar la luz" (cfr. *Hch* 26,18). Es la misión

---

[59] Liturgia de la Palabra: *Hch* 12,24-13,5; *Sal* 66; *Jn* 12,44-50.

de Jesús: llevar la luz. Y la misión de los apóstoles es llevar la luz de Jesús. *Iluminar*. Porque el mundo estaba en tinieblas.

Pero el drama de la luz de Jesús es que ha sido rechazada. Lo dice Juan claramente al principio del Evangelio: "Vino a los suyos, mas los suyos no lo recibieron. Amaban más las tinieblas que la luz" (cfr. *Jn* 1,9-11). Acostumbrarse a las tinieblas, vivir en las tinieblas: no saben aceptar la luz, no pueden; son esclavos de las tinieblas. Y esta será la continua lucha de Jesús: iluminar, llevar la luz que hace ver las cosas como están, como son; hace ver la libertad, hace ver la verdad, muestra el camino por el que ir, con la luz de Jesús.

Pablo vivió esta experiencia del paso de las tinieblas a la luz, cuando el Señor lo encontró en el camino de Damasco. Se quedó ciego. Ciego. La luz del Señor lo cegó. Y luego, tras unos días, con el bautismo recobró la luz (cfr. *Hch* 9,1-19). Tuvo esa experiencia de pasar de las tinieblas en que vivía, a la luz. Es también nuestro paso, que sacramentalmente recibimos en el bautismo: por esto el bautismo se llamaba en los primeros siglos, la Iluminación (cfr. San Justino, *Apologia*, 1,61,12), porque te daba la luz, te "hacía entrar". Por eso en la ceremonia del Bautismo damos un cirio encendido, una candela encendida al padre y a la madre, para que el niño, la niña, sea iluminado, sea iluminada.

Jesús trae la luz. Pero el pueblo, la gente, su pueblo lo ha rechazado. Está tan acostumbrado a las tinieblas que la luz lo deslumbra, no sabe caminar (cfr. *Jn* 1,10-11). Y este es el drama de nuestro pecado: el pecado nos ciega y no podemos soportar la luz. Tenemos los ojos enfermos. Y Jesús lo dice claramente en el *Evangelio de Mateo*:

"Si tu ojo está malo, todo tu cuerpo estará malo. Si tu ojo ve solamente las tinieblas, ¿cuánta oscuridad habrá en ti?" (cfr. *Mt* 6,22-23). Las tinieblas… Y la conversión es pasar de las tinieblas a la luz.

¿Qué es lo que hace enfermar los ojos, los ojos de la fe? Nuestros ojos están enfermos: ¿cuáles son las cosas que "los debilitan", que los ciegan? Los *vicios*, el *espíritu mundano,* la *soberbia*. Los vicios que "te derrumban" y también estas tres cosas —los vicios, la soberbia, el espíritu mundano— te llevan a asociarte con los otros para permanecer seguro en las tinieblas. Hablamos a menudo de mafias: es esto. Pero hay "mafias espirituales", hay "mafias domésticas", siempre, buscar a otro para ocultarse y permanecer en las tinieblas. No es fácil vivir en la luz. La luz nos hace ver muchas cosas feas dentro de nosotros que no queremos ver: los vicios, los pecados... Pensemos en nuestros vicios, pensemos en nuestra soberbia, pensemos en nuestro espíritu mundano: todo esto nos ciega, nos aleja de la luz de Jesús.

Pero si comenzamos a pensar en estas cosas, no encontraremos un muro, no, encontraremos una salida, porque Jesús mismo dice que Él es la luz, y también: "Vine al mundo no para condenar al mundo, sino para salvar al mundo" (cfr. *Jn* 12,46-47). Jesús mismo, la luz, dice: "Ten valor: déjate iluminar, deja ver lo que tienes dentro, porque soy yo quien te lleva adelante, para salvarte. No te condeno. Yo te salvo" (cfr. v. 47). El Señor nos salva de nuestras tinieblas interiores, de las tinieblas de la vida cotidiana, de la vida social, de la vida política, de la vida nacional, internacional... Hay muchas tinieblas interiores. Y el Señor nos salva. Pero nos pide que las veamos primero;

tener el valor de ver nuestras tinieblas para que la luz del Señor entre y nos salve.

No tengamos miedo del Señor: es muy bueno, es manso, está cerca de nosotros. Vino a salvarnos. No tengamos miedo de la luz de Jesús.

Jueves, 7 de mayo de 2020

Santa Misa[60]

Introducción

Ayer recibí una carta de un grupo de artistas: agradecían la oración que hicimos por ellos. Querría pedirle al Señor que los bendiga, porque los artistas nos hacen entender qué es *la belleza,* y sin la belleza no se puede entender el Evangelio. Oremos nuevamente por los artistas.

Homilía - Ser cristianos es pertenecer al pueblo de Dios

Cuando Pablo fue invitado a hablar en la sinagoga de Antioquía [de Pisidia] para explicar esta nueva doctrina, es decir, para explicar Jesús, para proclamar a Jesús, Pablo empieza a hablar de la historia de la salvación (cfr. *Hch* 13,13-21). Se levantó Pablo y comenzó: «El Dios de este pueblo, Israel, eligió a nuestros antepasados, engrandeció al pueblo durante su permanencia en el país de Egipto» (v. 17) ... y [narró] toda la salvación, la historia de la salvación. Lo mismo hizo Esteban, antes del martirio (cfr. *Hch* 7,1-54) y también Pablo en otra ocasión. Lo mismo hace el autor de la Carta a los Hebreos cuando narra la historia de Abraham y de "todos nuestros padres" (cfr. *Heb* 11,1-39). Lo mismo hemos cantado hoy: «Cantaré por siempre el amor del Señor, anunciaré tu lealtad de edad en edad» (*Sal* 88,2). Hemos cantado la historia de David: «He encontrado en David un servidor» (v. 21). Lo

[60] Liturgia de la Palabra: *Hch* 13,13-25; *Sal* 88; *Jn*13,16-20.

mismo hacen Mateo (cfr. *Mt* 1,1-14) y Lucas (cfr. *Lc* 3,23-38): cuando empiezan a hablar de Jesús, toman la genealogía de Jesús.

¿Qué hay detrás de Jesús? Hay una historia. Una historia de gracia, de elección, de promesa. El Señor eligió a Abraham y caminó con su pueblo. Al inicio de la Misa, en el canto de entrada, hemos dicho: "Cuando avanzabas, Señor, delante de tu pueblo y abrías el camino, y caminabas al lado de tu pueblo, cerca de tu pueblo". Hay una historia de Dios con su pueblo. Por esta razón, cuando se le pide a Pablo que explique el porqué de la fe en Jesucristo, no comienza con Jesucristo: comienza por la historia. El cristianismo es una doctrina, sí, pero no solo. No es solamente las cosas en las que creemos, es una historia que trae esta doctrina que es la promesa de Dios, la alianza de Dios, ser elegidos por Dios.

El cristianismo no es solo una ética. Sí, es verdad, tiene principios morales, pero no somos cristianos solo con una visión ética. Es mucho más. El cristianismo no es una élite de personas elegidas por la verdad. Ese sentido elitista que continúa en la Iglesia. Por ejemplo, yo soy de esa institución, yo pertenezco a este movimiento que es mejor que el tuyo... a este, al otro. Es un sentimiento elitista. No, el cristianismo no es esto: el cristianismo es *pertenencia* a un pueblo, a un pueblo elegido por Dios gratuitamente. Si no tenemos esta conciencia de pertenecer a un pueblo, seremos cristianos ideológicos, con una pequeña doctrina de afirmación de la verdad, con una ética, con una moral —vale— o con una élite. Nos sentimos parte de un grupo elegido por Dios —los cristianos—, los otros irán al infierno o si se salvan es por la misericordia de Dios, pero son los descartados. Y así sucesivamente. Si no tenemos conciencia de pertenecer a un pueblo, no somos verdaderos cristianos.

Es por esto por lo que Pablo explica Jesús desde el inicio, desde la pertenencia a un pueblo. Y muchas veces, muchas, caemos en estas parcialidades, ya sean dogmáticas, morales o elitistas. El sentimiento de élite es lo que nos hace tanto mal y perdemos ese sentimiento de pertenencia al santo pueblo fiel de Dios, al que Dios eligió en Abraham y al que prometió la gran promesa, Jesús, y lo hizo caminar con esperanza y estableció una alianza con él. Conciencia de pueblo.

Me llama siempre la atención ese pasaje del *Deuteronomio*, creo que es el capítulo 26, cuando dice: "Una vez al año, cuando vayas a presentar las ofrendas al Señor, las primicias, y cuando tu hijo te pregunte: 'Pero papá, ¿por qué haces esto?', no debes decirle: 'Porque Dios lo ha ordenado', no: 'Éramos un pueblo, éramos así y el Señor nos liberó...'"(cfr. *Dt* 26,1-11). Cuenta la historia, como lo hizo Pablo. Transmitiendo la historia de nuestra salvación. El mismo Señor en *Deuteronomio* aconseja: "Cuando entres en la tierra que tú no has conquistado, que he conquistado yo, y comas los frutos que tú no has plantado y habites en las casas que no has construido, en el momento de dar la oferta" (cfr. *Dt* 26,1), afirma —el famoso credo deuteronómico—: «Mi padre era un arameo errante, bajó a Egipto» (*Dt* 26,5)... Residió allí durante 400 años, luego el Señor lo liberó, lo sacó adelante...". Canta la historia, *la memoria de pueblo*, de ser pueblo.

Y en esta historia del pueblo de Dios hasta Jesucristo, hay santos, pecadores y muchas personas comunes, buenas, con virtudes y pecados, todos. La famosa "multitud" que seguía a Jesús, que tenía *el olfato* de pertenencia a un pueblo. Un supuesto cristiano que no tiene este olfato no es un verdadero cristiano; es un poco especial y un poco se siente justificado sin el pueblo. Pertenecer a un pueblo, tener memoria del pueblo de Dios. Y esto lo enseñan Pablo, Esteban, otra vez Pablo, los apóstoles... Y el consejo del autor de la Carta a los Hebreos: "Acuérdate de tus antepasados" (cfr. *Heb* 11,2), es decir, de aquellos que nos precedieron en este camino de salvación.

Si alguien me preguntara: "¿Cuál es según usted la desviación de los cristianos hoy y siempre? ¿Cuál sería según usted la desviación más peligrosa para los cristianos?", diría sin dudar: la falta de memoria de pertenencia a un pueblo. Cuando esto falta, surgen dogmatismos, moralismos, eticismos, movimientos elitistas. Falta el pueblo. Un pueblo pecador siempre, todos lo somos, pero que no se equivoca en general, que tiene el olfato de ser un pueblo elegido, que camina detrás de una promesa y que ha hecho una alianza que quizás no cumple, pero sabe.

Pidamos al Señor esta conciencia de pueblo, que Nuestra Señora cantó hermosamente en su *Magníficat* (cfr. *Lc* 1,46-56), que Zacarías cantó tan bellamente en su *Benedictus* (cfr. *Lc* 1,67-79), cánticos que rezamos todos los días, por la mañana y por la tarde. Conciencia de pueblo: somos el santo pueblo fiel de Dios que, como dice el Concilio Vaticano I, y luego el Vaticano II, en su totalidad tiene el olfato de la fe y es infalible en esta forma de creer.

VIERNES, 8 DE MAYO DE 2020

Santa Misa[61]

Introducción

Hoy es el *Día Mundial de la Cruz Roja* y *de la Media Luna Roja*. Rezamos por las personas que trabajan en estas beneméritas instituciones: que el Señor bendiga su trabajo, que hace tanto bien.

Homilía - Su consuelo es cercano, veraz y abre las puertas de la esperanza

Esta conversación entre Jesús y los discípulos tiene lugar de nuevo alrededor de la mesa, durante la cena (cfr. *Jn* 14,1-6). Jesús está triste y todos están tristes: Jesús había dicho que uno de ellos lo traicionaría (cfr. *Jn* 13,21) y todos perciben que algo malo va a suceder. Jesús comienza a consolar a los suyos: porque uno de los oficios, "de los trabajos" del Señor es *consolar*. El Señor consuela a sus discípulos, y aquí vemos cuál es la forma de consolar de Jesús. Nosotros tenemos muchas formas de consolar, desde las más auténticas, las más cercanas a las más formales, como esos telegramas de pésame: "Profundamente afligido por...". No consuela a nadie, es una simulación, es el consuelo formal. Pero, ¿cómo consuela el Señor? Es importante saber esto, para que también nosotros, cuando en nuestra vida tengamos que pasar momentos de tristeza, aprendamos a percibir cuál es el verdadero consuelo del

[61] Liturgia de la Palabra: *Hch* 13,26-33; *Sal* 2; *Jn* 14,1-6.

Señor. Y en este pasaje del Evangelio vemos que el Señor siempre consuela en la *cercanía*, con la *verdad* y en la *esperanza*. Estas son las tres huellas del consuelo del Señor. En la *cercanía*, nunca lejos: estoy aquí. Esa hermosa palabra: "Estoy aquí". "Estoy aquí contigo". Y muchas veces en *silencio*. Pero sabemos que Él está aquí. Él siempre está aquí. Esa cercanía que es el estilo de Dios, también en la Encarnación, para acercarse a nosotros. El Señor consuela en la cercanía. Y no usa palabras vacías; por el contrario, prefiere el silencio. La fuerza de la cercanía, de la presencia. Y habla poco. Pero está cerca.

La segunda huella de la cercanía de Jesús, del modo de consolar a Jesús, es *la verdad*: Jesús es veraz. No dice cosas formales que son mentiras: "No, no te preocupes, todo pasará, no sucederá nada, pasará, lo malo pasa...". No. Dice la verdad. No esconde la verdad. Porque en este pasaje Él mismo dice: "Yo soy la verdad" (cfr. *Jn* 14,6). Y la verdad es: "Me voy", es decir: "Moriré" (cfr. vv. 2-3). Estamos ante la muerte. Es la verdad. Y Él lo dice simplemente y también lo dice suavemente, sin lastimar: estamos ante la muerte. No esconde la verdad.

Y esta es la tercera huella: Jesús consuela en la *esperanza*. Sí, es un mal momento, però «no se turbe vuestro corazón. [...] creed también en mí» (v. 1). Os digo una cosa, así dice Jesús: «En la casa de mi Padre hay muchas moradas. […] Voy a prepararos un lugar» (v. 2). Él va primero a abrir las puertas, las puertas de ese lugar por el que pasaremos todos, así lo espero: «Volveré y os tomaré conmigo, para que donde esté yo estéis también vosotros» (v. 3). El Señor regresa cada vez que alguno de nosotros está en camino de abandonar este mundo. "Volveré y os tomaré conmigo": la esperanza. Él vendrá y nos tomará de la mano y nos llevará. No dice: "No, no sufriréis: no es nada...". No. Dice la verdad: "Estoy cerca de vosotros, esta es la verdad: es un mal momento, de peligro, de muerte. Pero no dejéis que vuestro corazón se turbe, permaneced en esa paz, esa paz que es la base de todo consuelo, porque volveré y os llevaré de la mano a donde esté".

No es fácil dejarse *consolar* por el Señor. Muchas veces, en los malos tiempos, nos enojamos con el Señor y no dejamos que venga y nos hable así, con esta dulzura, con esta cercanía, con esta mansedumbre, con esta verdad y con esta esperanza.

Pidamos la gracia de aprender a dejarnos consolar por el Señor. El consuelo del Señor es verdadero, no engaña. No es anestesia, no. Está cerca, es veraz y nos abre las puertas de la esperanza.

Sábado, 9 de mayo de 2020

Santa Misa[62]

Introducción

Hoy es la conmemoración de santa Luisa de Marillac [la memoria litúrgica se celebra el 15 de marzo, pero como este año caía en tiempo de Cuaresma ha sido trasladada a hoy]. Recemos por las hermanas vicentinas que llevan adelante este ambulatorio, este "hospital" desde hace casi 100 años [se trata del Dispensario pediátrico Santa Marta que gestionan las hermanas de la Congregación de las Hijas de la Caridad] y trabajan aquí, en Santa Marta, para este "hospital". Que el Señor bendiga a las hermanas.

Homilía - El Espíritu Santo crea la armonía de la Iglesia, el espíritu maligno destruye

Hemos recitado en el Salmo: «¡Cantad al Señor un canto nuevo, porque ha obrado maravillas; su diestra le ha dado victoria, su santo brazo! El Señor ha dado a conocer su salvación, ha revelado su justicia a las naciones» (*Sal* 97,1-2). Esto es verdad. El Señor ha hecho maravillas. ¡Pero cuánto esfuerzo! ¡Qué difícil es para las comunidades cristianas llevar a cabo estas maravillas del Señor!

En el pasaje de los *Hechos de los Apóstoles* (cfr. 13,44-52) hemos sentido la alegría: toda la ciudad de Antioquía se reunió para escuchar la Palabra del Señor, porque Pablo, los apóstoles predicaban con fuerza, y el Espíritu los

---

[62] Liturgia de la Palabra: *Hch* 13,44-52; *Sal* 97; *Jn* 14,7-14.

ayudaba. Pero «los judíos, al ver a la multitud, se llenaron de envidia y contradecían con palabras insultantes cuanto Pablo decía» (v. 45). Por un lado está el Señor, está el Espíritu Santo que hace crecer a la Iglesia, y crece cada vez más, esto es cierto. Pero, por otro lado, está el espíritu malvado que trata de destruir a la Iglesia. Siempre es así. Siempre así. Se sigue adelante, pero luego viene el enemigo tratando de destruir. El balance es siempre a largo plazo, pero ¡cuánto esfuerzo, cuánto dolor, cuánto martirio!

Esto sucedió aquí, en Antioquía, y sucede en todas partes en el Libro de los Hechos de los Apóstoles. Pensemos, por ejemplo, en Listra, cuando llegaron y sanaron [un paralítico] y todos creían que eran dioses y querían hacer sacrificios, y toda la gente estaba con ellos (cfr. *Hch* 14,8-18). Luego vinieron los demás y los convencieron de que no era así. Y ¿cómo acabaron Pablo y su compañero? Apedreados (cfr. *Hch* 14,19). Siempre esta lucha. Pensemos en el mago Elimas, en cómo hizo para que el Evangelio no llegase al cónsul (cfr. *Hch* 13,6-12). Pensemos en los amos de esa muchacha que hacía la adivina: explotaban bien a la muchacha, porque "leía las manos" y recibía dinero que iba a parar al bolsillo de los amos. Y cuando Pablo y los apóstoles mostraron que esto era una mentira, que no estaba bien, inmediatamente la revolución contra ellos (cfr. *Hch* 16,16-24). Pensemos en los artesanos de la diosa Artemisa [en Éfeso], que perdían su negocio al no poder vender "las figuras", porque la gente ya no las compraba, porque se había convertido. Y así, un caso detrás del otro. Por un lado, la Palabra de Dios que convoca, que hace crecer; por otro lado, la persecución, y gran persecución porque termina echándolos, pegándoles...

¿Y cuál es el instrumento del diablo para destruir el anuncio evangélico? La envidia. El Libro de la Sabiduría lo dice muy claro: "Por la envidia del diablo entró el pecado en el mundo" (cfr. *Sab* 2,24), envidia, celos. Siempre este sentimiento amargo, amargo. Esta gente veía cómo se predicaba el Evangelio y se enojaba, se carcomía de rabia. Y esta rabia les llevaba adelante: es la rabia del diablo, es la rabia que destruye, la rabia de ese "¡crucifica, crucifica!", de esa tortura de Jesús. Quiere destruir. Siempre. Siempre.

Ante esta lucha, vale también para nosotros la hermosa expresión: "La Iglesia avanza entre los consuelos de Dios y las persecuciones del mundo" (cfr. San Agustín, *De Civitate Dei*, XVIII, 51,2). A una Iglesia que no tiene dificultades le falta algo. El diablo está demasiado tranquilo. Y si el diablo está tranquilo, las cosas no van bien. Siempre la dificultad, la tentación, la lucha... Los celos que destruyen. El Espíritu Santo hace la armonía de la Iglesia, y el espíritu malvado destruye. Hasta hoy. Hasta hoy. Siempre esta lucha. Los poderes temporales son un instrumento de estos celos, de esta envidia. Aquí nos dice que «los judíos incitaron a algunas mujeres piadosas de la nobleza» (*Hch* 13,50). Fueron a donde estas mujeres y les dijeron: "Estos son revolucionarios, hay que expulsarlos". Las mujeres hablaron con las demás y los expulsaron: eran las "mujeres piadosas" de la nobleza y también los notables de la ciudad (cfr. v. 50). Van donde el poder temporal; y el poder temporal puede ser bueno: las personas pueden ser buenas, pero el poder como tal siempre es peligroso. El poder del mundo contra el poder de Dios mueve todo esto; y siempre detrás de esto, detrás de ese poder, está el dinero.

Es lo que sucede en la Iglesia primitiva: la obra del Espíritu para construir la Iglesia, para armonizar la Iglesia, y la obra del espíritu malvado para destruirla. El uso de los poderes temporales para detener a la Iglesia, destruir la Iglesia, no es más que una evolución de lo que sucedió la mañana de la Resurrección. Los soldados, al ver ese triunfo, fueron a los sacerdotes, y los sacerdotes "compraron" la verdad. Y la verdad fue "silenciada" (cfr. *Mt* 28,11-15). Desde la primera mañana de la Resurrección, el triunfo de Cristo, existe esta traición, este "silenciar" la palabra de Cristo, "silenciar" el triunfo de la Resurrección con el poder temporal: los sumos sacerdotes y el dinero.

Estemos atentos, estemos atentos a la predicación del Evangelio: no caigamos nunca en poner la confianza en los poderes temporales y el dinero. ¡La confianza de los cristianos es Jesucristo y el Espíritu Santo que envió! ¡Y el Espíritu Santo es la levadura, es la fuerza que hace crecer a la Iglesia! Sí, la Iglesia avanza, en paz, con resignación, alegre: entre "los consuelos de Dios y las persecuciones del mundo".

10 de mayo de 2020

V Domingo de Pascua (A)

Santa Misa[63]

Introducción

En los últimos dos días ha habido dos conmemoraciones: el 70 aniversario de la Declaración de Robert Schuman, que dio inicio a la Unión Europea, y también la conmemoración del fin de la guerra. Hoy le pedimos al Señor que Europa crezca unida en esta unidad de hermandad que hace que todos los pueblos crezcan en unidad en la diversidad.

Homilía - Rezar es ir con Jesús al Padre que nos concederá todo

En este pasaje del Evangelio (cfr. *Jn* 14,1-14), el discurso de despedida de Jesús, Jesús dice que va al Padre. Y dice que estará con el Padre que quien cree en Él «hará las obras que yo hago, y hará mayores aún, porque yo voy al Padre. Y yo os concederé todo lo que pidáis en mi nombre, para que el Padre sea glorificado en el Hijo» (vv. 12-14). Podemos decir que este pasaje del Evangelio de Juan es la declaración de la ascensión al Padre.

El Padre siempre ha estado presente en la vida de Jesús y Jesús hablaba de esto. Jesús rezaba al Padre. Y muchas veces, hablaba del Padre que cuida de nosotros, como cuida de los pájaros, de los lirios del campo... El Padre. Y

---

[63] Liturgia de la Palabra: *Hch* 2,36-41; *Sal* 32; *1 P* 2,4-9; *Jn* 20,11-18.

cuando los discípulos le pidieron que les enseñara a orar, Jesús les enseñó a orar al Padre: «*Padre* nuestro» (*Mt* 6,9). Siempre va [se dirige] al Padre. Pero en este pasaje es muy fuerte; y es también como si abriera las puertas de la *omnipotencia de la oración*. "Porque estoy con el Padre: vosotros pedid y yo haré todo. Pero porque el Padre lo hará conmigo" (cfr. *Jn* 14,11). Esta confianza en el Padre, confianza en el Padre que es capaz de hacer todo. Este valor para rezar, porque rezar requiere valentía. Se necesita la misma valentía, la misma franqueza que para predicar: la misma. Pensemos en nuestro padre Abraham, cuando "regateaba" con Dios para salvar Sodoma (cfr. *Gn* 18, 20-33): "¿Y si fueran menos? ¿Y menos? ¿Y menos?... Realmente, sabía cómo "negociar". Pero siempre con esa valentía: "Disculpa, Señor, pero hazme un descuento: un poco menos, un poco menos...". Siempre el coraje de la lucha en la oración, porque orar es *luchar*: luchar con Dios. Y luego, Moisés: las dos veces que el Señor hubiera querido destruir al pueblo (cfr. *Ex* 32.1-35 y cfr. *Nm* 11,1-3) y hacerle jefe de otro pueblo, Moisés dijo "¡No!". ¡Le dijo "no" al Padre! ¡Con *valentía*! Pero si vas a orar así —[susurra una oración tímida]— ¡esto es una falta de respeto! Orar es ir con Jesús al Padre que te dará todo. Valentía en la oración, franqueza en la oración. La misma que se necesita para la predicación.

Y hemos escuchado en la primera lectura ese conflicto en los primeros días de la Iglesia (cfr. *Hch* 6,1-7), porque los cristianos de origen griego murmuraban —murmuraban, ya se hacía en aquellos tiempos: se ve que es una costumbre de la Iglesia...—, murmuraban porque sus viudas, sus huérfanos no estaban bien atendidos; los apóstoles no tenían tiempo de hacer muchas cosas. Y Pedro [con los apóstoles], iluminado por el Espíritu Santo, "inventó", por así decirlo, los diáconos. "Hagamos una cosa: busquemos a siete personas que sean buenas y que estos hombres se encarguen del servicio" (cfr. *Hch* 6 2-4). El diácono es el custodio del servicio en la Iglesia. "Y así estas personas, que tienen motivos para quejarse, estén bien atendidas en sus necesidades y nosotros —dice Pedro, lo hemos oído— nos dedicaremos a la oración y al anuncio de la Palabra" (cfr. v. 5). Esta es la tarea del obispo: *orar y predicar*. Con esta fuerza que hemos oído en el Evangelio: el obispo es el primero en ir al Padre, con la confianza que ha dado Jesús, con el valor, con la parresia, para luchar por su pueblo. La primera tarea de un obispo es rezar. Pedro lo dijo: "Y a nosotros, la oración y la proclamación de la Palabra".

Conocí a un sacerdote, un santo párroco, bueno, que cuando se encontraba con un obispo lo saludaba como se debe, muy amable, y siempre le hacía esta pregunta: "Excelencia, ¿cuántas horas reza al día?", y decía siempre: "Porque la primera tarea es rezar". Porque es la oración del jefe de la comunidad por la comunidad, la intercesión al Padre para que proteja al pueblo.

La oración del obispo, la primera tarea: *rezar*. Y la gente, al ver al obispo rezar, aprende a rezar. Porque el Espíritu Santo nos enseña que es Dios quien "hace las cosas". Nosotros hacemos un poquitín, pero es Él quien "hace las cosas" de la Iglesia, y la oración es la que lleva a la Iglesia hacia adelante. Y para esto los jefes de la Iglesia, por así decirlo, los obispos, deben seguir adelante con la oración

Esa palabra de Pedro es profética: "Que los diáconos hagan todo esto, así la gente está bien atendida y ha resuelto los problemas y también sus necesidades. Pero a nosotros, los obispos, la oración y la proclamación de la Palabra".

Es triste ver a buenos obispos, capaces, personas buenas, pero ocupados en muchas cosas, la economía, y esto y lo otro y lo de más allá... La oración en primer lugar. Luego, lo demás. Pero cuando lo demás roba espacio a la oración, algo no funciona. Y la oración es fuerte por lo que hemos oído decir a Jesús en el Evangelio: «Yo voy al Padre. Y yo os concederé todo lo que pidáis al Padre en mi nombre, para que el Padre sea glorificado» (*Jn* 14,12-13). Así sigue adelante la Iglesia, con la oración, la valentía de la oración, porque la Iglesia sabe que sin esta subida al Padre no puede sobrevivir.

Regina Coeli

Queridos hermanos y hermanas, ¡buenos días!

En el Evangelio de hoy (cfr. *Jn* 14,1-12) escuchamos el inicio del llamado "*Discurso de despedida*" de Jesús. Se trata de las palabras que Jesús dirige a sus discípulos al terminar la Última Cena, poco antes de enfrentarse a su Pasión. En un momento tan dramático, Jesús comenzó diciendo: «No se turbe vuestro corazón» (v. 1). También nos lo dice a nosotros, en los dramas de nuestras vidas. Pero, ¿qué debemos hacer para que no se turbe nuestro corazón? Porque el corazón se turba.

El Señor indica dos remedios para el turbamiento. El primero es: «Creed en mí» (v. 1). Puede parecer un consejo un poco teórico, abstracto. Sin embargo, Jesús quiere decirnos algo bastante preciso. Él sabe que, en la vida, la peor ansiedad, el turbamiento, viene de la sensación de no tener fuerzas, del sentirse solos y sin un punto de referencia ante lo que nos sucede. Esta angustia, en la que a la dificultad se le añade mayor dificultad, no la podemos superar solos. Necesitamos la ayuda de Jesús, y por esto

Jesús nos pide que *tengamos fe en Él;* es decir, que no nos apoyemos en nosotros mismos sino en Él. Porque la liberación del turbamiento pasa por la confianza. Encomendarse a Jesús, dar el "salto". Y esta es la liberación de la angustia. Y Jesús ha resucitado y está vivo precisamente para estar siempre a nuestro lado. Ahora podemos decirle: "Jesús, creo que has resucitado y que me acompañas. Creo que me escuchas. Te traigo todo lo que me turba, mis problemas: tengo fe en Ti y me encomiendo a Ti".

Además, hay un segundo remedio para la angustia que Jesús expresa del siguiente modo: «En la casa de mi Padre hay muchas mansiones; [...] voy a prepararos un lugar» (v. 2). Esto es lo que hace Jesús por nosotros: nos ha reservado un lugar en el Cielo. Tomó nuestra humanidad sobre sí mismo para llevarla más allá de la muerte, a un nuevo lugar, al Cielo, para que allí donde está Él, estuviéramos también nosotros. Es la certeza que nos consuela: hay un lugar reservado para cada uno. Hay un lugar para mí también. Cada uno de nosotros puede decir: hay un lugar para mí. No vivimos sin meta ni destino. Se nos espera, somos preciosos. Dios está enamorado de nosotros, somos sus hijos. Y para nosotros ha preparado el lugar más digno y hermoso: el paraíso. No lo olvidemos: la morada que nos espera es el Paraíso. Aquí estamos de paso. Estamos hechos para el Cielo, para la vida eterna, para vivir para siempre. Para siempre: es algo que ni siquiera podemos imaginar ahora. Pero aún más bello es pensar que este *para siempre* será totalmente en el gozo, en la comunión plena con Dios y con los otros, sin más lágrimas, sin más rencores, sin divisiones ni angustias.

Pero, ¿cómo podemos llegar al Paraíso? ¿Cuál es el camino a seguir? Esta es la frase decisiva de Jesús. Lo dice hoy: «Yo soy el camino» (v. 6). Jesús es el camino para subir al cielo: tener una relación abierta con Él, imitarlo en el amor, seguir sus pasos. Y yo, cristiano, tú, cristiano, cada uno de nosotros, cristianos, podemos preguntarnos: "¿Qué camino sigo?". Hay caminos que no llevan al Cielo: los caminos de la mundanidad, los caminos para autoafirmarse, los caminos del poder egoísta. Y está el camino de Jesús, el camino del amor humilde, de la oración, de la mansedumbre, de la confianza, del servicio a los demás. No es el camino de *mi protagonismo*, es el camino de *Jesús como protagonista de mi vida*. Es ir adelante cada día preguntándole: "Jesús, ¿qué piensas de esta decisión que he tomado? ¿Qué harías en esta situación, con estas personas?". Nos hará bien pedir a Jesús, que es el camino, indicaciones para ir al Cielo. Que la Virgen, Reina del Cielo, nos ayude a seguir a Jesús, que ha abierto para nosotros el Paraíso.

Después del Regina Coeli

¡Queridos hermanos y hermanas!

Hoy acompaño con mi pensamiento a Europa y África. A Europa, con motivo del 70º aniversario de la *Declaración Schuman*, del 9 de mayo de 1950, que inspiró el proceso de integración europea, permitiendo la reconciliación de los pueblos del continente, después de la Segunda Guerra Mundial, y el largo período de estabilidad y paz del que nos beneficiamos hoy en día. Que el espíritu de la *Declaración Schuman* no deje de inspirar a los responsables de la Unión Europea que deben hacer frente con un espíritu de armonía y cooperación las consecuencias sociales y económicas de la pandemia.

Y dirijo mi mirada también a África porque el 10 de mayo de 1980, hace cuarenta años, san Juan Pablo II, durante su primera visita pastoral a ese continente, dio voz al clamor de la población del Sahel, duramente azotada por la sequía. Hoy felicito a los jóvenes que se han comprometido con la iniciativa "Laudato si' Árboles". El objetivo es plantar al menos un millón de árboles, en la región del Sahel, que formarán parte de la "Gran Muralla Verde de África". Espero que muchos sigan el ejemplo de solidaridad de estos jóvenes.

Y hoy, en muchos países, se celebra el Día de la Madre. Quiero recordar a todas las madres con gratitud y afecto, encomendándolas a la protección de María, nuestra Madre celestial. Mis pensamientos también van a las madres que han pasado a la otra vida y nos acompañan desde el Cielo. Hagamos un momento de silencio para recordar cada uno a su madre [silencio].

Os deseo a todos un buen domingo. Por favor, no os olvidéis de rezar por mí. Buen almuerzo y hasta pronto.

Lunes, 11 de mayo de 2020

Santa Misa[64]

Introducción

Nos unimos hoy a los fieles de Termoli, en la fiesta del hallazgo del cuerpo de san Timoteo. En estos días mucha gente ha perdido su trabajo; no fueron contratados de nuevo, trabajaban en negro... Oremos por estos hermanos y hermanas nuestros que sufren esta falta de trabajo.

Homilía - El Espíritu nos enseña todo, nos introduce en el misterio, nos hace recordar y discernir

El pasaje del Evangelio de hoy está [tomado de] la despedida de Jesús en la Cena (cfr. *Jn* 14,21-26). El Señor termina con estos versículos: «Os he dicho estas cosas estando entre vosotros. Pero el Paráclito, el Espíritu Santo, que el Padre enviará en mi nombre, os lo enseñará todo y os recordará todo lo que yo os he dicho» (vv. 25-26). Es la promesa del Espíritu Santo; el Espíritu Santo que habita en nosotros y que el Padre y el Hijo envían. "El Padre enviará en mi nombre", dijo Jesús, para acompañarnos en la vida. Y lo llaman *Paráclito*. Esta es la tarea del Espíritu Santo. En griego, el Paráclito es el que sostiene, el que acompaña para que no te caigas, te mantiene firme, está cerca de ti para sostenerte. Y el Señor nos ha prometido este apoyo, que es Dios como Él: es el Espíritu Santo. ¿Qué hace el Espíritu Santo en nosotros? El Señor nos lo dice: «os lo en-

---

[64] Liturgia de la Palabra: *Hch* 2,36-41; *Sal* 32; *Jn* 20,11-18.

señará todo y os recordará todo lo que yo os he dicho» (v. 26). *Enseñar y recordar*. Esta es la tarea del Espíritu Santo.

Nos *enseña*: nos enseña el misterio de la fe, nos enseña a entrar en el misterio, a entender el misterio un poco más. Nos enseña la doctrina de Jesús y nos enseña cómo desarrollar nuestra fe sin cometer errores, porque la doctrina crece, pero siempre en la misma dirección: crece en la comprensión. Y el Espíritu nos ayuda a crecer en la comprensión de la fe, a comprenderla más, a comprender lo que dice la fe. La fe no es estática; la doctrina no es estática: crece. Crece como crecen los árboles, siempre los mismos, pero más grandes, con fruta, pero siempre igual, en la misma dirección. Y el Espíritu Santo evita que la doctrina cometa errores, evita que permanezca parada, sin crecer en nosotros. Nos enseñará lo que Jesús nos ha enseñado, desarrollará en nosotros la comprensión de lo que Jesús nos ha enseñado, hará que la doctrina del Señor crezca en nosotros hasta la madurez.

Y otra cosa que dice Jesús que hace el Espíritu Santo es *recordar*: «Os recordará todo lo que yo os he dicho» (v. 26). El Espíritu Santo es como la memoria, nos despierta: "Acuérdate de eso, acuérdate de lo otro"... Nos mantiene despiertos, siempre despiertos en las cosas del Señor y también nos hace recordar nuestra vida: "Piensa en aquel momento, piensa en cuándo encontraste al Señor, piensa en cuándo lo dejaste".

Una vez oí decir que una persona rezaba ante el Señor así: "Señor, soy el mismo que de niño, de joven, tenía estos sueños. Luego, seguí caminos equivocados. Ahora me has llamado". Yo soy el mismo: esta es la memoria del Espíritu Santo en nuestra propia vida. Te lleva a la memoria de la salvación, a la memoria de lo que Jesús te ha enseñado, pero también a la memoria de tu propia vida. Y esto me ha hecho pensar —lo que dijo ese hombre— en una buena manera de orar, mirando al Señor: "Soy el mismo. He andando mucho, he cometido muchos errores, pero soy el mismo y tú me amas". La memoria del camino de la vida.

Y el Espíritu Santo nos guía en esta memoria; nos guía para *discernir*, para discernir lo que tengo que hacer ahora, cuál es el camino correcto y cuál es el equivocado, también en las pequeñas decisiones. Si le pedimos luz al Espíritu Santo, Él nos ayudará a discernir para tomar las decisiones correctas, las pequeñas de cada día y las más grandes. Es quien nos acompaña, nos apoya en el discernimiento.

Por lo tanto, el Espíritu enseña: nos enseñará todo, es decir, hará crecer la fe, nos introducirá en el misterio; el Espíritu nos recuerda: nos recuerda la fe, nos recuerda nuestra vida; es el Espíritu el que en esta enseñanza y en este recuerdo nos enseña a discernir las decisiones que debemos tomar. Y los Evangelios le dan un nombre, al Espíritu Santo —sí, Paráclito, porque te sostiene, pero otro nombre más hermoso—: es el *Don de Dios*. El Espíritu es el Don de Dios. El Espíritu es realmente el Don. No os dejaré solos, os enviaré un Paráclito que os sostendrá y os ayudará a seguir adelante, a recordar, discernir y crecer. El don de Dios es el Espíritu Santo.

Que el Señor nos ayude a guardar este Don que nos dio en el Bautismo y que todos tenemos dentro.

Martes, 12 de mayo de 2020

Santa Misa[65]

Introducción

Hoy es el día de las enfermeras. Ayer envié un mensaje. Recemos hoy por los enfermeros y las enfermeras, hombres, mujeres, muchachos y muchachas que tienen esta profesión, que es más que una profesión, es una vocación, una dedicación. Que el Señor los bendiga. En este tiempo de pandemia han dado ejemplo de heroísmo y algunos han dado su vida. Recemos por las enfermeras y los enfermeros.

Homilía - Cómo da la paz el mundo y cómo la da el Señor

El Señor antes de irse saluda a los suyos y da el don de la paz (cfr. *Jn* 14,27-31), la paz del Señor: «Os dejo la paz, mi paz os doy; no os la doy como la da el mundo» (v. 27). No se trata de la paz universal, esa paz sin guerras que todos nosotros deseamos que haya siempre, sino la paz del corazón, la paz del alma, la paz que cada uno de nosotros tiene dentro. Y el Señor la da, pero —subraya— «no os la doy como la da el mundo» (v. 27). ¿Cómo da la paz el mundo y cómo la da el Señor? ¿Son paces diferentes? Sí.

El mundo te da la "paz interior" —estamos hablando de esta, la paz de tu vida, ese vivir con el "corazón en paz"—, te da la paz interior como una *posesión tuya*, como algo que es tuyo y te aísla de los demás, te mantiene en ti,

---

[65] Liturgia de la Palabra: *Hch* 14,19-28; *Sal* 144; *Jn* 14,27-31.

es una adquisición tuya: tengo la paz. Y tú, sin darte cuenta, te encierras en esa paz, es una paz un poco para ti, para cada uno; es una paz "sola", es una paz que te hace estar tranquilo, incluso feliz. Y en esta tranquilidad, en esta felicidad te adormece un poco, te anestesia y hace que te quedes contigo mismo con cierta tranquilidad. Es un poco egoísta: la paz para mí, encerrada en mí. Así es como el mundo da la paz (cfr. v. 27). Y es una paz cara, porque tienes que cambiar constantemente los "instrumentos de paz": cuando algo te entusiasma, cuando una cosa te da paz, luego se acaba y tienes que encontrar otra... Es cara porque es *provisional y estéril*.

En cambio, la paz que Jesús da es otra cosa. Es una paz que te pone en *movimiento*, no te aísla, te pone en movimiento, te hace ir hacia los demás, crea comunidad, crea comunicación. La paz del mundo es cara, la de Jesús es gratuita, es gratis; es un *don* del Señor, la paz del Señor. Es fecunda, siempre te hace avanzar.

Un ejemplo del Evangelio que me hace pensar en cómo es la paz del mundo es aquel señor que tenía los graneros llenos y la cosecha del año se presentaba abundante, así que pensó: "Tendré que construir otros almacenes, otros graneros para almacenar todo esto y luego estaré tranquilo... Es mi tranquilidad, con esto puedo vivir tranquilo". "Necio, le dice Dios, esta noche morirás" (cfr. *Lc* 12,13-21). Es una paz inmanente que no te abre la puerta al más allá. En cambio, la paz del Señor está abierta adonde Él ha ido, está abierta al Cielo, está abierta al Paraíso. Es una paz fecunda que se abre y porta a otros contigo al Paraíso.

Creo que nos ayudará preguntarnos: ¿Cuál es mi paz? ¿Dónde encuentro paz? ¿En las cosas, en el bienestar, en los viajes —pero ahora, hoy, no se puede viajar—, en las posesiones, en muchas cosas, o encuentro la paz como don del Señor? ¿Tengo que *pagar* la paz o la recibo gratis del Señor? ¿Cómo es mi paz? ¿Me enfado cuando me falta algo? Esta no es la paz del Señor. Esta es una de las pruebas. ¿Estoy tranquilo en mi paz, "me duermo"? No es del Señor. ¿Estoy en paz y quiero comunicarla a los demás y llevar algo adelante? ¡Esa es la paz del Señor! Incluso en los momentos malos y difíciles, ¿permanece esa paz en mí? Es del Señor. Y la paz del Señor es *fecunda* también para mí porque está llena de esperanza, es decir, mira al Cielo.

Ayer —perdonen si digo estas cosas, pero son cosas de la vida que me hacen bien—, ayer recibí una carta de un sacerdote, un buen sacerdote, bueno, y me decía que hablo poco del cielo, que debería hablar más. Y tiene razón, tiene razón. Es por esto por lo que hoy he querido subrayar que la paz, esta que Jesús nos da, es una paz para ahora y para el futuro. Es comenzar a vivir el Cielo, con la fecundidad del Cielo. No es anestesia. La otra, sí: te anestesias con las cosas del mundo y cuando la dosis de esta anestesia termina tomas otra y otra y otra... Esta [de Jesús] es una paz *definitiva*, fecunda también y contagiosa. No es narcisista, porque siempre mira al Señor. La otra te mira a ti, es un poco narcisista.

Que el Señor nos dé esta paz llena de esperanza, que nos hace fecundos, nos hace comunicativos con los demás, que crea comunidad y que siempre mira a la paz definitiva del Paraíso.

Miércoles, 13 de mayo de 2020

Santa Misa[66]

Introducción

Recemos hoy por los estudiantes, por los jóvenes que estudian y por los enseñantes que deben encontrar nuevos métodos para avanzar en la enseñanza: que el Señor les ayude en este camino, les dé valentía y también un buen resultado.

Homilía - El permanecer recíproco entre la vid y los sarmientos

El Señor vuelve sobre el "permanecer en Él", y nos dice: "La vida cristiana es permanecer en mí". *Permanecer*. Y utiliza aquí la imagen de la vid y de los sarmientos que permanecen en la vid (cfr. *Jn* 15,1-8). Y este permanecer no es un permanecer pasivo, un adormecimiento en el Señor: esto sería quizás un "sueño beatífico", pero no es eso. Este *permanecer* es un permanecer activo, y también es un permanecer recíproco. ¿Por qué? Porque Él dice: «Permaneced en mí, como yo en vosotros» (v. 4). Él también permanece en nosotros, no sólo nosotros en Él. Es una permanencia *recíproca*. En otra parte dice: Yo y el Padre «vendremos a él y haremos morada en él» (*Jn* 14,23). Es un misterio, pero un misterio de vida, un hermoso misterio, esta *permanencia recíproca*. También con el ejemplo de los sarmientos: es cierto, los sarmientos sin la vid no pueden hacer nada porque la savia no circula, necesitan

---

[66] Liturgia de la Palabra: *Hch* 15,1-6; *Sal* 121; *Jn* 15,1-8.

la savia para crecer y dar fruto; pero también la planta, la vid necesita sarmientos, porque los frutos no están unidos al tronco de la vid. Es una necesidad recíproca, es una permanencia recíproca para dar fruto.

Y esta es la vida cristiana. Es verdad, la vida cristiana es cumplir los mandamientos (cfr. *Ex* 20,1-11), y esto debe hacerse. La vida cristiana es ir por el camino de las bienaventuranzas (cfr. *Mt* 5,1-13), y esto debe hacerse. La vida cristiana es llevar a cabo las obras de misericordia, como el Señor nos enseña en el Evangelio (cfr. *Mt* 25,35-36), y esto debe hacerse. Pero es también más: es esta permanencia recíproca. Sin Jesús no podemos hacer nada, como los sarmientos sin la vid. Y Él —me permita el Señor decirlo— sin nosotros parece que no puede hacer nada, porque el fruto lo da el sarmiento, no el tronco. En esta comunidad, en esta intimidad del "permanecer" que es fecunda, el Padre y Jesús permanecen en mí y yo permanezco en Ellos.

¿Y cuál es —se me ocurre decir— la "necesidad" que tiene el tronco de la vid de los sarmientos? Es dar frutos. ¿Qué "necesidad" —por así decir, con un poco de audacia—, qué "necesidad" tiene Jesús de nosotros? *El testimonio*. Cuando en el Evangelio dice que nosotros somos luz, dice: "Brille vuestra luz, para que los hombres «vean vuestras buenas obras y alaben a vuestro Padre» (*Mt* 5,16)". Es decir, el testimonio es la necesidad que tiene Jesús de nosotros. Dar testimonio de su Nombre, porque la fe, el Evangelio crece por el testimonio. Esto es un modo misterioso: después de haber pasado la Pasión, Jesús glorificado en el cielo necesita nuestro testimonio para hacer crecer, para anunciar, para que la Iglesia crezca. Y este es el misterio recíproco del "permanecer". Él, el Padre y el Espíritu permanecen en nosotros, y nosotros permanecemos en Jesús.

Nos hará bien pensar y reflexionar sobre esto: permanecer en Jesús; y Jesús permanece en nosotros. Permanecer en Jesús para tener la savia, la fuerza, para tener la justificación, la gratuidad, para tener la fecundidad. Y Él permanece en nosotros para darnos la fuerza de [dar] fruto (cfr. *Jn* 5,15), para darnos la fuerza del testimonio con el que la Iglesia crece.

Me hago una pregunta: ¿cómo es la relación entre Jesús que permanece en mí y yo que permanezco en Él? Es una relación de intimidad, una relación mística, una relación sin palabras. "¡Pero padre, esto es para los místicos!". No: esto es para todos nosotros. Con pequeños pensamientos: "Señor, sé que estás conmigo: dame la fuerza y haré lo que me digas". Ese diálogo de intimidad con el Señor. El Señor está *presente*, el Señor está presente en nosotros, el Padre está presente en nosotros, el Espíritu está presente en nosotros; permanecen en nosotros. Pero yo debo permanecer en Ellos...

Que el Señor nos ayude a comprender, a sentir esta *mística del permanecer* en la que Jesús insiste tanto, tanto, tanto. Muchas veces, cuando hablamos de la vid y los sarmientos, nos detenemos en la figura, en el oficio del agricultor, del Padre: que corta, es decir, poda, lo que da fruto [el sarmiento], y lo que no da fruto lo arranca y lo tira (cfr. *Jn* 15,1-2). Es cierto que hace esto, pero eso no es todo, no. Hay más. Esta es la ayuda: las pruebas, las dificultades de la vida, incluso las correcciones que el Señor nos hace. Pero no nos detengamos aquí. Entre la vid y los sarmientos se da este *permanecer íntimo*. Los sarmientos, nosotros, necesitamos la savia, y la vid necesita los frutos, el testimonio.

Jueves, 14 de mayo de 2020

Santa Misa[67]

Introducción

El Comité superior para la Fraternidad Humana ha convocado hoy una jornada de oración y ayuno, para pedirle a Dios misericordia y piedad en este momento trágico de la pandemia. Todos somos hermanos. Decía san Francisco de Asís: "Todos hermanos". Y por esto, hombres y mujeres de todas las confesiones religiosas nos unimos hoy en oración y penitencia, para pedir la gracia de la curación de esta pandemia.

Homilía – Día de fraternidad, día de penitencia y oración

En la primera lectura escuchamos la historia de Jonás, en el estilo de la época (cfr. *Jon* 3, 1-10). Dado que había alguna pandemia, no sabemos, en la ciudad de Nínive, quizás una "pandemia moral", [la ciudad] estaba a punto de ser destruida (cfr. v. 4). Y Dios envía a Jonás a predicar: oración y penitencia, oración y ayuno (cfr. vv. 7-8). Ante esa pandemia, Jonás se asustó y escapó (cfr. *Jon* 1,3). Entonces el Señor lo llamó por segunda vez y él aceptó ir a predicar esto (cfr. *Jon* 3, 1-3). Y hoy todos nosotros, hermanos y hermanas de todas las tradiciones religiosas, rezamos: día de oración y ayuno, de penitencia, convocado por el Comité superior para la Fraternidad Humana. Cada uno de nosotros reza, las comunidades rezan, las confesio-

---

[67] Liturgia de la Palabra: *Hch* 1,15-17.20-26; *Sal* 112; *Jn* 15,9-17.

nes religiosas rezan, rezan a Dios: todos *hermanos*, unidos en la fraternidad que nos aúna en este momento de dolor y tragedia.

No esperábamos esta pandemia, llegó sin que lo esperáramos, pero ahora está aquí. Y mucha gente muere. Mucha gente muere sola y mucha gente muere sin poder hacer nada. A veces puede que pensemos: "A mí esto no me toca, gracias a Dios me he salvado". ¡Pero piensa en los demás! Piensa en la tragedia y también en las consecuencias económicas, las consecuencias en la educación, las consecuencias..., lo que sucederá después. Y por esto hoy, todos, hermanos y hermanas, de cualquier confesión religiosa, rezamos a Dios. Quizás haya alguien que diga: "Esto es relativismo religioso y no se puede hacer". Pero cómo que no se puede hacer, ¿no podemos rezar al Padre de todos? Cada uno reza como sabe, como puede, como lo ha recibido de su propia cultura. No estamos rezando unos contra otros, esta tradición religiosa contra aquella, ¡no! Todos estamos unidos como seres humanos, como *hermanos*, rezando a Dios, según la cultura de cada uno, según la propia tradición, según las propias creencias, pero hermanos y rezando a Dios, ¡esto es lo importante! Hermanos, ayunando, pidiéndole perdón a Dios por nuestros pecados, para que el Señor tenga misericordia de nosotros, para que el Señor nos perdone, para que el Señor detenga esta pandemia. Hoy es un día de fraternidad, mirando al único Padre: hermanos y paternidad. Día de oración.

Nosotros, el año pasado, en noviembre del año pasado, no sabíamos qué era una pandemia: vino como un diluvio, vino de repente. Ahora nos estamos despertando un poco. Pero hay muchas otras pandemias que hacen morir a la gente y no nos damos cuenta, miramos para otro lado. Somos un poco inconscientes ante las tragedias que están sucediendo en el mundo en este momento. Solo quisiera citarles una estadística oficial de los primeros cuatro meses de este año, que no habla de la pandemia de coronavirus, habla de otra. En los primeros cuatro meses de este año, 3 millones 700 mil personas murieron de hambre. Existe la *pandemia del hambre*. En cuatro meses, casi 4 millones de personas. Esta oración de hoy, para pedirle al Señor que pare esta pandemia, debe hacernos pensar en las otras pandemias del mundo. ¡Hay muchas! La pandemia de las guerras, del hambre y muchas otras. Pero lo importante es que hoy —juntos y gracias al *coraje* que ha tenido el Comité superior para la Fraternidad Humana—, juntos hemos sido invitados a rezar cada uno según su propia tradición y a hacer un día *de penitencia, ayuno y también de caridad*, de ayuda a los demás. Esto es lo importante. En el libro de Jonás, escuchamos que el Señor, cuando vio cómo había reaccionado el pueblo, que se había convertido, se detuvo, detuvo lo que quería hacer.

Que Dios detenga esta tragedia, detenga esta pandemia. Que Dios se apiade de nosotros y detenga también otras pandemias horribles: la del hambre, la de la guerra, la de los niños que no reciben educación. Y pedimos esto como *hermanos*, todos juntos. Que Dios nos bendiga a todos y tenga misericordia de nosotros.

Al final de la misa

Hoy quisiera darle las gracias al señor Tommaso, el técnico de sonido que está trabajando hoy aquí para la transmisión. Nos ha acompañado en estas transmisiones, trabaja en el Dicasterio para la Comunicación y se jubila, hoy es su último día de trabajo. Que el Señor lo bendiga y lo acompañe en la nueva etapa de su vida.

Viernes, 15 de mayo de 2020

Santa Misa[68]

Introducción

Hoy es el Día Mundial de la Familia. Recemos por las familias, para que el Espíritu del Señor, el espíritu de amor, respeto y libertad crezca en las familias.

Homilía – La relación con Dios es gratuita, es una relación de amistad

En el Libro de los Hechos de los Apóstoles vemos que en la Iglesia, al principio, había momentos de paz, lo dice muchas veces: la Iglesia crecía, en paz, y el Espíritu del Señor se difundía (cfr. *Hch* 9,31); tiempos de paz. También había tiempos de persecución, comenzando por la persecución de Esteban (cfr. caps. 6-7), luego Pablo el perseguidor, convertido, y a su vez perseguido... Tiempos de paz, tiempos de persecución, y también tiempos de turbación. Este es el tema de la primera Lectura de hoy: un tiempo de turbación (cfr. *Hch* 15,22-31). «Habiendo sabido que algunos de entre nosotros —escriben los apóstoles a los cristianos procedentes del paganismo—, habiendo sabido que algunos de entre nosotros, sin mandato nuestro, os han perturbado — *perturbado* — con sus palabras, trastornando vuestros ánimos» (v. 24).

¿Qué había pasado? Estos cristianos que procedían de entre los paganos habían creído en Jesucristo y habían recibido el bautismo, y estaban felices: habían recibido el

---

[68] Liturgia de la Palabra: *Hch* 15,22-31; *Sal* 56; *Jn* 15,12-17.

Espíritu Santo. Del paganismo al cristianismo, sin ninguna etapa intermedia. En cambio, estos que se llaman "los judaizantes" afirmaban que esto no podía hacerse. Si uno era pagano, primero tenía que hacerse judío, un buen judío, y luego hacerse cristiano, para seguir la línea de la elección del pueblo de Dios. Y estos cristianos no entendían esto: "Pero bueno, ¿somos cristianos de segunda clase? ¿No se puede pasar del paganismo directamente al cristianismo? ¿Acaso la resurrección de Cristo no ha dado cumplimiento a la ley antigua y la ha llevado a una plenitud aún mayor?". Estaban turbados y había muchas discusiones entre ellos. Y aquellos que querían esto eran personas que con argumentos pastorales, argumentos teológicos, incluso algunos morales, afirmaban que no: que había que dar ese paso. Y esto cuestionaba la libertad del Espíritu Santo, también la gratuidad de la resurrección de Cristo y de la gracia. Eran metódicos. Y también rígidos.

De estos, de sus maestros, de los doctores de la Ley, Jesús había dicho: "¡Ay de vosotros que recorréis cielo y mar para hacer un prosélito, y cuando ya lo es, lo hacéis peor que antes! Lo hacéis hijo de la gehena". Esto es más o menos lo que dice Jesús en el capítulo 23 de Mateo (cfr. v.15). Esta gente que era "ideológica", más que "dogmática", era "ideológica", había reducido la Ley, el dogma a una ideología y "se debe hacer esto, y esto, y esto": una religión de prescripciones, y con esto quitaban la libertad del Espíritu. Y la gente que lo seguía era gente rígida, gente que no se sentía a gusto, no conocían la alegría del Evangelio. La perfección del camino para seguir a Jesús era la *rigidez*: "Hay que hacer, esto, esto, esto...". Esta gente, estos doctores "manipulaban" las conciencias de los fieles y, o los volvían rígidos o se marchaban.

Por esta razón, me lo repito muchas veces y digo que la rigidez no es del buen Espíritu, porque pone en tela de juicio la *gratuidad* de la redención, la gratuidad de la resurrección de Cristo. Y esto es una cosa vieja: durante la historia de la Iglesia, esto se ha repetido. Pensemos en los pelagianos, en estos... estos rígidos, famosos. Y también en nuestros tiempos hemos visto algunas organizaciones apostólicas que parecían realmente bien organizadas, que trabajaban bien... pero todos rígidos, todos iguales entre sí, y luego supimos de la *corrupción* que había dentro, incluso en los fundadores.

Donde hay rigidez no está el Espíritu de Dios, porque el Espíritu de Dios es *libertad*. Y esta gente quería seguir los pasos eliminando la libertad del Espíritu de Dios y la *gratuidad* de la redención: "Para ser justificado, debes hacer esto, esto, esto, esto...". La justificación es gratis. La muerte y resurrección de Cristo es gratuita. No se paga, no se compra: ¡es un don! Y estos no querían reconocerlo.

El camino es hermoso [el modo de proceder]: los apóstoles se reúnen en este concilio y al final escriben una carta que dice: «Hemos decidido el Espíritu Santo y nosotros no imponeros más cargas que éstas indispensables» (*Hch* 15,28), y ponen estas obligaciones más morales, de sentido común: no confundir el cristianismo con el paganismo, abstenerse de la carne ofrecida a los ídolos, etc. Y al final, estos cristianos que estaban turbados, reunidos en asamblea, recibieron la carta y «la leyeron y se llenaron de alegría al recibir aquel aliento» (v. 31). De la *turbación* a la *alegría*. El espíritu de rigidez te lleva siempre a la turbación: "¿Pero lo hice bien? ¿No lo hice bien?". El escrúpulo. El espíritu de libertad evangélica te lleva a la alegría, porque esto es exactamente lo que hizo Jesús con su resurrección: ¡ha traído la alegría! La relación con Dios, la relación con Jesús no es una relación así, de "hacer cosas": "Yo hago esto y Tú me das esto". Una relación así, digo – que el Señor me perdone – *comercial*: ¡no! Es gratis, así como la relación de Jesús con los discípulos es gratis. «Vosotros sois mis amigos» (*Jn* 15,14). "No os llamo siervos, os llamo amigos" (cfr. v. 15). «No me habéis elegido vosotros a mí; más bien os he elegido yo a vosotros» (v. 16): esta es la gratuidad.

Pidamos al Señor que nos ayude a discernir los frutos de la *gratuidad* del evangelio de los frutos de la *rigidez* no evangélica, y que nos libere de cualquier turbación de aquellos que ponen la fe, la vida de fe bajo las prescripciones casuísticas, las prescripciones que no tienen sentido. Me refiero a esas prescripciones que no tienen sentido, no a los Mandamientos. Pidámosle que nos libere de este espíritu de rigidez que te quita la libertad.

Sábado, 16 de mayo de 2020

Santa Misa[69]

Introducción

Hoy rezamos por las personas que se ocupan de enterrar a los muertos durante esta pandemia. Enterrar a los difuntos es una de las obras de misericordia y, naturalmente, no es algo agradable. Oremos por ellos, que arriesgan sus vidas y corren el peligro de contagiarse.

Homilía – Cristo muerto y resucitado por nosotros: la única medicina contra el espíritu de la mundanidad

Jesús muchas veces, y especialmente en su despedida con los apóstoles, habla del mundo (cfr. *Jn* 15,18-21). Y aquí dice: «Si el mundo os odia, sabed que a mí me ha odiado antes que a vosotros» (v. 18). Claramente habla del odio que el mundo ha tenido contra Jesús y tendrá contra nosotros. Y en la oración que hace en la mesa con los discípulos durante la Cena, le pide al Padre que no los retire del mundo, sino que los defienda del espíritu del mundo (cfr. *Jn* 17,15).

Creo que podemos preguntarnos: ¿cuál es *el espíritu del mundo?* ¿Qué es esta mundanidad, capaz de odiar, de destruir a Jesús y a sus discípulos, es más, de corromperlos y corromper a la Iglesia? Nos hará bien reflexionar sobre cómo es el espíritu del mundo, qué es. Es una *propuesta de vida*, la mundanidad. Hay quien piensa que la munda-

---

[69] Liturgia de la Palabra: *Hch* 16,1-10; *Sal* 99; *Jn* 15,18-21.

nidad es ir de fiesta, vivir haciendo fiestas... No, no. La mundanidad puede ser esto, pero fundamentalmente no es esto.

La mundanidad es una cultura; es una cultura de lo efímero, una cultura de la apariencia, del maquillaje, una cultura de "hoy sí, mañana no, mañana sí y hoy no". Tiene valores superficiales. Una cultura que no conoce la fidelidad, porque cambia según las circunstancias, lo negocia todo. Esta es la cultura mundana, la cultura de la mundanidad. Y Jesús insiste en defendernos de esto y reza para que el Padre nos defienda de esta cultura de la mundanidad. Es una cultura de usar y tirar, según la conveniencia. Es una cultura sin lealtad, no tiene raíces. Pero es una forma de vida, un modo de vivir también de muchos que se llaman cristianos. Son cristianos pero son mundanos.

En la parábola de la semilla que cae en la tierra, Jesús dice que las preocupaciones del mundo —es decir, de la mundanidad— sofocan la palabra de Dios, no la dejen crecer (cfr. *Lc* 8,7). Y Pablo dice a los Gálatas: "Eráis esclavos del mundo, de la mundanidad" (cfr. *Ga* 4, 3). Siempre me causa profunda impresión leer las últimas páginas del libro del padre De Lubac "*Meditaciones sobre la Iglesia*" (cfr. Henri de Lubac, *Meditación sobre la Iglesia*, Bilbao 1958), las últimas tres páginas, donde habla precisamente de la mundanidad espiritual. Y dice que es el peor de los males que le pueden suceder a la Iglesia; y no exagera, porque luego dice algunos males que son terribles, y este es el peor: la mundanidad espiritual, porque es *una hermenéutica de vida,* es una forma de vida; también un modo de vivir el cristianismo. Y para sobrevivir ante la predicación del Evangelio, odia, mata.

Cuando se dice de los mártires que son asesinados por odio a la fe, sí, realmente para algunos el odio era por un problema teológico; pero no eran la mayoría. En la mayoría [de los casos] es la mundanidad que odia la fe y los mata, como lo hizo con Jesús.

Es curioso, sobre la mundanidad, alguien me puede decir: "Pero padre, esto es una superficialidad de vida...". ¡No nos engañemos! ¡La mundanidad no es superficial en absoluto! Tiene raíces profundas, raíces profundas. Es como *camaleónica*, cambia, va y viene según las circunstancias, pero la sustancia es la misma: una propuesta de vida que entra en todas partes, incluso en la Iglesia. Mundanidad, hermenéutica mundana, maquillaje, se maquilla todo para que sea así.

El apóstol Pablo llegó a Atenas, y se quedó impresionado cuando vio muchos monumentos a los dioses en el Areópago. Y pensó en hablar sobre esto: "Sois un pueblo religioso, así lo veo... Me ha llamado la atención ese altar al 'dios desconocido'. A este yo le conozco y vengo a deciros quién es". Y comenzó a predicar el Evangelio. Pero cuando llegó a la cruz y la resurrección se escandalizaron y se fueron (cfr. *Hch* 17,22-33). Hay una cosa que la mundanidad no tolera: *el escándalo de la Cruz*. No lo tolera. Y la única medicina contra el espíritu de la mundanidad es Cristo muerto y resucitado por nosotros, escándalo y necedad (cfr. *1Co* 1,23).

Es por esto por lo que el apóstol Juan, cuando en su primera Carta trata el tema del mundo, dice: «Es la victoria que venció al mundo: nuestra fe» (*1Jn* 5,4). La única: la fe en Jesucristo, muerto y resucitado. Y eso no significa ser fanático. Esto no significa descuidar el diálogo con todas las personas, no, pero con la convicción de la fe, a partir del escándalo de la Cruz, de la necedad de Cristo y también de la victoria de Cristo. "Esta es nuestra victoria", dice Juan, "nuestra fe".

Pidamos al Espíritu Santo en estos últimos días, también en la novena al Espíritu Santo, en los últimos días del tiempo pascual, la gracia de discernir qué es *mundanidad* y qué es *Evangelio*, y de no dejarse engañar, porque el mundo nos odia, el mundo ha odiado a Jesús y Jesús ha rezado para que el Padre nos defendiera del espíritu del mundo (cfr. *Jn* 17,15).

17 de mayo de 2020

VI Domingo de Pascua (A)

Santa Misa[70]

Introducción

Hoy nuestra oración es por las muchas personas que limpian los hospitales, las calles, que vacían los contenedores de basura, que recogen la basura a domicilio: un trabajo que nadie ve, pero un trabajo que es necesario para sobrevivir. Que el Señor los bendiga, los ayude.

Homilía – El Espíritu Santo nos recuerda el acceso al Padre

Al despedirse de los discípulos (cfr. *Jn* 14,15-21), Jesús les tranquiliza, les da paz, con una promesa: «No os dejaré huérfanos» (v. 18). Los defiende de ese dolor, de ese sentimiento doloroso, de la orfandad. Hoy en el mundo hay un gran *sentimiento de orfandad*: muchos tienen muchas cosas, pero falta el Padre. Y esto se repite en la historia de la humanidad: cuando falta el Padre, falta algo y siempre existe el deseo de encontrar, de reencontrar al Padre, también en los mitos antiguos. Pensemos en los mitos de Edipo, de Telémaco, de muchos otros: siempre buscando al padre que falta. Hoy podemos decir que vivimos en una sociedad donde falta el Padre, un sentimiento de orfandad que afecta la pertenencia y la fraternidad.

Por eso Jesús promete: «Yo pediré al Padre y os dará otro Paráclito» (v. 16). "Yo me voy —dice Jesús—, pero

---

[70] Liturgia de la Palabra: *Hch* 8,5-8.14-17; *Sal* 65; *1P* 3,15-18; *Jn* 14,15-21.

vendrá otro y os enseñará *el acceso al Padre*. Os recordará el acceso al Padre". El Espíritu Santo no viene para "hacer clientes propios"; viene para señalar el acceso al Padre, para recordar el acceso al Padre, lo que Jesús ha abierto, lo que Jesús ha mostrado. No existe una espiritualidad solo del Hijo, solo del Espíritu Santo: el centro es el Padre. El Hijo es el enviado del Padre y regresa al Padre. El Espíritu Santo es enviado por el Padre para recordar y enseñar el acceso al Padre.

Solo con esta conciencia de hijos que *no son huérfanos* podemos vivir en paz entre nosotros. Las guerras, tanto las guerras pequeñas como las grandes, tienen siempre una dimensión de orfandad: falta el Padre que haga la paz. Por eso, cuando Pedro anima a la primera comunidad a que responda a la gente del porqué son cristianos (cfr. *1P* 3,15-18), le dice: «Pero hacedlo con dulzura y respeto. Mantened una buena conciencia» (v. 16), es decir, la mansedumbre que da el Espíritu Santo. El Espíritu Santo nos enseña esta mansedumbre, esta dulzura de los hijos del Padre. El Espíritu Santo no nos enseña a *insultar*. Y una de las consecuencias del sentimiento de orfandad es el insulto, las guerras, porque si no hay Padre no hay hermanos, se pierde la hermandad. Son —esta dulzura, respeto, mansedumbre—, son actitudes de pertenencia, de pertenencia a una familia que está segura de tener un Padre.

«Yo pediré al Padre y os dará otro Paráclito» (*Jn* 14,16) que os recordará el acceso al Padre, os recordará que tenemos un Padre que es el centro de todo, el origen de todo, la unidad de todos, la salvación de todos porque envió a su Hijo para salvarnos a todos. Y ahora envía al Espíritu Santo para recordarnos el acceso a Él, al Padre, y esta paternidad, esta actitud fraterna de mansedumbre, dulzura, paz.

Pidamos al Espíritu Santo que nos recuerde siempre, siempre, este *acceso* al Padre, que nos recuerde que tenemos un Padre, y a esta civilización —que tiene un gran sentimiento de orfandad— le dé la gracia de encontrar al Padre, el Padre que da sentido a toda la vida y hace que los hombres sean una familia.

Regina Coeli

Queridos hermanos y hermanas, ¡buenos días!

El Evangelio de este domingo (cfr. *Jn* 14, 15-21) presenta dos mensajes: el cumplimiento de los mandamientos y la promesa del Espíritu Santo.

Jesús vincula el amor a Él con *el cumplimiento de los mandamientos*, y en esto insiste en su discurso de despedida: «Si me amáis, guardaréis mis mandamientos» (v. 15); «El que tiene mis mandamientos y los guarda, ése es el que me ama» (v. 21). Jesús nos pide que le amemos, pero explica: este amor no se agota en un deseo de Él, o en un sentimiento, no, requiere la disponibilidad a seguir su camino, es decir, la voluntad del Padre. Y esta se resume en el mandamiento del amor mutuo —el primer amor [en la actuación]— dado por el mismo Jesús: «Que os améis unos a otros; como yo os he amado» (*Jn* 13, 34). No dijo: "Amadme como os he amado", sino "amaos recíprocamente como yo os he amado". Nos ama sin pedirnos nada a cambio. El amor de Jesús es un amor gratuito, nunca nos pide nada a cambio. Y quiere que este amor gratuito suyo se convierta en la forma concreta de vida entre nosotros: esta es su voluntad.

Para ayudar a los discípulos a recorrer este camino, Jesús promete que rogará al Padre que envíe «otro Paráclito» (v. 16), es decir, un Consolador, un Defensor que tome su lugar y les dé la inteligencia para escuchar y el valor para observar sus palabras. Este es el *Espíritu Santo*, que es el don del amor de Dios que desciende al corazón del cristiano. Después de que Jesús muriera y resucitara, su amor se da a aquellos que creen en Él y son bautizados en el nombre del Padre y del Hijo y del Espíritu Santo. El Espíritu mismo los guía, los ilumina, los fortalece, para que cada uno pueda caminar en la vida, incluso en medio de la adversidad y la dificultad, en las alegrías y las penas, permaneciendo en el camino de Jesús. Esto es posible precisamente permaneciendo dócil al Espíritu Santo, de modo que, a través de su presencia activa, no sólo consuele sino que transforme los corazones, abriéndolos a la verdad y al amor.

Frente a la experiencia del error y del pecado —por la que todos pasamos—, el Espíritu Santo nos ayuda a no sucumbir y nos hace acoger y vivir plenamente el sentido de las palabras de Jesús: «Si me amáis, guardaréis mis mandamientos» (v. 15). Los mandamientos no se nos han dado como una especie de espejo en el que vemos reflejadas nuestras miserias e incoherencias. No, no son así. La Palabra de Dios se nos da como Palabra de vida, que transforma el corazón, la vida, que renueva, que no juzga para condenar, sino que cura y tiene como fin el perdón. La misericordia de Dios es así. Una palabra que ilumina nuestros pasos. ¡Y todo esto es obra del Espíritu Santo! Es el Don de Dios, es Dios mismo, que nos ayuda a ser personas libres, personas que quieren y saben amar, personas que han comprendido que la vida es una misión para proclamar las maravillas que el Señor realiza en aquellos que confían en Él.

Que la Virgen María, modelo de la Iglesia que sabe escuchar la Palabra de Dios y acoger el don del Espíritu Santo, nos ayude a vivir el Evangelio con alegría, sabiendo que el Espíritu nos sostiene, fuego divino que caldea nuestros corazones e ilumina nuestros pasos.

Después del Regina Coeli

¡Queridos hermanos y hermanas!

Mañana se celebra el centenario del nacimiento de San Juan Pablo II en Wadowice, Polonia. Lo recordamos con mucho afecto y gratitud. Mañana por la mañana, a las 7, celebraré la Santa Misa, que será transmitida a todo el mundo, en el altar donde descansan sus restos mortales. Que continúe intercediendo desde el Cielo por el Pueblo de Dios y la paz en el mundo.

En algunos países se han reanudado las celebraciones litúrgicas con los fieles; en otros se está considerando la posibilidad; en Italia, a partir de mañana será posible celebrar la Santa Misa con el pueblo; pero, por favor, sigamos adelante con las normas, las prescripciones que nos dan, para salvaguardar la salud de cada uno y del pueblo.

En el mes de mayo, es tradicional en muchas parroquias celebrar misas de primera comunión. Claramente, debido a la pandemia, este hermoso momento de fe y celebración ha sido pospuesto. Por lo tanto, deseo enviar un recuerdo afectuoso a los niños y niñas que deberían haber recibido la Eucaristía por primera vez. Queridos amigos, os invito a vivir este tiempo de espera como una oportunidad para prepararos mejor: rezando, leyendo el libro del catecismo para profundizar en el conocimiento de Jesús, creciendo en bondad y servicio a los demás. ¡Os deseo un buen camino!

Hoy comienza la Semana del *Laudato si´*, que terminará el próximo domingo, durante la cual conmemoramos el quinto aniversario de la publicación de la Encíclica. En estos tiempos de pandemia, en los que somos más conscientes de la importancia de cuidar nuestra casa común, espero que toda nuestra reflexión y compromiso común ayude a crear y fortalecer actitudes constructivas para el cuidado de la creación.

Y os deseo a todos un buen domingo. Por favor, no os olvidéis de rezar por mí. Que tengáis un buen almuerzo y hasta pronto.

Lunes, 18 de mayo de 2020

Santa Misa en el centenario del nacimiento de San Juan Pablo II[71]

Homilía - Dios ha visitado a su pueblo

«El Señor ama a su pueblo» (*Sal* 149,4), hemos cantado, era el estribillo del canto interleccional. Y también una verdad que el pueblo de Israel repetía, que le gustaba repetir: «El Señor ama a su pueblo». Y en los malos tiempos, siempre «el Señor ama»; hay que esperar cómo se manifestará este amor. Cuando el Señor enviaba, por este amor, a un profeta, a un hombre de Dios, la reacción del pueblo era: "El Señor *ha visitado a su pueblo*" (cfr. *Ex* 4, 31), porque lo ama, lo ha visitado. Y lo mismo decía la multitud que seguía a Jesús al ver las cosas que hacía Jesús: "El Señor ha visitado a su pueblo" (cfr. *Lc* 7,16).

Y hoy aquí podemos decir: hace cien años, el Señor *visitó* a su pueblo. Envió a un hombre, lo preparó para ser obispo y dirigir la Iglesia. Recordando a san Juan Pablo II, repetimos esto: "El Señor ama a su pueblo", "el Señor ha visitado a su pueblo"; ha enviado a un pastor.

¿Y cuáles son, digamos, las "huellas" de buen pastor que podemos encontrar en san Juan Pablo II? ¡Muchas! Pero señalamos solo tres. Como dicen que los jesuitas señalan siempre tres aspectos, digamos tres: oración, cercanía a la gente, amor a la justicia. San Juan Pablo II era un hombre de Dios porque *rezaba* y rezaba mucho. Pero,

---

[71] Liturgia de la Palabra: *Hch* 16,11-15; *Sal* 149; *Jn* 15,26-16,4.

¿cómo es que un hombre que tiene tanto que hacer, tanto trabajo para guiar a la Iglesia..., tiene tanto tiempo de oración? Sabía bien que la primera tarea de un obispo es rezar. Y esto no lo ha dicho el Vaticano II, lo dijo san Pedro, cuando eligieron a los diáconos, dijeron: "Y a nosotros, los obispos, la oración y la proclamación de la Palabra" (cfr. *Hch* 6,4). La primera tarea de un obispo es rezar, y él lo sabía, y lo hizo. Modelo de obispo que reza, la primera tarea. Y nos enseñó que cuando un obispo hace un examen de conciencia por la noche debe preguntarse: ¿cuántas horas he rezado hoy? Hombre de oración.

Segunda huella, hombre de *cercanía*. No era un hombre separado del pueblo, por el contrario iba a buscar al pueblo; y viajó por todo el mundo, reuniéndose con su pueblo, buscando a su pueblo, acercándose. Y la cercanía es uno de los rasgos de Dios con su pueblo. Recordemos que el Señor le dice al pueblo de Israel: "Mira, ¿hay algún pueblo que tenga a sus dioses tan cerca como yo estoy contigo?" (cfr. *Dt* 4,7). Una cercanía de Dios con el pueblo que luego se estrecha en Jesús, se fortalece en Jesús. Un pastor está cerca del pueblo; por el contrario, si no lo está, no es un pastor, es un jerarca, es un administrador, quizás bueno, pero no es un pastor. Cercanía al pueblo. Y san Juan Pablo II nos dio el ejemplo de esta cercanía: cercano a los grandes y a los pequeños, a los cercanos y a los lejanos, siempre cerca.

Tercera huella, el amor por la *justicia*. ¡Pero la justicia plena! Un hombre que quería la justicia, la justicia social, la justicia de los pueblos, justicia que rechaza las guerras. ¡Pero la justicia plena! Es por esto por lo que san Juan Pablo II era el hombre de la misericordia, porque la justicia y la misericordia van juntas, no se pueden distinguir [en el sentido de separar], están juntas: justicia es justicia, misericordia es misericordia, pero no se halla la una sin la otra. Y hablando del hombre de justicia y misericordia, pensamos en lo que hizo san Juan Pablo II para que la gente entendiera la misericordia de Dios. Pensamos en cómo llevó a cabo la devoción a santa Faustina [Kowalska] cuya memoria litúrgica *desde hoy* será para toda la Iglesia. Había sentido que la justicia de Dios tenía este rostro de misericordia, esta actitud de misericordia. Y este es un don que nos ha dejado: la *justicia-misericordia* y la *misericordia justa.*

Pidámosle hoy que nos dé a todos, especialmente a los pastores de la Iglesia, pero a todos, la gracia de la oración, la gracia de la cercanía y la gracia de la justicia-misericordia, misericordia-justicia.

Apéndice I

¿Y si no podemos participar en los sacramentos?

Cómo acoger la gracia del Señor si estamos imposibilitados para participar físicamente en las celebraciones litúrgicas

El perdón de los pecados

¿Perdón sin sacerdote? El Papa nos recuerda cómo recibirlo[1]

Personas que se encuentran al final de la vida sin capellanes, familias encerradas en sus casas e imposibilitadas para acudir al sacerdote debido a la emergencia del Covid-19: en la homilía en Santa Marta, el Papa Francisco cita el Catecismo y la "contrición" que perdona los pecados en espera de poder ir a confesar.

La *salus animarum*, la salvación de las almas, es la ley suprema de la Iglesia, el criterio interpretativo fundamental para determinar lo que es justo. Es por ello que la Iglesia siempre —y de todas las maneras posibles— trata de ofrecer la posibilidad de reconciliarse con Dios a todos aquellos que lo desean, que lo buscan, que esperan o que se dan cuenta de su condición y sienten la necesidad de ser acogidos, amados, perdonados. En estos tiempos de emergencia debido a la pandemia, con personas gravemente enfermas y aisladas en las unidades de cuidados intensivos, y con las familias a las que se les pide que se queden en casa para evitar la propagación del contagio, es útil recordar a todos la riqueza de la tradición. Así lo hizo el Papa Francisco durante la homilía de la Misa en Santa Marta del viernes 20 de marzo.

"Sé que muchos de ustedes, con motivo de la Pascua, van a confesarse para reencontrarse con Dios —dijo el Papa—. Pero muchos me dirán hoy: 'Padre, ¿cómo puedo encontrar un sacerdote, un confesor, si no se puede salir de casa? Y yo quiero hacer las paces con el Señor, quiero que Él me abrace, quiero que mi Papá me abrace... ¿Qué puedo hacer si no encuentro sacerdotes?' Haz lo que dice el Catecismo".

---

[1] Vatican news, 20 de marzo de 2020.

"Es muy claro: si no encuentras un sacerdote para confesarte —explicó el Pontífice—, habla con Dios, que es tu Padre, y dile la verdad: 'Señor, he hecho esto, esto, esto... ¡Perdóname!'. Pídele perdón con todo tu corazón, con el Acto de Dolor, y prométele: 'Me confesaré apenas pueda, pero perdóname ahora'. Y de inmediato volverás a la gracia de Dios. Tú mismo puedes acercarte al perdón de Dios sin tener un sacerdote a mano, como nos enseña el Catecismo. Piensa en ello: ¡este es el momento! Este es el momento adecuado, el momento oportuno. Un Acto de Dolor bien hecho, y nuestra alma se volverá blanca como la nieve".

El Papa Francisco se refiere a los **números 1451 y 1452 del Catecismo de la Iglesia Católica**, promulgado por San Juan Pablo II y redactado bajo la guía del entonces Prefecto de la Congregación para la Doctrina de la Fe, Joseph Ratzinger. A propósito de la "contrición", el Catecismo, citando el Concilio de Trento, enseña que «entre los actos del penitente, la contrición aparece en primer lugar. Es "un dolor del alma y una detestación del pecado cometido, con la resolución de no volver a pecar"».

«Cuando brota del amor de Dios amado sobre todas las cosas, la contrición se llama «contrición perfecta» (contrición de caridad). Semejante contrición perdona las faltas veniales; obtiene también el perdón de los pecados mortales si comprende la firme resolución de recurrir tan pronto sea posible a la confesión sacramental». Por tanto, en espera de recibir la absolución de un sacerdote tan pronto como las circunstancias lo permitan, es posible con este acto ser perdonado inmediatamente. Esto también fue confirmado por el Concilio de Trento en el capítulo 4 de la *Doctrina de sacramento Paenitentiae*, en el que se afirma que la contrición acompañada de la intención de confesarse «reconcilia al hombre con Dios, ya antes de que este sacramento sea recibido realmente».

Un camino para la misericordia de Dios abierto a todos, que pertenece a la tradición de la Iglesia y que puede ser útil a cualquiera, especialmente a quienes en este momento están cerca de los enfermos en las casas y en los hospitales.

Los números 1451 y 1452 del *Catecismo de la Iglesia Católica*

La contrición

1451 Entre los actos del penitente, la contrición aparece en primer lugar. Es "un dolor del alma y una detestación del pecado cometido con la resolución de no volver a pecar" (Concilio de Trento: DS 1676).

1452 Cuando brota del amor de Dios amado sobre todas las cosas, la contrición se llama "contrición perfecta" (contrición de caridad). Semejante contrición perdona las faltas veniales; obtiene también el perdón de los pecados mortales, si comprende la firme resolución de recurrir tan pronto sea posible a la confesión sacramental (cfr. Concilio de Trento: DS 1677).

Indicaciones de la Penitenciaría Apostólica

EN LA ACTUAL SITUACIÓN DE PANDEMIA

Decreto

Se concede el don de Indulgencias especiales a los fieles que sufren la enfermedad de Covid-19, comúnmente conocida como Coronavirus, así como a los trabajadores de la salud, a los familiares y a todos aquellos que, en cualquier calidad, los cuidan.

«Con la alegría de la esperanza; constantes en la tribulación; perseverantes en la oración» (*Ro* 12,12). Las palabras escritas por San Pablo a la Iglesia de Roma resuenan a lo largo de toda la historia de la Iglesia y orientan el juicio de los fieles ante cada sufrimiento, enfermedad y calamidad.

El momento actual que atraviesa la humanidad entera, amenazada por una enfermedad invisible e insidiosa, que desde hace tiempo ha entrado con prepotencia a formar parte de la vida de todos, está jalonado día tras día por angustiosos temores, nuevas incertidumbres y, sobre todo, por un sufrimiento físico y moral generalizado.

La Iglesia, siguiendo el ejemplo de su Divino Maestro, siempre se ha preocupado de cuidar a los enfermos. Como indicaba San Juan Pablo II, el valor del sufrimiento humano es doble: " Sobrenatural y a la vez humano. Es sobrenatural, porque se arraiga en el misterio divino de la redención del mundo, y es también profundamente humano, porque en él el hombre se encuentra a sí mismo, su propia humanidad, su propia dignidad y su propia misión." (Carta Apostólica *Salvifici Doloris*, 31).

También el Papa Francisco, en estos últimos días, ha manifestado su cercanía paternal y ha renovado su invitación a rezar incesantemente por los enfermos de Coronavirus.

Para que todos los que sufren a causa del Covid-19, precisamente en el misterio de este padecer, puedan redescubrir "el mismo sufrimiento redentor de Cristo" (*ibíd.*, 30), esta Penitenciaría Apostólica, *ex auctoritate Summi Pontificis,* confiando en la palabra de Cristo Señor y considerando con espíritu de fe la epidemia actualmente en curso, para vivirla con espíritu de conversión personal, concede el don de las Indulgencias de acuerdo con la siguiente disposición:

Se concede la Indulgencia plenaria a los fieles enfermos de Coronavirus, sujetos a cuarentena por orden de la autoridad sanitaria en los hospitales o en sus propias casas si, con espíritu desprendido de cualquier pecado, se unen espiritualmente a través de los medios de comunicación a la celebración de la Santa Misa, al rezo del Santo Rosario, o del himno *Akàthistos* a la Madre di Dios, a la práctica piadosa del Vía Crucis, o del Oficio de la *Paràklisis* a la Madre de Dios o a otras oraciones de las respectivas tradiciones orientales, u otras formas de devoción, o si al menos rezan el Credo, el Padrenuestro y una piadosa invocación a la Santísima Virgen María, ofreciendo esta prueba con espíritu de fe en Dios y de caridad hacia los hermanos, con la voluntad de cumplir las condiciones habituales (confesión sacramental, comunión eucarística y oración según las intenciones del Santo Padre), apenas les sea posible.

Los agentes sanitarios, los familiares y todos aquellos que, siguiendo el ejemplo del Buen Samaritano, exponiéndose al riesgo de contagio, cuidan de los enfermos de Coronavirus según las palabras del divino Redentor: «Nadie tiene mayor amor que éste: dar la vida por sus amigos» (*Jn* 15,13), obtendrán el mismo don de la Indulgencia Plenaria en las mismas condiciones.

Esta Penitenciaría Apostólica, además, concede de buen grado, en las mismas condiciones, la Indulgencia Plenaria con ocasión de la actual epidemia mundial, también a aquellos fieles que ofrezcan la visita al Santísimo Sacramento, o la Adoración

Eucarística, o la lectura de la Sagrada Escritura durante al menos media hora, o el rezo del Santo Rosario, o del himno *Akàthistos* a la Madre di Dios, o el ejercicio piadoso del Vía Crucis, o el rezo de la corona de la Divina Misericordia, o el Oficio de la *Paràklisis* a la Madre de Dios u otras formas de las respectivas tradiciones orientales de pertenencia, para implorar a Dios Todopoderoso el fin de la epidemia, el alivio de los afligidos y la salvación eterna de los que el Señor ha llamado a sí.

La Iglesia reza por los que están imposibilitados para recibir el sacramento de la Unción de los enfermos y el Viático, encomendando a todos y cada uno de ellos a la Divina Misericordia en virtud de la comunión de los santos; y concede a los fieles la Indulgencia plenaria en punto de muerte siempre que estén debidamente dispuestos y hayan rezado durante su vida algunas oraciones (en este caso la Iglesia suple a las tres condiciones habituales requeridas). Para obtener esta indulgencia se recomienda el uso del crucifijo o de la cruz (cfr. *Enchiridion indulgentiarum,* 12).

Que la Santísima Virgen María, Madre de Dios y de la Iglesia, Salud de los Enfermos y Auxilio de los Cristianos, Abogada nuestra, socorra a la humanidad doliente, ahuyentando de nosotros el mal de esta pandemia y obteniendo todo bien necesario para nuestra salvación y santificación.

El presente decreto es válido independientemente de cualquier disposición en contrario.

Dado en Roma, desde la sede de la Penitenciaría Apostólica, el 19 de marzo de 2020.

Mauro. Card. Piacenza
Penitenciario Mayor

«Yo estoy con ustedes todos los días»
(*Mt* 28,20)

Nota

La gravedad de las circunstancias actuales exige una reflexión sobre la urgencia y la centralidad del Sacramento de la Penitencia/Reconciliación, junto con algunas aclaraciones necesarias, tanto para los fieles laicos como para los ministros llamados a celebrar el Sacramento.

También en la época de Covid-19, el Sacramento de la Penitencia/Reconciliación se administra de acuerdo con el derecho canónico universal y según lo dispuesto en el *Ordo Paenitentiae*.

La confesión individual representa el modo ordinario de celebrar este sacramento (cfr. can. 960 del CIC HY y can. 720 CCEO), mientras que la absolución colectiva, sin la confesión individual previa, no puede impartirse sino en caso de peligro inminente de muerte, por falta de tiempo para oír las confesiones de los penitentes individuales (cfr. can 961 § 1 del CICI y can. 720, § 2 CCEO) o por grave necesidad (cfr. can. 961, § 1, 2° CIC y can. 720, § 2, 2° CCEO), cuya consideración corresponde al obispo diocesano/eparquial, teniendo en cuenta los criterios acordados con los demás miembros de la Conferencia Episcopal (cfr. can. 455 § 2 CIC), y sin perjuicio de la necesidad, para la válida absolución, del *votum sacramenti* por parte del penitente individual, es decir, del propósito de confesar a su debido tiempo los pecados graves que en su momento no pudieron ser confesados (cfr. c. 962 § 1 CIC y can. 721, § 1 CCEO).

Esta Penitenciaría Apostólica cree que, sobre todo en los lugares más afectados por el contagio de la pandemia y hasta que el fenómeno no remita, se producirán los casos de grave necesidad citados en el arriba mencionado can. 961, § 2 CIC y can. 720, § 3 CCEO.

Cualquier otra especificación se delega según el derecho a los obispos diocesanos/eparquiales, teniendo siempre en cuenta el bien supremo de la salvación de las almas (cfr. can 1752 CIC y can. 1400 CCEO).

En caso de que surja la necesidad repentina de impartir la absolución sacramental a varios fieles juntos, el sacerdote está obligado a avisar, en la medida de lo posible, al obispo diocesano/eparquial o, si no puede, a informarle cuanto antes (cfr. *Ordo Paenitentiae*, 32).

En la presente emergencia pandémica, corresponde por tanto al obispo diocesano/eparquial indicar a los sacerdotes y penitentes las prudentes atenciones que deben adoptarse en la celebración individual de la reconciliación sacramental, tales como la celebración en un lugar ventilado fuera del confesionario, la adopción de una distancia adecuada, el uso de mascarillas protectoras, sin perjuicio de la absoluta atención a la salvaguardia del sigilo sacramental y la necesaria discreción.

Además, corresponde siempre al obispo diocesano/eparquial determinar, en el territorio de su propia circunscripción eclesiástica y en relación con el nivel de contagio pandémico, los casos de grave necesidad en los que es lícito impartir la absolución colectiva: por ejemplo, a la entrada de las salas de hospital, donde estén ingresados los fieles contagiados en peligro de muerte, utilizando en lo posible y con las debidas precauciones los medios de amplificación de la voz para que se pueda oír la absolución.

Hay que considerar la necesidad y la conveniencia de establecer, cuando sea necesario, de acuerdo con las autoridades sanitarias, grupos de "capellanes extraordinarios de hospitales", también con carácter voluntario y en cumplimiento de las normas de protección contra el contagio, para garantizar la necesaria asistencia espiritual a los enfermos y moribundos.

Cuando el fiel se encuentre en la dolorosa imposibilidad de recibir la absolución sacramental, debe recordarse que la contrición perfecta, procedente del amor del Dios amado sobre todas las cosas, expresada por una sincera petición de perdón (la que el penitente pueda expresar en ese momento) y acompañada de *votum confessionis*, es decir, del firme propósito de recurrir cuanto antes a la confesión sacramental, obtiene el perdón de los pecados, incluso mortales (cfr. Catecismo de la Iglesia Católica n. 1452).

Nunca como en este tiempo la Iglesia experimenta el poder de la comunión de los santos, eleva a su Señor Crucificado y Resucitado votos y oraciones, en particular el Sacrificio de la Santa Misa/Divina Liturgia, celebrada diariamente, incluso sin el pueblo, por los sacerdotes.

Como buena madre, la Iglesia implora al Señor que la humanidad sea liberada de tal flagelo, invocando la intercesión de la Santísima Virgen María, Madre de la Misericordia y Salud de los Enfermos, y de su esposo San José, bajo cuyo patrocinio la Iglesia camina siempre por el mundo.

Que María Santísima y San José nos obtengan abundantes gracias de reconciliación y salvación, en la escucha atenta de la Palabra del Señor, que hoy repite a la humanidad: « Basta ya; sabed que yo soy Dios » (*Sl* 46,11), « Yo estoy con vosotros todos los días » (*Mt* 28, 20).

Dado en Roma, desde la sede de la Penitenciaría Apostólica, el 19 de marzo de 2020, Solemnidad de San José, Esposo de la Santísima Virgen María, Patrono de la Iglesia Universal.

Mauro. Card.Piacenza
Penitenciario Mayor

Krzysztof Nykiel
Regente

La comunión espiritual

Cuando no nos es posible hacer la Comunión sacramental con Cristo participando en la Eucaristía, podemos expresarle el deseo de acogerle en nuestro espíritu con estas palabras que ayudan a hacer la comunión espiritual:

Creo, Jesús mío,
que estáis realmente presente en el Santísimo Sacramento del Altar.
Os amo sobre todas las cosas y deseo recibiros en mi alma.
Pero como ahora no puedo recibiros sacramentado,
venid al menos espiritualmente a mi corazón.
Y como si ya os hubiese recibido,
os abrazo y me uno todo a Vos.
No permitáis jamás, Señor, que me aparte de Vos. Amén.

San Alfonso María de Ligorio

Indicaciones de la Congregación para el Culto Divino y la Disciplina de los Sacramentos para la celebración del Triduo Pascual

Decreto

En tiempo de Covid-19 (II)

Considerado la rápida evolución de la pandemia del Covid-19 y teniendo en cuenta las observaciones recibidas de las Conferencias Episcopales, esta Congregación ofrece una actualización de las indicaciones generales y de las sugerencias ya dadas a los Obispos en el anterior decreto del 19 de marzo de 2020.

Dado que la fecha de la Pascua no puede ser trasladada, en los países afectados por la enfermedad, donde se han previsto restricciones sobre las reuniones y la movilidad de las personas, los Obispos y los presbíteros celebren los ritos de la Semana Santa sin la presencia del pueblo y en un lugar adecuado, evitando la concelebración y omitiendo el saludo de paz.

Los fieles sean avisados de la hora del inicio de las celebraciones, de modo que puedan unirse en oración desde sus propias casas. Podrán ser de gran ayuda los medios de comunicación telemática en directo, no grabados. En todo caso, es importante dedicar un tiempo oportuno a la oración, valorando, sobre todo, la *Liturgia horarum*.

Las Conferencias Episcopales y cada una de las diócesis no dejen de ofrecer materiales para ayudar en la oración familiar y personal.

1. - **Domingo de Ramos**. La Conmemoración de la Entrada del Señor en Jerusalén se celebre en el interior del edificio sagra-

do; en las iglesias catedrales se adopte la segunda forma prevista del Misal Romano; en las iglesias parroquiales y en los demás lugares, la tercera.

2. - **Misa crismal**. Valorando la situación concreta en los diversos países, las Conferencias Episcopales podrán dar indicaciones sobre un posible traslado a otra fecha.

3. - **Jueves Santo**. Se omita el lavatorio de los pies, que ya es facultativo. Al final de la Misa en la Cena del Señor, se omita también la procesión y el Santísimo Sacramento se reserve en el sagrario. En este día, se concede excepcionalmente a los presbíteros la facultad de celebrar la Misa, sin la presencia del pueblo, en lugar adecuado.

4. - **Viernes Santo**. En la oración universal, los Obispos se encargarán de preparar una especial intención por los que se encuentran en situación de peligro, los enfermos, los difuntos (cfr. *Missale Romanum*). La adoración de la Cruz con el beso se limite solo al celebrante.

5. - **Vigilia Pascual**. Se celebre solo en las iglesias catedrales y parroquiales. Para la liturgia bautismal, se mantenga solo la renovación de las promesas bautismales (cfr. *Missale Romanum*).

Los seminarios, las residencias sacerdotales, los monasterios y las comunidades religiosas se atengan a las indicaciones del presente Decreto.

Las expresiones de piedad popular y las procesiones que enriquecen los días de la Semana Santa y del Triduo Pascual, a juicio del Obispo diocesano podrán ser trasladadas a otros días convenientes, por ejemplo, el 14 y 15 de septiembre.

Apéndice II

Las oraciones de la Iglesia en los tiempos difíciles*

La universalidad de la intercesión

* Esta sección recoge varias oraciones y ritos a través de los cuales la Iglesia, en sus diversas tradiciones, pide al Padre la gracia, la fuerza y el don de la liberación del mal y de las calamidades.

Momento extraordinario de oración en el atrio de la Basílica de San Pedro[1]

El Santo Padre:

En el nombre del Padre, y del Hijo, y del Espíritu Santo.
R. Amén

El Santo Padre:

Oremos.
Dios omnipotente y misericordioso,
mira nuestra dolorosa condición:
conforta a tus hijos y abre nuestros corazones a la esperanza,
para que sintamos en medio de nosotros
tu presencia de Padre.
Por nuestro Señor Jesucristo, tu Hijo, que es Dios,
y vive y reina contigo en unidad del Espíritu Santo,
por los siglos de los siglos.
R. Amén.

Letanías de súplica

Te adoramos, oh Señor

Verdadero Dios y verdadero hombre, realmente presente en este Santísimo Sacramento
R. Te adoramos, Señor.

---

[1] Reproducimos aquí los textos de las súplicas del Papa Francisco durante el momento extraordinario de oración para la liberación del mundo de la pandemia del Covid-19, que tuvo lugar en el atrio de la Basílica de San Pedro. El texto de la homilía pronunciada durante la celebración se encuentra en el apartado de este volumen que hace referencia a las palabras pronunciadas por el Papa Francisco el 27 de marzo de 2020.

Salvador nuestro, Dios-con-nosotros, fiel y rico en misericordia
R. Te adoramos, Señor.
Rey y Señor de la Creación y de la historia,
R. Te adoramos, Señor.
Vencedor del pecado y de la muerte,
R. Te adoramos, Señor.
Amigo del hombre, resucitado y vivo a la derecha del Padre,
R. Te adoramos, Señor.

Creemos en ti, oh Señor

Hijo unigénito del Padre, bajado del Cielo por nuestra salvación
R. Creemos en ti, Señor
Médico celestial, que te inclinas sobre nuestra miseria
R. Creemos en ti, Señor
Cordero inmolado, que te ofreces para rescatarnos del mal
R. Creemos en ti, Señor
Buen Pastor, que das la vida por el rebaño que amas
R. Creemos en ti, Señor
Pan vivo y medicina de inmortalidad, que nos das la Vida eterna,
R. Creemos en ti, Señor

Líbranos, oh Señor

Del poder de Satanás y de las seducciones del mundo,
R. Líbranos, Señor
Del orgullo y de la presunción de poder prescindir de ti
R. Líbranos, Señor
De los engaños del miedo y de la angustia,
R. Líbranos, Señor
De la incredulidad y de la desesperación,
R. Líbranos, Señor
De la dureza de corazón y de la incapacidad de amar,
R. Líbranos, Señor

Sálvanos, oh Señor

De todos los males que afligen a la humanidad,
R. Sálvanos, Señor
Del hambre, de la escasez y del egoísmo,
R. Sálvanos, Señor
De las enfermedades, de las epidemias y del miedo al hermano
R. Sálvanos, Señor
De la locura devastadora, de los intereses despiadados y de la violencia,
R. Sálvanos, Señor
De los engaños, de la mala información y de la manipulación de las conciencias,
R. Sálvanos, Señor

Consuélanos, oh Señor

Mira a tu Iglesia que atraviesa el desierto,
R. Consuélanos, Señor
Mira a la humanidad, aterrorizada por el miedo y por la angustia
R. Consuélanos, Señor
Mira a los enfermos y a los moribundos, oprimidos por la soledad
R. Consuélanos, Señor
Mira a los médicos y a los operadores sanitarios, extenuados por la fatiga
R. Consuélanos, Señor
Mira a los políticos y a los administradores, que cargan con el peso de las decisiones
R. Consuélanos, Señor

Danos tu Espíritu, oh Señor

En la hora de la prueba y de la confusión,
R. Danos tu Espíritu, Señor
En la tentación y en la fragilidad,
R. Danos tu Espíritu, Señor

En el combate contra el mal y el pecado
R. Danos tu Espíritu, Señor
En la búsqueda del verdadero bien y de la verdadera alegría,
R. Danos tu Espíritu, Señor
En la decisión de permanecer en Ti y en tu amistad,
R. Danos tu Espíritu, Señor

Ábrenos a la esperanza, oh Señor

Si el pecado nos oprime,
R. Ábrenos a la esperanza, Señor
Si el odio nos cierra el corazón,
R. Ábrenos a la esperanza, Señor
Si el dolor nos visita,
R. Ábrenos a la esperanza, Señor
Si la indiferencia nos angustia,
R. Ábrenos a la esperanza, Señor
Si la muerte nos anonada
R. Ábrenos a la esperanza, Señor

Oración de liberación de la epidemia a la Virgen del Divino Amor[2]

Oh María,
Tú resplandeces siempre en nuestro camino
como signo de salvación y de esperanza.
Nos encomendamos a Ti, salud de los enfermos,
que al pie de la Cruz fuiste asociada al dolor de Jesús
manteniendo firme tu fe.

Tú, Salvación del Pueblo Romano,
sabes de qué tenemos necesidad
y estamos seguros de que proveerás
para que, como en Caná de Galilea,
puedan volver la alegría y la fiesta
después de este momento de prueba.

Ayúdanos, Madre del Divino Amor,
a conformarnos con la voluntad del Padre
y a hacer lo que nos diga Jesús,
que ha tomado sobre sí nuestros sufrimientos
y ha cargado con nuestros dolores
para llevarnos, a través de la Cruz,
al gozo de la Resurrección. Amén.

Sub tuum praesidium

Bajo tu amparo nos acogemos, santa Madre de Dios; no deseches las súplicas que te dirigimos en nuestras necesidades, antes bien, líbranos de todo peligro, ¡oh siempre Virgen, gloriosa y bendita!

---

[2] Videomensaje del Papa Francisco con ocasión de la jornada de ayuno y oración por el fin de la pandemia de Covid-19 (11 de marzo de 2020).

Carta del Santo Padre a todos los fieles para el mes de mayo de 2020[3]

Queridos hermanos y hermanas:

Se aproxima el mes de mayo, en el que el pueblo de Dios manifiesta con particular intensidad su amor y devoción a la Virgen María. En este mes, es tradición rezar el Rosario en casa, con la familia. Las restricciones de la pandemia nos han "obligado" a valorizar esta dimensión doméstica, también desde un punto de vista espiritual.

Por eso, he pensado proponerles a todos que redescubramos la belleza de rezar el Rosario en casa durante el mes de mayo. Ustedes pueden elegir, según la situación, rezarlo juntos o de manera personal, apreciando lo bueno de ambas posibilidades. Pero, en cualquier caso, hay un secreto para hacerlo: la sencillez; y es fácil encontrar, incluso en internet, buenos esquemas de oración para seguir.

Además, les ofrezco dos textos de oraciones a la Virgen que pueden recitar al final del Rosario, y que yo mismo diré durante el mes de mayo, unido espiritualmente a ustedes. Los adjunto a esta carta para que estén a disposición de todos.

Queridos hermanos y hermanas: Contemplar juntos el rostro de Cristo con el corazón de María, nuestra Madre, nos unirá todavía más como familia espiritual y nos ayudará a superar esta prueba. Rezaré por ustedes, especialmente por los que más sufren, y ustedes, por favor, recen por mí. Les agradezco y los bendigo de corazón.

---

[3] Roma, San Juan de Letrán, 25 de abril de 2020, Fiesta de san Marcos, evangelista.

Oraciones a María

Oh María,
tú resplandeces siempre en nuestro camino
como un signo de salvación y esperanza.
A ti nos encomendamos, Salud de los enfermos,
que al pie de la cruz fuiste asociada al dolor de Jesús,
manteniendo firme tu fe.

Tú, Salvación del pueblo romano,
sabes lo que necesitamos
y estamos seguros de que lo concederás
para que, como en Caná de Galilea,
vuelvan la alegría y la fiesta
después de esta prueba.

Ayúdanos, Madre del Divino Amor,
a conformarnos a la voluntad del Padre
y hacer lo que Jesús nos dirá,
Él que tomó nuestro sufrimiento sobre sí mismo
y se cargó de nuestros dolores
para guiarnos a través de la cruz,
a la alegría de la resurrección. Amén.

Bajo tu amparo nos acogemos, Santa Madre de Dios,
no desprecies nuestras súplicas en las necesidades,
antes bien líbranos de todo peligro, oh Virgen gloriosa y bendita.

*****

«Bajo tu amparo nos acogemos, Santa Madre de Dios».

En la dramática situación actual, llena de sufrimientos y angustias que oprimen al mundo entero, acudimos a ti, Madre de Dios y Madre nuestra, y buscamos refugio bajo tu protección.

Oh Virgen María, vuelve a nosotros tus ojos misericordiosos en esta pandemia de coronavirus, y consuela a los que se encuentran confundidos y lloran por la pérdida de sus seres queridos, a veces sepultados de un modo que hiere el alma. Sostiene a aquellos que están angustiados porque, para evitar el contagio, no pueden estar cerca de las personas enfermas. Infunde confianza a quienes viven en el temor de un futuro incierto y de las consecuencias en la economía y en el trabajo.

Madre de Dios y Madre nuestra, implora al Padre de misericordia que esta dura prueba termine y que volvamos a encontrar un horizonte de esperanza y de paz. Como en Caná, intercede ante tu Divino Hijo, pidiéndole que consuele a las familias de los enfermos y de las víctimas, y que abra sus corazones a la esperanza.

Protege a los médicos, a los enfermeros, al personal sanitario, a los voluntarios que en este periodo de emergencia combaten en primera línea y arriesgan sus vidas para salvar otras vidas. Acompaña su heroico esfuerzo y concédeles fuerza, bondad y salud.

Permanece junto a quienes asisten, noche y día, a los enfermos, y a los sacerdotes que, con solicitud pastoral y compromiso evangélico, tratan de ayudar y sostener a todos.

Virgen Santa, ilumina las mentes de los hombres y mujeres de ciencia, para que encuentren las soluciones adecuadas y se venza este virus.

Asiste a los líderes de las naciones, para que actúen con sabiduría, diligencia y generosidad, socorriendo a los que carecen de lo necesario para vivir, planificando soluciones sociales y económicas de largo alcance y con un espíritu de solidaridad.

Santa María, toca las conciencias para que las grandes sumas de dinero utilizadas para aumentar y perfeccionar armamentos sean destinadas a promover estudios adecuados para la prevención de futuras catástrofes similares.

Madre amantísima, acrecienta en el mundo el sentido de pertenencia a una única y gran familia, que tomemos conciencia del vínculo que nos une a todos, para que, con un espíritu fraterno y solidario, salgamos en ayuda de las numerosas formas de pobreza y situaciones de miseria. Anima la firmeza en la fe, la perseverancia en el servicio y la constancia en la oración.

Oh María, Consuelo de los afligidos, abraza a todos tus hijos atribulados, haz que Dios nos libere con su mano poderosa de esta terrible epidemia y que la vida pueda reanudar su curso normal con serenidad.

Nos encomendamos a Ti, que brillas en nuestro camino como signo de salvación y de esperanza. ¡Oh clementísima, oh piadosa, oh dulce Virgen María! Amén.

Oraciones de bendición[4]

Bendición para diversas ocasiones

Reunida la comunidad, el ministro dice:

En el nombre del Padre, y del Hijo, y del Espíritu Santo.

Todos se santiguan y responden

R. Amén.

Luego el ministro, si es sacerdote o diácono, saluda a los presentes diciendo:

Dios, fuente de todo bien, esté con todos vosotros.

U otras palabras adecuadas, tomadas preferentemente de la Sagrada Escritura.

R. Y con tu espíritu.

Si el ministro es laico, saluda a los presentes, diciendo:

Bendigamos, hermanos, a Dios, fuente de todo bien.

R. Amén.

El ministro dispone a los presentes a recibir la bendición, con estas palabras u otras semejantes:

---

[4] Estas fórmulas han sido tomadas del Bendicional de la Conferencia Episcopal Española, que recoge oraciones y ritos de bendición para las diversas circunstancias de la vida. Reproducimos aquí la Bendición para varias circunstancias (*Bendicional*, n. 1437-1465) y, seguidamente, la Bendición para los enfermos (n. 293-323). Para el rito completo, ver: *Bendicional* (a cargo de la Conferencia Episcopal Española), Libros Litúrgicos, Madrid 2014. Estos ritos de bendición pueden ser usados por el sacerdote, el diácono o también un laico (por ejemplo, en la familia) con los gestos y las fórmulas indicadas.

Todo lo que Dios ha creado y sustenta, todos los acontecimientos que Él dirige con su providencia, así como las buenas obras de los hombres que induzcan al bien, son motivo para que los fieles bendigan, de corazón y de palabra, a Dios, origen y fuente de todo bien. Con esta celebración, nosotros profesamos nuestra fe en el hecho de que a los que temen y aman a Dios todo les sirve para el bien, así como nuestra convicción de que siempre y en toda situación debemos buscar la ayuda divina para que, uniéndonos a la voluntad de nuestro Padre, podamos hacerlo todo para gloria de Dios en Cristo.

Luego el lector, uno de los presentes o el mismo ministro lee un texto de la Sagrada Escritura.

Escuchad ahora, hermanos, las palabras del apóstol san Pablo a los Colosenses (1, 9b-14).

No dejamos de rezar a Dios por vosotros y de pedir que consigáis un conocimiento perfecto de su voluntad, con toda sabiduría e inteligencia espiritual. De esta manera, vuestra conducta será digna del Señor, agradándole en todo; fructificaréis en toda clase de obras buenas y aumentará vuestro conocimiento de Dios. El poder de su gloria os dará fuerza para soportar todo con paciencia y magnanimidad, con alegría, dando gracias al Padre, que os ha hecho capaces de compartir la herencia del pueblo santo en la luz. Él nos ha sacado del dominio de las tinieblas, y nos ha trasladado al reino de su Hijo querido, por cuya sangre hemos recibido la redención, el perdón de los pecados.
Palabra de Dios.

O bien:

Escuchad ahora, hermanos, las palabras del apóstol san Pablo a los Romanos (8, 24-28).

En esperanza fuimos salvados. Y una esperanza que se ve ya no es esperanza. ¿Cómo seguirá esperando uno aquello que se ve? Cuando esperamos lo que no vemos, aguardamos con perseve-

rancia. Pero además el Espíritu viene en ayuda de nuestra debilidad, porque nosotros no sabemos pedir lo que nos conviene, pero el Espíritu mismo intercede por nosotros con gemidos inefables. Y el que escudriña los corazones sabe cuál es el deseo del Espíritu, y que su intercesión por los santos es según Dios.
Palabra de Dios.

O bien:

Escuchad ahora, hermanos, las palabras del apóstol san Pablo a Timoteo (*1Tm* 4, 4-5).

Todo lo que Dios ha creado es bueno; no hay que desechar nada, basta tomarlo con agradecimiento, pues la palabra de Dios y nuestra oración lo consagran.
Palabra de Dios.

Según las circunstancias, se puede decir o cantar un salmo responsorial u otro canto adecuado.

Sl 104 (105),1-2.3-4. 5 y 7.8-9
R. El Señor sacó a su pueblo con alegría.

Dad gracias al Señor, invocad su nombre,
dad a conocer sus hazañas a los pueblos.
Cantadle al son de instrumentos,
hablad de sus maravillas; **R.**

Gloriaos de su nombre santo,
que se alegren los que buscan al Señor.
Recurrid al Señor y a su poder,
buscad continuamente su rostro. **R.**

Recordad las maravillas que hizo,
sus prodigios, las sentencias de su boca.
El Señor es nuestro Dios,
Él gobierna toda la tierra. **R.**

Se acuerda de su alianza eternamente,
de la palabra dada, por mil generaciones;

de la alianza sellada con Abraham,
del juramento hecho a Isaac. **R.**

O bien:

Sl 105 (106),2-3.4-5.45-46.47-48
R. Dad gracias al Señor porque es bueno, porque es eterna su misericordia.

O bien:

Sl 106 (107),2-3.8-9.31-32.42-43
R. Gritaron al Señor en su angustia, y los arrancó de la tribulación.

Siguen algunos momentos de silencio

Si se estima oportuno, antes de la oración de bendición puede hacerse la plegaria común. Entre las invocaciones que aquí se proponen, el ministro puede seleccionar las que le parezcan más adecuadas o añadir otras más directamente relacionadas con las circunstancias del momento.

Dios ama todo lo que ha creado y lo conserva con su bendición. Pidámosle ahora que nos imparta su bendición y su consuelo, diciendo:

R. Descienda sobre nosotros, Señor, tu bendición.

Dios eterno, que nos das un sentido más profundo de esta vida, cuando nos sometemos de corazón a tu voluntad,
– dígnate llenarnos de tu espíritu de santidad. **R.**

Tú que deseas que tus dones se devuelvan multiplicados a ti y a los hermanos,
– acepta el ofrecimiento de nuestra sumisión y de nuestro amor. **R.**

Tú que nos miras siempre con ojos de piedad,
– escucha la voz de los que esperamos en ti, Señor. **R.**

Tú que enviaste tu Hijo al mundo para que destruyera la maldición del pecado y nos trajera tu bendición,— dígnate bendecirnos en su persona con toda clase de bienes celestiales. **R.**

Tú que enviaste a nuestros corazones el Espíritu de tu Hijo, que nos hace gritar: «Abbá», Padre,
— escúchanos a nosotros, tus hijos, que reconocemos y ensalzamos tu bondad de Padre. **R.**

Tú que por la muerte y resurrección de tu Hijo nos has escogido para ser tu pueblo y tu heredad,
— acuérdate de nosotros en nuestras necesidades y bendice tu heredad. **R.**

El celebrante dice la oración de bendición, como se indica más adelante. Cuando no se dicen las preces, antes de la oración de bendición el celebrante dice:

Oremos.

Y todos oran durante algún tiempo en silencio. Luego el ministro dice la oración de bendición. El ministro, si es sacerdote o diácono, con las manos extendidas, si es laico, con las manos juntas, dice:

Concede, Señor, que tus fieles, por la fuerza de tu bendición,
se dispongan interiormente al bien,
para que realicen todas sus obras
fortalecidos y movidos por tu amor.
Por Jesucristo, nuestro Señor.

R. Amén.

O bien:

Conforta, Señor, a tus fieles
con la bendición que imploramos de ti,
para que nunca nos apartemos de tu voluntad
y siempre podamos agradecer tus beneficios.

Por Jesucristo, nuestro Señor.

R. Amén.

El ministro, si es sacerdote o diácono, concluye el rito diciendo:

Dios, bendito a través de todo,
os bendiga por Cristo en todo,
para que todo os sirva para el bien.

R. Amén.

Y la bendición de Dios todopoderoso,
Padre, Hijo ✠ y Espíritu Santo,
descienda sobre vosotros.

R. Amén.

Si el ministro es laico, concluye el rito santiguándose y diciendo:

Dios, bendito a través de todo,
nos bendiga por Cristo en todo,
para que todo nos sirva para el bien.
R. Amén.

Bendición de los enfermos[5]

Reunida la comunidad, el ministro dice:

En el nombre del Padre, y del Hijo, y del Espíritu Santo.

Todos se santiguan y responden:

R. Amén.

---

[5] Es una costumbre muy antigua, que tiene su origen en la enseñanza y en el ejemplo de Cristo mismo y de los Apóstoles, que los ministros de la Iglesia bendigan a los enfermos. Este rito de bendición puede ser usado por el sacerdote, el diácono o también un laico con los gestos y las fórmulas indicadas. Esta bendición es propuesta también en el rito breve.

Luego el ministro, si es sacerdote o diácono, saluda a los enfermos y a los presentes, diciendo:

La paz del Señor a esta casa y a todos los aquí presentes.

O bien:

La paz del Señor sea siempre con vosotros.

U otras palabras adecuadas, tomadas preferentemente de la Sagrada Escritura.

R. Y con tu espíritu.

Si el ministro es laico, saluda a los enfermos y a los presentes, diciendo:

Hermanos, bendigamos al Señor, que pasó haciendo el bien y curando a todos.

R. Bendito seas por siempre, Señor.

O bien:

R. Amén.

El ministro dispone a los enfermos y a los presentes a recibir la bendición con estas palabras u otras semejantes:

Jesús, el Señor, que pasó haciendo el bien y curando todas las dolencias y enfermedades, encomendó a sus discípulos que cuidaran de los enfermos, que les impusieran las manos y que los bendijeran en su nombre. En esta celebración, encomendaremos a Dios a nuestros hermanos enfermos, para que los ayude a soportar con paciencia los sufrimientos del cuerpo y del espíritu, sabiendo que si son compañeros de Cristo en el sufrir, también lo serán en el buen ánimo.

Luego el lector, uno de los presentes o el mismo ministro, lee un texto de la Sagrada Escritura, seleccionado entre los relacionados con las condiciones tanto espirituales como corporales de los enfermos.

Escuchad ahora, hermanos, las palabras del apóstol san Pablo a los Corintios (1,3-7):

¡Bendito sea Dios, Padre de nuestro Señor Jesucristo, Padre de misericordia y Dios del consuelo! Él nos alienta en nuestras luchas hasta el punto de poder nosotros alentar a los demás en cualquier lucha, repartiendo con ellos el ánimo que nosotros recibimos de Dios. Si los sufrimientos de Cristo rebosan sobre nosotros, gracias a Cristo rebosa en proporción nuestro ánimo. Si nos toca luchar, es para vuestro aliento y salvación; si recibimos aliento, es para comunicaros un aliento con el que podáis aguantar los mismos sufrimientos que padecemos nosotros. Nos dais firmes motivos de esperanza, pues sabemos que si sois compañeros en el sufrir, también lo sois en el buen ánimo.
Palabra de Dios.

O bien:

Escuchad ahora, hermanos, las palabras del santo Evangelio según san Mateo (11, 28-30):

En aquel tiempo, dijo Jesús a sus discípulos: «Venid a mí todos los que estáis cansados y agobiados, y yo os aliviaré. Cargad con mi yugo y aprended de mí, que soy manso y humilde de corazón, y encontraréis vuestro descanso. Porque mi yugo es llevadero y mi carga ligera».
Palabra del Señor.

O bien:

Escuchad ahora, hermanos, las palabras del santo Evangelio según san Marcos (6, 53-56):

En aquel tiempo, cuando Jesús y sus discípulos terminaron la travesía, tocaron tierra en Genesaret, y atracaron. Apenas desembarcados, algunos los reconocieron, y se pusieron a recorrer toda la comarca; cuando se enteraba la gente dónde estaba Jesús, le llevaba los enfermos en camillas. En la aldea o pueblo o

caserío donde llegaba, colocaban a los enfermos en la plaza, y le rogaban que les dejase tocar al menos el borde de su manto; y los que lo tocaban se ponían sanos.
Palabra del Señor.

Según las circunstancias, se puede decir o cantar un salmo responsorial u otro canto adecuado.

Sl 101 (102),2-3.24-25
R. Señor, escucha mi oración, que mi grito llegue hasta ti.

Señor, escucha mi oración,
que mi grito llegue hasta ti;
no me escondas tu rostro el día de la desgracia.
Inclina tu oído hacia mí;
cuando te invoco, escúchame en seguida. **R.**

Él agotó mis fuerzas en el camino,
acortó mis días;
y yo dije: «Dios mío, no me arrebates
en la mitad de mis días.»
Tus años duran por todas las generaciones. **R.**

O bien:

Is 38,10.11.12abcd.16b-17
R. Tú, Señor, detuviste mi alma ante la tumba vacía.

Siguen algunos momentos de silencio.
Sigue la plegaria común. Entre las intercesiones que aquí se proponen, el ministro puede seleccionar las que le parezcan más adecuadas o añadir otras más directamente relacionadas con las circunstancias de los enfermos o del lugar.

Ministro: Llenos de confianza, pidamos a Jesús, el Señor, que consuele con su gracia a nuestros hermanos enfermos, y digámosle suplicantes:

R. Atiende con bondad, Señor, a estos enfermos

Tú que viniste al mundo como médico de los cuerpos y de las almas, para curar nuestras enfermedades. **R.**

Tú que, como un hombre de dolores, soportaste nuestros sufrimientos y aguantaste nuestros dolores. **R.**

Tú que quisiste parecerte en todo a tus hermanos, para manifestarte compasivo. **R.**

Tú que quisiste experimentar la debilidad de la carne, para librarnos del mal. **R.**

Tú que tuviste a tu Madre junto a la cruz, compartiendo tus sufrimientos, y nos la diste por madre. **R.**

Tú que quieres que completemos en nuestra carne tus dolores, sufriendo por tu cuerpo, que es la Iglesia. **R.**

En lugar de la plegaria común, o además de la misma, pueden decirse las letanías siguientes:

Ministro: Tú que soportaste nuestros sufrimientos y aguantaste nuestros dolores: Señor, ten piedad.
R. Señor, ten piedad.

Tú que te compadeciste de la gente y pasaste haciendo el bien y curando a los enfermos: Señor, ten piedad.

R. Señor, ten piedad.

Tú que mandaste a los apóstoles imponer las manos sobre los enfermos: Señor, ten piedad.

R. Señor, ten piedad.

O bien:

Ministro: Oremos al Señor por nuestro hermano enfermo y por todos los que lo cuidan y están a su servicio.
R. Te rogamos, óyenos.

– Mira con amor a este enfermo N.

R. Te rogamos, óyenos.

– Da nueva fuerza a su cuerpo.

R. Te rogamos, óyenos.

– Alivia sus angustias.

R. Te rogamos, óyenos.

– Líbralo del pecado y de toda tentación.

R. Te rogamos, óyenos.

– Ayuda con tu gracia a todos los enfermos.

R. Te rogamos, óyenos.

– Asiste con tu poder a los que se dedican a su cuidado.

R. Te rogamos, óyenos.

– Y da vida y salud a este enfermo, a quien en tu Nombre vamos a imponer las manos.

R. Te rogamos, óyenos.

El ministro, si es sacerdote o diácono dice la oración de bendición

Señor, que pasaste haciendo el bien y curando a todos, te pedimos que te dignes bendecir ✠ a estos servidores tuyos enfermos; da vigor a su cuerpo, firmeza a su espíritu; dales paciencia en sus sufrimientos y haz que recuperen la salud, para que, reintegrados a la convivencia con los hermanos, puedan bendecirte llenos de alegría. Tú que vives y reinas por los siglos de los siglos.

R. Amén.

Si el ministro es laico, dice la oración de bendición:

Señor, que pasaste haciendo el bien y curando a todos, te pedimos que te dignes bendecir ✠ a estos servidores tuyos enfermos; da vigor a su cuerpo, firmeza a su espíritu; dales paciencia en sus sufrimientos y haz que recuperen la salud, para que, reintegrados a la convivencia con los hermanos, puedan bendecirte llenos de alegría. Tú que vives y reinas por los siglos de los siglos.

R. Amén.

O bien, por un solo enfermo:

Señor, Padre santo, Dios todopoderoso y eterno, que con tu bendición levantas y fortaleces nuestra frágil condición, mira con bondad a este servidor tuyo N.; aparta de él la enfermedad y devuélvele la salud, para que, agradecido, bendiga tu santo nombre. Por Jesucristo, nuestro Señor.

R. Amén.

Después de la oración de bendición, el ministro invita a todos los presentes a invocar la protección de la Santísima Virgen María, lo que puede hacerse con la recitación o el canto de una antífona mariana, por ejemplo: Bajo tu protección, *o la* Salve. *El ministro, si es sacerdote o diácono, concluye el rito, diciendo vuelto hacia los enfermos:*

Que Dios Padre os (te) bendiga.
R. Amén.
Que el Hijo de Dios os (te) devuelva la salud.
R. Amén.
Que el Espíritu Santo os (te) ilumine.
R. Amén.

Finalmente, bendice a todos los presentes, añadiendo:

Y a todos vosotros, que estáis aquí presentes, os bendiga Dios todopoderoso, Padre, Hijo + y Espíritu Santo.

R. Amén.

Si el ministro es laico, implora la bendición del Señor sobre los enfermos y todos los presentes y, santiguándose, dice:

Jesús, el Señor, que pasó haciendo el bien y curando a todos los enfermos nos conserve la salud y nos llene de sus bendiciones.

R. Amén.

Rito breve

El ministro dice:

Nuestro auxilio es el nombre del Señor.

R. Que hizo el cielo y la tierra.

Uno de los presentes, o el mismo ministro, lee un texto de la sagrada Escritura, por ejemplo:

2Co 1, 3-4:
¡Bendito sea Dios, Padre de nuestro Señor Jesucristo, Padre de misericordia y Dios del consuelo! Él nos alienta en nuestras luchas hasta el punto de poder nosotros alentar a los demás en cualquier lucha.

O bien:

Mt 11, 28-29: Venid a mí todos los que estáis cansados y agobiados, y yo os aliviaré. Cargad con mi yugo y aprended de mí, que soy manso y humilde de corazón, y encontraréis vuestro descanso.

Luego el ministro, si es sacerdote o diácono o laico, dice la oración de bendición:

Señor, Padre santo, Dios todopoderoso y eterno, que con tu bendición levantas y fortaleces nuestra frágil condición, mira con bondad a este servidor tuyo N.; aparta de él la enfermedad y devuélvele la salud, para que, agradecido, bendiga tu santo Nombre. Por Jesucristo, nuestro Señor.
R. Amén.

Oraciones de la Tradición de las Iglesias locales

Himno *Akáthistos* a la Madre de Dios[6]

Parte narrativa

1. Un arcángel excelso
fue enviado del cielo
a decir «Dios te salve» a María.
Contemplándote, oh Dios, hecho hombre
por virtud de su angélico anuncio,
extasiado quedó ante la Virgen,
y así le cantaba:

Salve, por ti resplandece la dicha;
Salve, por ti se eclipsa la pena.
Salve, levantas a Adán, el caído;
Salve, rescatas el llanto de Eva.
Salve, oh cima encumbrada a la mente del hombre;
Salve, abismo insondable a los ojos del ángel.
Salve, tú eres de veras el trono del Rey;
Salve, tú llevas en ti al que todo sostiene.
Salve, lucero que el Sol nos anuncia;
Salve, regazo del Dios que se encarna.

---

[6] Es uno de los himnos más famosos que la Iglesia griega dedica a la Theotokos (Madre de Dios). A-kathistos en griego significa "no sentados"; efectivamente, este himno se canta o se recita en pie, por respeto y veneración a la Santa Madre de Dios, María. La estructura se inspira en la Jerusalén celeste descrita en los capítulos 21-22 del Apocalipsis de San Juan. Se canta a María como imagen de la Iglesia, Esposa virgen del Cordero. El himno está dividido en 24 estrofas (estancias) según las letras del alfabeto griego. Se organiza en dos partes -una narrativa y otra dogmática- en las que se manifiesta la belleza de María, Madre de Cristo y de los creyentes.

Salve, por ti la creación se renueva;
Salve, por ti el Creador nace niño.
Salve, ¡Virgen y Esposa!

2. Conociendo la Santa
que era a Dios consagrada,
al arcángel Gabriel le decía:
«Tu mensaje es arcano a mi oído
y difícil resulta a mi alma;
insinúas de Virgen el parto,
exclamando:
¡Aleluya!».

3. Deseaba la Virgen
comprender el misterio
y al heraldo divino pregunta:
«¿Podrá dar a la luz criatura
una Virgen? Responde, te ruego».
Reverente Gabriel contestaba,
y así le cantaba:

Salve, tú guía al eterno consejo;
Salve, tú prenda de arcano misterio.
Salve, milagro primero de Cristo;
Salve, compendio de todos sus dogmas.
Salve, celeste escalera que Dios ha bajado;
Salve, oh puente que llevas los hombres al cielo.
Salve, de angélicos coros solemne portento;
Salve, de turba infernal lastimero flagelo.
Salve, inefable, la Luz alumbraste;
Salve, a ninguno dijiste el secreto.
Salve, del docto rebasas la ciencia;
Salve, del fiel iluminas la mente.
Salve, ¡Virgen y Esposa!

4. La virtud de lo Alto
la cubrió con su sombra
e hizo Madre a la Esposa Inviolada.
Aquel seno por Dios fecundado
germinó como fértil arada
para todo el que busca la gracia
y aclama:
¡Aleluya!

5. Con el Niño en su seno,
presurosa María,
a su prima Isabel visitaba.
El pequeño en el seno materno
exultó al oír el saludo,
y con saltos, cual cantos de gozo,
a la Madre aclamaba:

Salve, oh tallo del verde Retoño;
Salve, oh rama del Fruto incorrupto.
Salve, al pío Arador tú cultivas;
Salve, tú plantas quien planta la vida.
Salve, oh campo fecundo de gracias copiosas;
Salve, oh mesa repleta de dones divinos.
Salve, un prado germinas de toda delicia;
Salve, al alma preparas asilo seguro.
Salve, incienso de grata plegaria;
Salve, ofrenda que el mundo concilia.
Salve, clemencia de Dios para el hombre;
Salve, del hombre con Dios confianza.
Salve, ¡Virgen y Esposa!

6. Con la mente en tumulto,
inundado de dudas,
el prudente José se debate.
Te conoce cual Virgen intacta;
desposorios secretos sospecha.

Al saber que es acción del Espíritu,
exclama:
¡Aleluya!

7. Los pastores oyeron
los angélicos coros
que al Señor hecho hombre cantaban.
Para ver al Pastor van corriendo;
un Cordero inocente contemplan
que del pecho materno se nutre,
y a la Virgen le cantan:

Salve, Nutriz del Pastor y Cordero;
Salve, aprisco de fieles rebaños.
Salve, barrera a las fieras hostiles;
Salve, ingreso que da al Paraíso.
Salve, por ti con la tierra exultan los cielos;
Salve, por ti con los cielos se alegra la tierra.
Salve, de Apóstoles boca que nunca enmudece;
Salve, de Mártires fuerza que nadie somete.
Salve, de fe inconcuso cimiento;
Salve, fulgente estandarte de gracia.
Salve, por ti es despojado el averno;
Salve, por ti revestimos la gloria.
Salve, ¡Virgen y Esposa!

8. Observando la estrella
que hacia Dios los guiaba,
sus fulgores siguieron los magos.
Era antorcha segura en su ruta;
los condujo ante el Rey Poderoso.
Al llegar hasta el Inalcanzable,
le cantan:
¡Aleluya!

9. Contemplaron los magos
entre brazos maternos
al que al hombre plasmó con sus manos.
Comprendieron que era Él su Señor,
a pesar de su forma de esclavo;
presurosos le ofrecen sus dones
y a la Madre proclaman:

Salve, oh Madre del Sol sin ocaso;
Salve, aurora del místico Día.
Salve, tu apagas hogueras de errores;
Salve, Dios Trino al creyente revelas.
Salve, derribas del trono al tirano enemigo;
Salve, nos muestras a Cristo el Señor y el Amigo.
Salve, nos has liberado de bárbaros ritos;
Salve, nos has redimido de acciones de barro.
Salve, destruyes el culto del fuego;
Salve, extingues las llamas del vicio.
Salve, camino a la santa templanza;
Salve, alegría de todas las gentes.
Salve, ¡Virgen y Esposa!

10. Portadores y heraldos
de Dios eran los magos
de regreso, allá en Babilonia.
Se cumplía el oráculo antiguo
cuando a todos hablaban de Cristo,
sin pensar en el necio de Herodes
que no canta:
¡Aleluya!

11. El Egipto iluminas
con la luz verdadera
persiguiendo el error tenebroso.
A tu paso caían los dioses,

no pudiendo, Señor, soportarte;
y los hombres, salvados de engaño,
a la Virgen aclaman:

Salve, levantas al género humano;
Salve, humillas a todo el infierno.
Salve, conculcas engaños y errores;
Salve, impugnas del ídolo el fraude.
Salve, oh mar que sumerge al cruel enemigo;
Salve, oh roca que das de beber a sedientos de Vida.
Salve, columna de fuego que guía en tinieblas;
Salve, amplísima nube que cubres el mundo.
Salve, nos diste el Maná verdadero;
Salve, nos sirves Manjar de delicias.
Salve, oh tierra por Dios prometida;
Salve, en ti fluyen la miel y la leche.
Salve, ¡Virgen y Esposa!

12. Simeón el anciano,
al final de sus días,
de este mundo dejaba la sombra.
Presentado le fuiste cual niño,
mas, al verte cual Dios poderoso,
admiró el arcano designio
y gritaba:
¡Aleluya!

Parte dogmática

13. Renovó el Excelso
de este mundo las leyes
cuando vino a habitar en la tierra.
Germinando en un seno incorrupto
lo conserva intacto cual era.
Asombrados por este prodigio

a la Santa cantamos:
Salve, azucena de intacta belleza;
Salve, corona de noble firmeza.
Salve, la suerte futura revelas;
Salve, la angélica vida desvelas.
Salve, frutal exquisito que nutre a los fieles;
Salve, ramaje frondoso que a todos cobija.
Salve, llevaste en el seno quien guía al errante;
Salve, al mundo entregaste quien libra al esclavo.
Salve, plegaria ante el Juez verdadero;
Salve, perdón del que tuerce el sendero.
Salve, atavío que cubre al desnudo;
Salve, del hombre supremo deseo.
Salve, ¡Virgen y Esposa!

14. Ante el Parto admirable,
alejados del mundo,
hacia el cielo elevamos la mente.
El Altísimo vino a la tierra
con la humilde semblanza de un pobre
y enaltece hasta cumbres de gloria
a quien canta:
¡Aleluya!

15. Habitaba en la tierra
y llenaba los cielos
la Palabra de Dios infinita.
Su bajada amorosa hasta el hombre
no cambió su morada superna.
Era el parto divino de Virgen
que este canto escuchaba:
Salve, mansión que contiene el Inmenso;
Salve, dintel del augusto Misterio.
Salve, de incrédulo equívoco anuncio;
Salve, del fiel inequívoco orgullo.

Salve, carroza del Santo que portan querubes;
Salve, sitial del que adoran sin fin serafines.
Salve, tú sola has unido dos cosas opuestas;
Salve, tú sola a la vez eres Virgen y Madre.
Salve, por ti fue borrada la culpa;
Salve, por ti Dios abrió el Paraíso.
Salve, tú llave del Reino de Cristo;
Salve, esperanza de bienes eternos.
Salve, ¡Virgen y Esposa!

16. Todo el orden angélico
asombrado contempla
el misterio de Dios que se encarna.
Al Señor, al que nadie se acerca,
hecho hombre, accesible, admira
caminar por humanos senderos,
escuchando:
¡Aleluya!

17. Oradores brillantes
como peces se callan
ante ti, Santa Madre del Verbo.
Cómo ha sido posible no entienden
ser tú Virgen después de ser Madre.
El prodigio admiramos tus fieles,
y con fe proclamamos:
Salve, sagrario de arcana Sapiencia;
Salve, despensa de la Providencia.
Salve, por ti se confunden los sabios;
Salve, por ti el orador enmudece.
Salve, por ti se aturden sutiles doctores;
Salve, por ti desfallecen autores de mitos.
Salve, disuelves enredos de agudos sofistas;
Salve, rellenas las redes de los Pescadores.
Salve, levantas de honda ignorancia;

Salve, nos llenas de ciencia superna.
Salve, navío del que ama salvarse;
Salve, oh puerto en el mar de la vida.
Salve, ¡Virgen y Esposa!

18. Por salvar todo el orbe,
el Divino Alfarero
hasta el mundo bajó, porque quiso.
Por ser Dios era Él Pastor nuestro;
se mostró por nosotros Cordero;
como igual sus iguales atrae;
cual Dios oye:
¡Aleluya!

19. Virgen, Madre de Cristo,
baluarte de vírgenes
y de todo el que en ti se refugia
el divino Hacedor te dispuso,
al tomar de ti carne en tu seno;
y enseña a que todos cantemos
en tu honor, oh Inviolada:
Salve, columna de sacra pureza;
Salve, umbral de la vida perfecta.
Salve, tú inicias la nueva progenie;
Salve, dispensas bondades divinas.
Salve, de nuevo engendraste al nacido en deshonra;
Salve, talento infundiste al hombre insensato.
Salve, anulaste a Satán seductor de las almas;
Salve, nos diste al Señor sembrador de los castos.
Salve, regazo de nupcias divinas;
Salve, unión de los fieles con Cristo.
Salve, de vírgenes Madre y Maestra;
Salve, al Esposo conduces las almas.
Salve, ¡Virgen y Esposa!

20. Impotente es el canto
que alabar presumiera
de tu gracia el caudal infinito.
Como inmensa es la arena en la playa
pueden ser nuestros himnos, Rey Santo,
mas no igualan los dones que has dado
a quien canta:
¡Aleluya!

21. Como antorcha luciente
del que yace en tinieblas
resplandece la Virgen María.
Ha encendido la Luz increada;
su fulgor ilumina las mentes
y conduce a la ciencia celeste
suscitando este canto:
Salve, oh rayo del Sol verdadero;
Salve, destello de Luz sin ocaso.
Salve, fulgor que iluminas las mentes;
Salve, cual trueno enemigos aterras.
Salve, surgieron de ti luminosos misterios;
Salve, brotaron en ti caudalosos arroyos.
Salve, figura eres tú de salubre piscina;
Salve, tú limpias las manchas de nuestros pecados.
Salve, oh fuente que lavas las almas;
Salve, oh copa que vierte alegría.
Salve, fragancia del ungüento de Cristo;
Salve, oh Vida del sacro Banquete.
Salve, ¡Virgen y Esposa!

22. Por querer perdonarnos
el pecado primero,
el que paga las deudas de todos,
de sus prófugos busca el asilo,
libremente del cielo exiliado.

Mas, rasgando el quirógrafo antiguo,
oye un canto:
¡Aleluya!

23. Celebrando tu parto,
a una voz te alabamos
como templo viviente, Señora.
Ha querido encerrarse en tu seno
el que todo contiene en su mano,
el que santa y gloriosa te ha hecho,
el que enseña a cantarte:

Salve, oh tienda del Verbo divino;
Salve, más grande que el gran Santuario.
Salve, oh Arca que Espíritu dora;
Salve, tesoro inexhausto de vida.
Salve, diadema preciosa de reyes devotos;
Salve, orgullo glorioso de sacros ministros.
Salve, firmísimo alcázar de toda la Iglesia;
Salve, muralla invencible de todo el Imperio.
Salve, por ti enarbolamos trofeos;
Salve, por ti sucumbió el adversario.
Salve, remedio eficaz de mi carne;
Salve, inmortal salvación de mi alma.
Salve, ¡Virgen y Esposa!

24. Digna de toda loa,
Madre santa del Verbo,
el más Santo entre todos los Santos.
Nuestra ofrenda recibe en el canto;
salva al mundo de todo peligro;
del castigo inminente libera
a quien canta:
¡Aleluya!

Antífona mariana para la liberación de la peste[7]

Estrella del Cielo, que nutriste al Señor,
que destruiste la peste de la muerte
que el progenitor de los hombres introdujo en el mundo;
Estrella, dígnate ahora a refrenar el cielo
que airado abate al pueblo
con la plaga de la cruel muerte.
Clementísima Estrella del mar,
sálvanos de la peste.
Escúchanos, oh Señora,
ya que tu Hijo, para honorarte, no te niega nada.
¡Jesús, sálvanos,
porque la Virgen Madre te ruega por nosotros!

La coraza de San Patricio[8]

Me levanto hoy mediante
la fuerza de Dios para conducirme,
el Poder de Dios para sostenerme,
la Sabiduría de Dios para guiarme,
el Ojo de Dios para mirar ante mí,
el Oído de Dios para escucharme,
la Palabra de Dios para hablar por mí,
la Mano de Dios para defenderme,
el Camino de Dios que se abre ante mí,
el Escudo de Dios para protegerme,
los Ejércitos de Dios para salvarme
de las trampas de los demonios,

---

[7] Se trata de un antiguo canto de la tradición franciscana para pedir el fin de la pestilencia.

[8] *St Patrick's Breastplate* (La Coraza de San Patricio) es una oración de protección, conocida también como *The Deer's Cry* (El grito del ciervo), *The Lorica of Saint Patrick* (La armadura de San Patricio) o *Saint Patrick's Hymn* (Himno de San Patricio). La tradición dice que fue compuesta por San Patricio durante su ministerio en Irlanda, en el siglo V.

de la tentación de los vicios,
de todo el que me desee el mal,
de cerca o de lejos,
solo o en multitud...

Cristo conmigo, Cristo delante de mí, Cristo detrás de mí,
Cristo en mí, Cristo bajo mí, Cristo sobre mí,
Cristo a mi derecha, Cristo a mi izquierda,
Cristo cuando me acuesto, Cristo cuando me siento, Cristo cuando me levanto,
Cristo en el corazón de todo hombre que piensa en mí,
Cristo en la boca de todos los que hablan de mí,
Cristo en todo ojo que me ve, Cristo en todo oído que me escucha.

Me levanto hoy
mediante una fuerza poderosa, la invocación de la Trinidad,
mediante la fe en Dios Uno y Trino
mediante la confesión de la Unidad
del Creador de la creación.

Acto de confianza[9]

Señor, que me suceda lo que Tú quieras.
Quiero ir donde Tú quieras,
solamente ayúdame a entender lo que Tú quieres.

Señor, cuando Tú quieras, ese es el momento,
y cuando Tú quieras, estoy dispuesto,

---

[7] Del Beato Rupert Mayer, SJ (1876 - 1945), sacerdote jesuita. Luchó contra las injusticias y fue un gran predicador. Ya en los años Veinte del siglo pasado, mostró la incompatibilidad entre la fe cristiana y el nacional-socialismo. Fue arrestado e internado varias veces en campos de concentración, por lo que su salud se vio seriamente afectada. Esta es una oración suya para encomendarse confiadamente al Señor en tiempos difíciles.

hoy y siempre.
Señor, lo que Tú quieras, lo acepto;
lo que Tú quieras es bueno para mí.
Me basta con ser tuyo, Señor.

Lo Tú lo quieres, eso es bueno;
y porque Tú lo quieres, tengo valor:
mi corazón descansa en tus manos.

ÍNDICE TEMÁTICO RAZONADO*

* Este índice temático no destaca palabras, sino los temas más frecuentes en las homilías, mensajes, *Angelus* y *Regina Coeli* recopilados en este volumen. Por tanto, los números se refieren a la página en la que comienza el discurso del Papa, y no a la página exacta en la que aparece la palabra; y ello para ayudar al lector a contextualizar el tema dentro de la argumentación del Pontífice, a fin de que pueda captar toda su riqueza y profundidad.

Índice

Apéndice I

¿Y si no podemos participar en los sacramentos?
Cómo acoger la gracia del Señor si estamos imposibilitados para participar físicamente en las celebraciones litúrgicas

APÉNDICE II

Las oraciones de la Iglesia en los tiempos difíciles

La universalidad de la intercesión

Lightning Source UK Ltd.
Milton Keynes UK
UKHW010930090720
366271UK00003B/521

9 788826 604435